＼基本がわかる／
心理学の教科書
BASICS OF PSYCHOLOGY FOR YOUNG STUDENTS

高校生から
めざそう
心理学検定
2級

子安増生［著］

実務教育出版

まえがき

本書が想定する読者は、第一に少し「背伸び」をして心理学について勉強してみたいという高校生の皆さん、第二に大学入学後に心理学を専攻するかどうかを考慮中の学生さん、あるいは、すでに心理学を専攻する学部・学科に所属していて、心理学の学びを深め、心理学検定にも挑戦しようと考えている学生さんです。

本書は、心理学検定２級に合格することを目標とした学習のガイドブックという性格もあります。その意味では、大学生はもちろん、心理学を知り学びたいという社会人の方がたにも読んでいただくことを願っています。

高校生の皆さんの中には、卒業後の進路を考えるとき、得意科目の英語や数学を生かせる分野に進みたいとか、医学部に行って医師になりたい、法学部に行って弁護士になりたいなどと思う人もおられると思います。

他方、心理学を学べる学部や学科に進みたいと考える高校生は、そう多くはないかもしれません。その理由としては、日本では心理学が高校の教科になっていないのでイメージしにくいこと、大学で心理学分野に進んだ後の職業イメージを持ちにくいことなどがあるかもしれません。

また、日本では心理学は心理学部・学科を含め「文系」の分野とされますが、少なくとも世界の一流大学の多くでは、心理学は「理系」の分野として、日本の理学部に当たる「サイエンス」の部局などに属しています。日本の心理学者も理系学部の出身者が少なくありません。

心理学で学ぶ内容や学び方は基本的に世界共通なので、日本では心理学を学ぼうと思って大学に入ってから、「文系のはず」なのに心理統計学や神経生理学などの理系的内容についても学ぶことを求められて、驚く学生さんも少なくないようです。心理学の発展の歴史を押さえることによって、このような心理的ギャップを埋めることも、本書の目的の一つです。

また、公認心理師という国家資格に関心があり、公認心理師がどのようなものか、どうすれば公認心理師になれるのかを知りたいという人もあると思います。本書では、公認心理師についての基本情報にも触れています。

筆者は、心理学の主要学会56団体が加盟する一般社団法人日本心理学諸学会連合（心理学検定の主催団体）の代表者をつとめていた期間に、心理職の国家資格の創設を求める運動に関わりました。多くの心理学者や関係者の努力の結果、2015年に公認心理師法が成立し、国家資格「公認心理師」が誕生しました。国家資格としてはまだ年数が浅い公認心理師の発展に関わる団体にも筆者は関与しています。

どのような分野でも、一般的な教科書を一人で書くケースは少なくなっています。研究が進むほど、研究範囲が拡大する一方、専門化が進んで内容が高度化していきます。本書のような幅広い範囲のテーマを筆者一人で書き下ろすことは、実際かなり大きなチャレンジでした。

このような大きなチャレンジができたのは、筆者が学んだ京都大学の指導教授・梅本堯夫先生をはじめ、苧阪良二、坂野登、河合隼雄、木下冨雄、清水御代明、園原太郎、田中昌人、中島誠、永田良昭ほかの諸先生方から学んだことが大きな財産となっているからです。ここにあらためて、お世話になった先生方の学恩に心より深く感謝申し上げます。

本書の編集を担当していただいた実務教育出版編集部の津川純子氏には、丁寧な編集および校正作業といただいた貴重なコメントに対し、ここに厚く御礼申し上げます。

2023年11月16日
子安 増生

本書の使い方

本書は、高校生の皆さんを第一読者と想定して書いていますので、文中にも「高校生の皆さん」という呼びかけの言葉が出てきます。

わかりやすく正確に説明するように心がけましたが、易しくない内容もあると思います。難しく感じられる内容は、一度にそのすべてを理解する必要もありませんので、ゆっくり読み進めてください。

本書の構成は、心理学検定のＡ領域５科目の内容に沿っています。最初から順番に読み進めることを想定して書いていますが、関心のある科目や分野から読み進めていただいてもかまいません。

重要な用語と人名は**太字**で強調し、巻末の索引もそれに対応して作成しています。

心理学の用語は、多くは英語圏など外国の研究に由来していますが、用語の原語（英語、フランス語、ドイツ語）は一部の例外を除いて示していません。

人名については、初出時に「**ウィリアム・ジェームズ**（1842–1910）」のように生年と没年をカッコ書きで記載し、いつの時代に活躍した研究者かがわかるようにしました。

なお、フロイト父娘を区別するために父は「フロイト, S.」または「フロイト」、娘は「アンナ・フロイト」と表記し、オルポート兄弟は姓名で表記しました。

用語と研究者についてさらに詳しく知りたい場合は、『心理学検定　専門用語＆人名辞典』（実務教育出版）などを参照してください。

各章に「Column（コラム）」があります。本文中に書くと長くなる内容を別にしてまとめたものですが、コラムだけでも独立した読み物として読んでいただけます。

正確に記述するために、多くの文献を参照していますが、図表の引用文献以外は記載を省略しました。

本書の構成

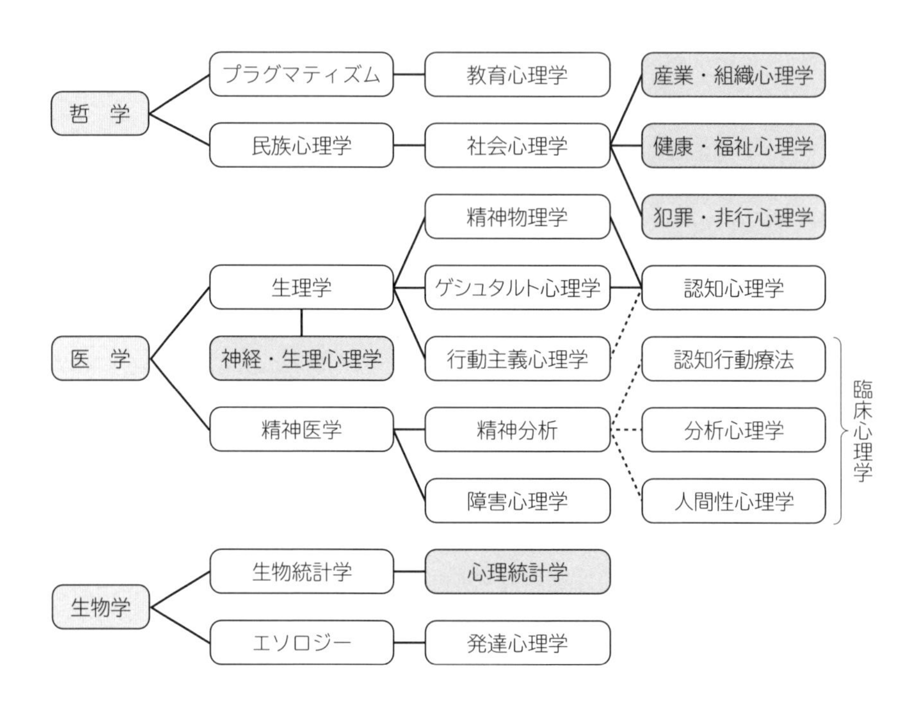

本書の構成を上の図にからめて説明します。この図は、心理学の各分野の発展過程を見取り図にあらわしたものですが、第１章の38ページの**図1.7**と基本的に同じものです。図中の実線は左から右への影響関係をあらわし、点線は左（行動主義心理学、精神分析）への批判として右が発展したことを示しています。なお、右端の「臨床心理学」は、精神分析とその右の３分野を合わせて指しています。

心理学は、哲学、医学、生物学の３つの大きな源流から発展してきました。哲学は、昔から広く「心」の問題を考えてきました。医学は、生理学が「心」の機能を解明し、精神医学が「心の病」の治療を行ってきました。生物学は動物と人間の進化、遺伝、生態などを解明してきました。

本書の各章と左ページの図の関係は、次のようになります。

序　章　**心理学に興味を持ったあなたに**：本書全体の導入の章です。

第１章　**原理・研究法・歴史を学ぶ**：心理学の原理と研究法を説明し、図のほとんどすべての分野の歴史的発展について述べています。

第２章　**学習・認知・知覚を学ぶ**：生理学の発展としての精神物理学、ゲシュタルト心理学、行動主義心理学、認知心理学の分野を扱います。

第３章　**発達・教育を学ぶ**：発達心理学と教育心理学を扱う章です。

第４章　**社会・感情・性格を学ぶ**：図の社会心理学のほか、感情心理学とパーソナリティ心理学について説明します。

第５章　**臨床・障害を学ぶ**：図の臨床心理学（精神分析、分析心理学、人間性心理学、認知行動療法）と障害心理学を扱います。

以上のうち第１～５章において、心理学検定Ａ領域５科目のすべてを取り上げたことになります。

心理学検定２級の合格基準は「Ａ領域の２科目を含む合計３科目に合格」ですので、本書の範囲におさまります。

心理学検定のＢ領域の５科目については「神経・生理」は図の神経・生理心理学、「統計・測定・評価」は主として図の心理統計学、「産業・組織」は図の産業・組織心理学、「健康・福祉」は図の健康・福祉心理学、「犯罪・非行」は図の犯罪・非行心理学に対応します（図では灰色のアミがけで示しました）。

本書では、Ｂ領域の科目を直接扱うことはありませんが、説明の内容は時にＢ領域の科目にも踏み込んでいくことがあります。

心理学検定１級の合格基準は「Ａ領域の４科目を含む合計６科目に合格」ですので、Ｂ領域の１科目か２科目を学ぶ必要があります。本書でＡ領域５科目をきちんと学べば、あとはＢ領域の１科目で済みます。

最も難易度の高い**心理学検定特１級**の合格基準は、「Ａ領域の５科目、Ｂ領域の５科目の10科目すべてに合格」です。この場合もまずＡ領域５科目の修得が基本となるものです。

著者紹介

子安 増生（こやす ますお）

京都大学名誉教授、博士（教育学）。
日本心理学会認定心理士、臨床発達心理士。

経　歴

1950年　京都市生まれ。
1973年　京都大学教育学部（教育心理学専攻）卒業。
1975年　京都大学大学院教育学研究科修士課程修了、1977年　博士課程退学。
1977年　愛知教育大学教育学部助手、1982年　同助教授。
1988年　京都大学教育学部助教授。
1994年　文部省在外研究員、英国オックスフォード大学客員研究員（10か月）。
1997年　京都大学教育学部教授、1998年　京都大学大学院教育学研究科教授。
2014年　京都大学教育学部長・大学院教育学研究科長（２年間）。
2016年　京都大学定年退職、京都大学名誉教授、甲南大学文学部特任教授。
2021年　甲南大学満期退職、日本心理学会国際賞功労賞受賞、現在に至る。

主な活動

1997～2003年　英文心理学専門誌*Psychologia*編集長。
2008～2014年　日本発達心理学会理事長（法人化後は代表理事）。
2011～2013年　日本心理学諸学会連合理事長。
2015～2017年　日本心理学諸学会連合理事長（途中で法人化）。
2013年～現在　一般財団法人日本心理研修センター副理事長、執行理事。
2022年～現在　一般社団法人日本心理学諸学会連合・心理学検定局長。

研究業績

著書120点、論文113編、総説83編、翻訳書９点、辞典・事典15点。

主な著書

生涯発達心理学のすすめ－人生の四季を考える（単著、有斐閣、1996年）。
幼児期の他者理解の発達（単著、京都大学学術出版会、1999年）。
心の理論－心を読む心の科学（単著、岩波書店、2000年）。
Origins of social mind（Co-author, Springer, 2008).
発達心理学Ⅰ・Ⅱ（共編著、東京大学出版会、2011年、2013年）。
公認心理師のための基礎心理学（単著、金芳堂、2019年）。
有斐閣　現代心理学辞典（監修、有斐閣、2021年）。
心理学検定　専門用語＆人名辞典（監修、実務教育出版、2023年）ほか。

Contents

第4章 社会・感情・性格を学ぶ……143

第5章 臨床・障害を学ぶ……183

Column

見やすく読みまちがえにくい
ユニバーサルデザインフォントを
採用しています。

装丁●斉藤よしのぶ
装画●丹地陽子
本文デザイン●株式会社　明昌堂

序章

心理学に興味を持ったあなたに

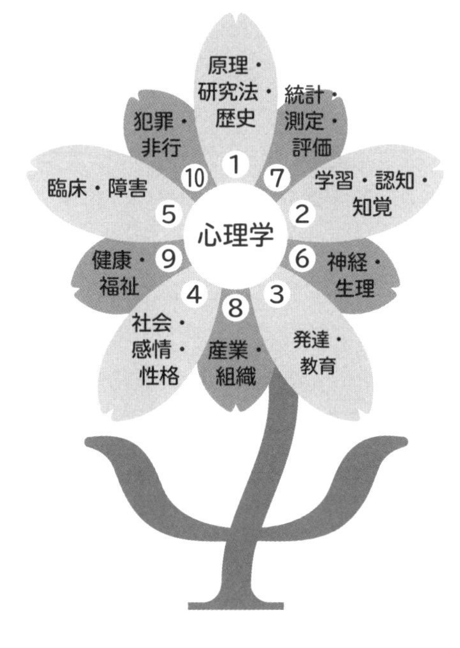

心理学検定10科目。数字は科目番号。本書は科目①～⑤に対応。

0.1 高校で学ぶ心理学

本書は、**心理学**に興味や関心のある高校生の皆さんに心理学とはどのようなものかについて、わかりやすくお伝えするものです。

日本の高等学校の教育内容に心理学はほとんど含まれていませんが、心理学について詳しく知りたい人、高校の間に心理学を勉強して**心理学検定**を受けてみたいと思っている人、大学進学に際して心理学を学ぶことのできる学部・学科に行きたいと考えている人、大学卒業後に**公認心理師**の国家資格を取りたいと思っている人は、ぜひ本書を読み進めてください。

ところで、高等学校の段階で心理学を本格的に学ぶことができる国もあります。たとえば、イギリスでは後期中等教育の最後の２年間に３～５科目だけを集中的に学習し、**Aレベル**という統一試験の成績で志望大学への進学の可否が決まりますが、英語や数学などとならんで、心理学（Psychology）もその科目の一つに含まれます。その心理学の学習内容を英語のシラバスで調べてみると、かなり広く専門的に心理学を学ぶようになっています。たとえば；

コンポーネント１：心理学研究法（自己報告、実験、観察、相関）、
コンポーネント２：コア科目（社会、認知、発達、神経・生理、個人差）、
コンポーネント３：心の健康（必修）、及び、児童、犯罪、環境、スポーツから２領域を選択。

２年間も集中的に学ぶのですから、日本の大学なみの学習内容でも不思議ではありません。その参考文献の内容は、相当高度なものが含まれます。

他方、日本の高等学校でも、まったく心理学を学べないわけではありません。2022年度から始まった新学習指導要領では、公民科の中に新たな必修科目として**公共**が新設され、選択科目として**倫理**と政治・経済が置かれていますが、倫理の科目では、（１）青年期の課題と人間としての在り方生き方、（２）現代と倫理の２つを大きな内容の柱としていて、前者において心理学の内容がかなり盛り込まれるようになりました（☞Column01）。倫理の科目での心理学の学習内容はごくわずかですが、それでもそれを学んだ人の中には、もっと心理学のことを知りたいと思った人もあるかもしれません。

Column
01

学習指導要領に示された心理学の内容

学習指導要領の公民科の**倫理**では、「A　現代に生きる自己の課題と人間としての在り方生き方」の「(1) 人間としての在り方生き方の自覚」において、「個性、感情、認知、発達などに着目して、豊かな自己形成に向けて、他者と共によりよく生きる自己の生き方についての思索を深めるための手掛かりとなる様々な人間の心の在り方について理解すること」が目標とされています。

その際、**青年期**の課題を踏まえ、人格、感情、認知、発達についての心理学の考え方に触れることが求められますが、それぞれの具体的な学習目標は次のように定められています。

人格についての心理学では、**人格特性**の理論や人格の発達過程などを取り上げ、人間の**個性**に対する理解を深めるとともに、さまざまな他者とともに生きていくことについての理解を深めることができるようにすること。

感情についての心理学では、意欲や学習に関する**動機づけ**や、**恐れ**や**幸福感**など人間の基本的な感情の種類などを知ることを通して、自己や他者の感情の在り方についての理解を深めることができるようにすること。

認知についての心理学では、外界からの刺激を受容し情報を処理する**知覚**の過程、**学習**と**記憶**、**問題解決**や**推論**などを取り上げ、自己や他者の知的な活動の在り方を知ることを通して、考え認識する存在としての人間についての理解を深めることができるようにすること。

発達についての心理学では、誕生時の心理的諸能力や**愛着**の形成とその対象の広がり、**他者の心の理解**の発達、**道徳判断**や**共感性**の発達、自己と**アイデンティティ**の発達、中高年期における心理的発達変化を含む**生涯発達理論**などを取り上げ、人間の**心の発達**が他者との相互作用の中で育っていくことについての理解を深めることができるようにすること。

このような心理学の考え方の学習では、さまざまな人間の心のあり方について科学的に探究した各種の**実験**や**観察**、**調査**に基づく**統計的な分析**の結果を利用することも重要とされます。

本書を通読すれば理解できることですが、上記の太字で示される倫理科目の学習目標は、すべて心理学の基本的な研究課題に含まれるものです。なお、心理学では、「人格」は「**パーソナリティ**」とあらわすことが多いです。

0.2 学習の進度を知る心理学検定

心理学にどのような学習内容があるかは、前ページのColumn01からでも少しわかりますが、心理学検定の内容から説明しましょう。

日本には心理学に関連する学会がたくさんありますが、主要56学会が加盟する**日本心理学諸学会連合**の事業として**心理学検定**が毎年おこなわれています。心理学検定の特徴は次のようなものです。

（1）学歴・年齢問わず、受検を希望するすべての方に受検資格があります。

（2）試験問題は心理学の10科目についておこなわれ、10科目がＡ領域５科目、Ｂ領域５科目の２領域に分類されます。

A領域：①原理・研究法・歴史、②学習・認知・知覚、③発達・教育、④社会・感情・性格、⑤臨床・障害

B領域：⑥神経・生理、⑦統計・測定・評価、⑧産業・組織、⑨健康・福祉、⑩犯罪・非行

問題は各科目20問で構成され、解答形式は４肢選択です。

（3）領域ごとに受検をおこない、領域内のどの科目に解答するかは任意です。

（4）試験時間はＡ領域・Ｂ領域ともに100分間です。任意のタイミングで試験を終了することができます。

（5）試験は**CBT**（computer based testing）方式によって実施されます。これは、40日ほどの試験期間中のいずれかの日に各都道府県にある会場を選択して予約し、本人確認のうえ会場のコンピュータを用いて出題と解答がおこなわれる形式です。心理学検定の受検料については、心理学検定公式ホームページ（https://jupaken.jp/about/psychology.html）で確認してください。

（6）受検した科目ごとに合否の結果が後日の郵送で知らされ、合格科目数に応じて特１級、１級、２級の３種の級が同時に認定されます。

特１級：Ａ領域５科目、Ｂ領域５科目の10科目すべてに合格

１級：Ａ領域４科目を含む合計６科目に合格（Ｂ領域の受検も必要）

２級：Ａ領域２科目を含む合計３科目に合格（Ａ領域のみの受検で済む）

図0.1　心理学検定10科目の特徴

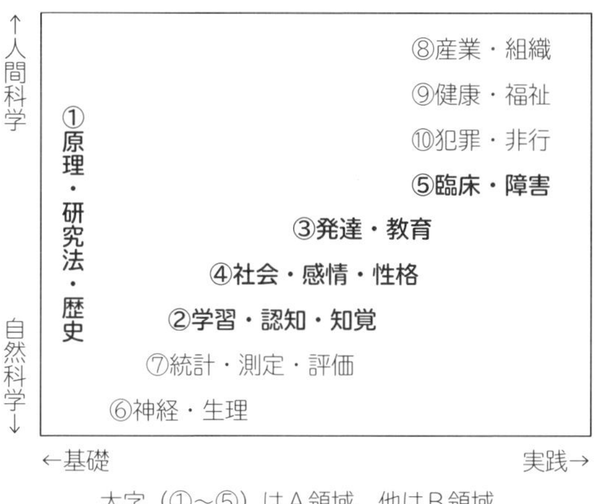

太字（①～⑤）はＡ領域、他はＢ領域

以上が心理学検定の主な内容です。心理学検定の対象者の中心は大学で心理学を学んでいる学生さんですが、特に受検資格はないので、中学生の受検者も高齢者の受検者もおられます。ですから、高校生の皆さんもチャレンジできますが、その場合まず目指していただきたいのは２級合格です。

ここでＡ領域５科目とＢ領域５科目の内容について詳しく見てみましょう。

図0.1は、あまり厳密なものではないかもしれませんが、10科目の特徴を二次元のグラフにあらわしたものです。

この図の縦軸は、各科目が数学・統計学や医学・生理学など**自然科学**に近いものか、人文科学や社会科学など**人間科学**に近いものかをあらわします。他方横軸は、科学的研究を重視する**基礎**の要素が強いか、医療・福祉・教育・産業・司法など生活の現場での**実践**の要素が強いかをあらわします。

高校生の皆さんの学習を考えると、Ｂ領域の⑥神経・生理と⑦統計・測定・評価の２科目は内容的にかなり難解な科目になります。また、同じくＢ領域の⑧産業・組織、⑨健康・福祉、⑩犯罪・非行の３科目は、企業や福祉や司法などの現場のことがわからないと理解が難しい内容もある科目といえます。

他方、Ａ領域の５科目の内容は、Column01（☞３ページ）の太字の用語と密接に関連します。すなわち、「実験・観察・調査」は**①原理・研究法・歴史**科目の研究法に含まれ、「学習・認知・知覚」はまさに**②学習・認知・知覚**

科目そのものですし、「発達」は③**発達・教育**科目の一部であり、「感情・個性」は④**社会・感情・性格**科目に含まれます。唯一⑤**臨床・障害**科目は高校の倫理科目の学習内容ではありませんが、心理学に興味・関心がある人にとって、ある意味最も関係する科目かもしれません。このように考えると、手始めとして、A領域から３～５科目を学び、心理学検定の２級合格を目指すということを一つの目標にできることがわかるでしょう。

本書では、次章以後、A領域の５科目のそれぞれの内容について順に解説していきますが、多くの科目に分かれているのはいわば学習の便宜上であり、心理学はある意味一つですので、B領域の内容についても少し触れていくことになります。

0.3 公認心理師資格について

公認心理師は、2015年に公布された**公認心理師法**に基づく心理職の国家資格です。

国家資格には、医師や弁護士のような、その資格を持っている者しか業務をおこなうことができない**業務独占資格**と、保育士や栄養士のような、業務は誰でもできるもののその名称を使用して仕事をすることは資格保有者に限られる**名称独占資格**があります。

この区別でいうと、公認心理師は名称独占資格に当たりますので、公認心理師の国家試験を受けて合格し、公認心理師の登録をしたものしか公認心理師を名のることはできませんが、たとえばカウンセラーのような心理職の仕事は、民間資格の**臨床心理士**、**臨床発達心理士**、**学校心理士**、**特別支援教育士**などを取得しておこなうことができます。

公認心理師の仕事は、公認心理師法第２条において次の４つとされます。

1．心理に関する支援を要する者の心理状態を観察し、その結果を分析すること。
2．心理に関する支援を要する者に対し、その心理に関する相談に応じ、助言、指導その他の援助を行うこと。

3．心理に関する支援を要する者の関係者に対し、その相談に応じ、助言、指導その他の援助を行うこと。
4．心の健康に関する知識の普及を図るための教育及び情報の提供を行うこと。

以上の公認心理師の４行為は、順に**アセスメント**、**心理支援**、**関係者支援**、**心の健康教育**とまとめることができます。この４行為についての詳しい解説は、本書の「第５章　臨床・障害を学ぶ」でおこなうことにします。

次に、公認心理師が仕事として活躍できるのは、主に保健医療、福祉、教育、司法・犯罪、産業・労働の５分野とされます。

保健医療分野では、病院や診療所の精神科や精神神経科などを中心に勤務します。医療機関ではたらく医師、看護師、薬剤師、検査技師など多くの職種が基本的に国家資格を保有していますので、心理職者も国家資格が必要となっていて、公認心理師はそれにこたえるための国家資格です。

福祉分野には、児童福祉、障害者福祉、高齢者福祉などがあります。公認心理師は、児童相談所、児童発達支援センター、障害者支援施設、老人福祉施設などに勤務します。

教育分野の勤務先には、公立教育相談機関、幼稚園から高等学校までの教育機関のスクールカウンセラー、大学の学生相談室などがあります。

司法・犯罪分野の勤務先は基本的に法務省関係であり、家庭裁判所、少年鑑別所、少年院、保護観察所、刑事施設などです。

産業・労働分野は、企業などの組織の職員の健康管理・相談をおこなう産業領域と、就労支援やキャリア支援をおこなう労働領域に大別されます。事業所の従業員の**ストレスチェック**という業務は、医師など限られた国家資格の保有者しか担当できませんが、公認心理師は所定の研修を受ければ担当者になれます（☞116ページ）。

それでは、公認心理師になるためにはどうすればよいのでしょうか。公認心理師試験の受験資格を得るための中心となるコースは、学部で25科目の公認心理師科目を修得して卒業し、大学院に進学してさらに10科目を修得して修了することです。

もう一つのコースは、学部で公認心理師科目25科目を修得して卒業し、所定の施設においてアセスメント、心理支援、関係者支援の３業務に２年以上従事することを条件とするものです。

そのほか、「文部科学大臣及び厚生労働大臣が同等以上の知識及び技能を有すると認定した者」にも受験資格が与えられます。

重要なことは、公認心理師の受験資格取得に必要な学部25科目と心理学検定10科目との間には、Column02に示されるように、かなり密接な対応関係があるという点です。

公認心理師試験の受験希望者には大学院を経ていない人もあるので、出題は資格取得者全員に共通する学部25科目の範囲になります。

そもそも心理学検定も公認心理師試験も、大学で広く心理学を学ぶことを前提としているので、この２つの試験の内容が似ているのは、ある意味当然といえます。ですから、公認心理師試験の模擬試験として心理学検定を受けることに意味があります。

ついでに、大学院で修得すべき10科目について以下に示します。

①保健医療分野に関する理論と支援の展開

②福祉分野に関する理論と支援の展開

③教育分野に関する理論と支援の展開

④司法・犯罪分野に関する理論と支援の展開

⑤産業・労働分野に関する理論と支援の展開

⑥心理的アセスメントに関する理論と実践

⑦心理支援に関する理論と実践

⑧家族関係・集団・地域社会における心理支援に関する理論と実践

⑨心の健康教育に関する理論と実践

⑩心理実践実習（450時間以上）

このうち①～⑤は「保健医療、福祉、教育、司法・犯罪、産業・労働」の５分野に、⑥～⑨は「アセスメント、心理支援、関係者支援、心の健康教育」の４業務に対応する科目です。すなわち、公認心理師は５分野の４業務の仕事が担当できる知識と技能を修得することが求められます。

もちろん、公認心理師の国家資格を取得したからといって、ただちに一人前の心理職者になれるわけではなく、はたらく現場で研鑽(けんさん)を積んでいく必要があります。

公認心理師の国家試験は2018年９月に第１回試験がおこなわれ、まだ歴史の浅い国家資格ですので、その知名度はまだ高いとはいえないかもしれません。

Column 02

公認心理師学部科目と心理学検定科目

公認心理師学部25科目	心理学検定10科目
①公認心理師の職責	公認心理師独自の科目
②心理学概論	心理学検定全体に関わる科目
③臨床心理学概論	⑤臨床・障害
④心理学研究法	①原理・研究法・歴史
⑤心理学統計法	⑦統計・測定・評価
⑥心理学実験	①原理・研究法・歴史
⑦知覚・認知心理学	②学習・認知・知覚
⑧学習・言語心理学	②学習・認知・知覚
⑨感情・人格心理学	④社会・感情・性格
⑩神経・生理心理学	⑥神経・生理
⑪社会・集団・家族心理学	④社会・感情・性格
⑫発達心理学	③発達・教育
⑬障害者（児）心理学	⑤臨床・障害
⑭心理的アセスメント	⑦統計・測定・評価
⑮心理学的支援法	⑤臨床・障害
⑯健康・医療心理学	⑨健康・福祉
⑰福祉心理学	⑨健康・福祉
⑱教育・学校心理学	③発達・教育
⑲司法・犯罪心理学	⑩犯罪・非行
⑳産業・組織心理学	⑧産業・組織
㉑人体の構造と機能及び疾病	公認心理師独自の科目
㉒精神疾患とその治療	公認心理師独自の科目
㉓関係行政論	公認心理師独自の科目
㉔心理演習	公認心理師独自の科目
㉕心理実習（80時間以上）	公認心理師独自の科目

公認心理師学部25科目は、すべて必修科目です。どの科目が何年次に配当されるかは各大学に任せられていますが、㉔心理演習と㉕心理実習は、上級学年に配当し、所定の他科目の履修を条件にしている大学もあります。

公認心理師が登場する映像作品としては、島本理生（しまもとりお）の小説を原作とするNHKのテレビドラマ『ファーストラヴ』（真木よう子主演）が2020年２月に放映され、同じく映画『ファーストラヴ』（北川景子主演）が2021年２月に公開されました。『ファーストラヴ』の主人公の公認心理師としての職務内容はかなり特殊な設定ですが、このような作品を通じて公認心理師の知名度が高まっていくことが期待されます。

0.4 認定心理士資格について

心理学のもう一つの重要な資格として、**認定心理士**の説明をしておきます。これは、日本の心理学関係の学会の中で最初に創設（1927年）され、心理学のすべての分野を含むジェネラルな学会である公益社団法人**日本心理学会**が認定する資格です。

この資格の目的は、大学で心理学部や心理学科など「心理学」という名称が使われているかいないかにかかわらず、一定の心理学の科目を学んで卒業し、それを専門として仕事をするために必要な最小限の標準的基礎学力と技能を修得していることを証明するものです。

認定心理士になるには、試験制度ではなく、大学で下記のような必要な科目を履修し、その証明書類で申請することが求められます。

下記のa～iの領域から総計36単位以上を修得すること。

基礎科目（aを４単位以上、bとcで８単位以上）

a. 心理学概論：心理学を構成する主な領域に関し、均衡のとれた基礎知識を備えるための科目

b. 心理学研究法：心理学における実証的研究方法の基礎知識を備えるための科目

c. 心理学実験・実習：心理学における実験的研究の基礎を修得するための、心理学基礎実験実習の科目

選択科目：dからhの５領域のうち３領域以上で、それぞれが少なくとも４単位以上、合計16単位以上

d. 知覚心理学・学習心理学
e. 生理心理学・比較心理学
f. 教育心理学・発達心理学
g. 臨床心理学・人格心理学
h. 社会心理学・産業心理学

その他の科目

i. 心理学関連科目、卒業論文・卒業研究、卒論は最大4単位まで

〔注〕元の表では、各領域で具体的な科目名が数多く列挙されていますが、詳しくは**日本心理学会**のホームページ内の認定心理士のページを参照してください。なお、単位数の設定は、たとえば90分の講義科目を通年で開講していれば4単位となるなど、大学ごとに独自におこなっています。

認定心理士に必要な科目は、実習科目と卒業論文を除けば、心理学検定A領域とB領域にすべて含まれますし、A領域5科目だけでもその多くをカバーします。

以上より、本書の内容は、高校生の皆さんだけでなく、大学生、大学院生までお役に立つものと確信しています。

0.5 心理学の入口と出口

大学で本格的に心理学を学びたいがどの大学のどの学部に行けばよいのか、及び、大学で心理学を学んで卒業した後はどのような職業につけるのか、という2点は現実的に重要な問題です。

たとえば医学、看護学、薬学を学ぶ場合には、対応する単科大学（医科大学、看護大学、薬科大学など）あるいは対応する総合大学の学部（医学部、看護学部、薬学部など）があり、医師、看護師、薬剤師を専門的に養成する教育制度になっているので、大変わかりやすいです。

他方、弁護士を目指すには法学部などに進み、公認会計士を目指すには経済学部、経営学部、商学部などに進むのが試験勉強上は有利かもしれませんが、司法試験や公認会計士試験は受験者の出身学部を指定していません。

学校教員は、法律上は教育職員といいますが、全国に教育大学や総合大学の教育学部はあるものの、教員養成がおこなえるように課程認定を受けた大学・学部であればその名称とは関係なく、教育実習を含む所定の科目の単位を修得することによって、教育職員免許状を得ることができます。

公認心理師を志望する場合は、対応する教育をおこなっている学部・学科に進む必要があります。その場合、名称が**心理学部**や**心理学科**でなくてもよいことは、教員養成の場合と似ています。教育学部は全国に数多くありますが、心理学部は、2000年に中京大学が心理学部を設置したのを皮切りに、名称に「心理学」を含む学部が次々に誕生したものの、それでもまだ二十数校です。名称に「心理学」を含む学科はもう少し多いですが、そのような名称でなくても公認心理師教育に対応する学部・学科はたくさんあります。

公認心理師養成にこだわらず広く心理学を学びたい場合は、**日本心理学会**のホームページ「心理学を学べる大学（https://psych.or.jp/interest/univ/)」に全国の大学・学部・学科等のリストがあります。

次に、卒業後の進路については、心理学関係の学部・学科はごく一部の大学を除いて基本的に文系に属していますので、卒業後の進路は、他の文系の学部・学科の就職先と似ていますが、下記の進路リストに示すように、心理学系独自の就職先もあります。

大学院進学：大学教員、研究所職員、公認心理師などを目指すコース。

教育関係：幼稚園から高等学校までの教育職員（教員免許状取得が前提)。

心理臨床関係：病院の心理職、心理カウンセラー。

公務員関係：国家公務員心理職（法務省、厚生労働省など)、家庭裁判所調査官、地方公務員心理職（児童相談所など)。

民間企業関係：広く一般企業に就職。入社後に人事、商品開発、市場調査、広告などの部門を希望するケースもあるが可能とは限りません。

第1章

原理・研究法・歴史を学ぶ

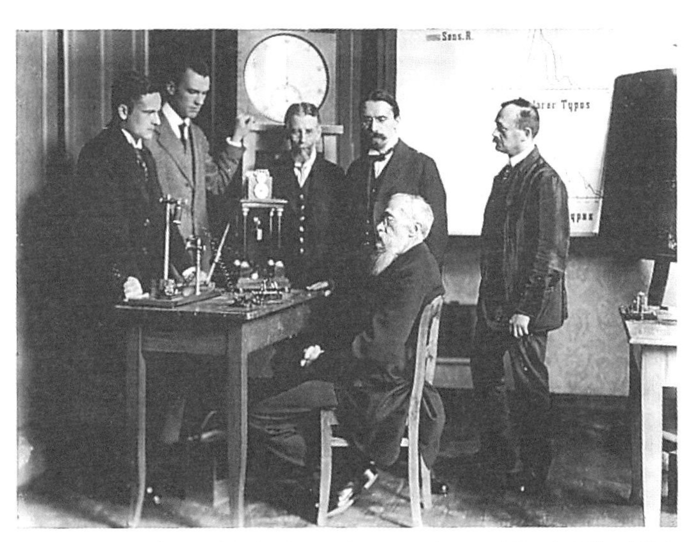

ヴィルヘルム・ヴント（着座）が1879年にライプツィヒ大学に心理学の実験室を開設（☞44ページ）

1.1 心理学の原理を学ぶ

● 原理は独立科目でない

この章では、①**原理・研究法・歴史**科目の内容について、順に説明します。

最初の「**原理**」という言葉は、心理学分野の中心的学会である**日本心理学会**において、所属学会員の専門分野の名称の一つとして、あるいは学会員が大会発表をおこなうときの分類名として、古くから用いられてきましたが、「心理学研究法」や「心理学史」とは異なり、独立した科目ではなく、大学の授業でも「心理学原理」としては教えられておらず、そのようなタイトルの教科書もないと思われます。

アメリカ心理学の父といわれる**ウィリアム・ジェームズ**（1842–1910）は、1890年に1,393ページ、2巻本からなる**『心理学原理』**（*The Principles of Psychology*）を刊行しました。

この本の内容は、28章にわたり、脳機能、習慣、思考、意識、注意、連想、時間知覚、空間知覚、記憶、感覚、想像、推理、本能、情動、意志、催眠など、草創期の心理学の集大成ともいうべきものであると同時に、現代の心理学に共通する多くのテーマが含まれていました。ただし、「心理学原理」というよりも「心理学概説」という方がこの本のタイトルにはふさわしいかもしれません。

では、「原理」という分野ではどのようなことが問題になるのかというと、それは心のしくみやはたらき（**心の原理**）について理論的に検討することではないかと思われます。

● 心の原理とは何か

物理学が「物の原理の学」であるように、心理学は、「心の原理の学」をつづめたものと見ることができます。では、心の原理とは何でしょうか、また、それをどのようにして知ることができるのでしょうか。

そもそも人は心という目に見えないものをどのようにして知ることができるのでしょうか。

心理学の専門家でない人も、日常的に心について考えたり語ったりしていますが、心理学ではそのようなことを**素朴心理学**と呼ぶことがあります。

素朴心理学の典型的な方法は、見えない心を見える物に引き寄せて考えるもので、しばしば**比喩**（メタファ）が用いられます。たとえば、心の状態を「軽い／重い」「明るい／暗い」「広い／狭い」「ふくらむ／なえる」「めばえる／しぼむ」「満たされる／涸(か)れる」などと表現します。

痛みの状態も直接言葉であらわしたり、正確に人に伝えたりすることが難しいものなので、たとえば体を物のようなものとしてあらわし、「割れるような」「キリで刺したような」「焼けるような」「電気が走るような」「しみるような」などの比喩表現が用いられます。

では、心理学が考えてきた**心の原理**とはどのようなものでしょうか。

一昔前の心理学概論の教科書には、ドイツ出身のアメリカの心理学者**クルト・レヴィン**（1890–1947）の心理学の公式、

B＝f（P，E）

というものが最初の方にのっていました。

一見難しそうに見えますが、実はまったく数式ではなく、行動B（behavior）は個人P（person）と環境E（environment）の関数f（function）であるという意味です。

言いかえると、異なる個人は異なる環境によって別々の行動を示すということで、いわばあたりまえのことですが、これが心理学の第一原理といってもよいでしょう。

ただし、**レヴィンの公式**で重要なことは、心そのものではなく**行動**についての原理であるという点です。

19世紀に科学としての心理学が始まった頃、心とは個々人の**意識**であり、言語報告された意識内容こそが研究すべき対象と考えられていました。

しかし、人は思ったことをそのまま報告するとはかぎりません。また、言葉を話す前の乳幼児の心は知ることができません。そのような批判から、意識でなく行動を研究対象とすべきという**行動主義**の考え方が出てきました。

心理学の研究対象としてふさわしいのは、言語化された主観的な意識か、あるいは客観的に観察できる行動かという二分法は、必ずしも生産的な議論のしかたとはいえません。

そこで、言葉を話すことも行動であるとする**言語行動**という考え方も生まれました。たとえば、**児童虐待**は、なぐる、けるなどの身体的暴力だけでなく、言葉によるおどしなど心理的暴力も含まれます。

遺伝－環境論争

発達の要因としての遺伝と環境の関係についても、**心の原理**が追求され、発達＝遺伝という遺伝優位説、発達＝環境とする環境優位説、発達＝遺伝＋環境と考える輻輳（ふくそう）説、そして発達＝遺伝×環境ととらえる相互作用説がとなえられてきました。この各説について、以下に説明します。

遺伝優位説は、アメリカの小児科医で心理学者の**アーノルド・ゲゼル**（1880–1961）の主張が代表的です。ゲゼルは、乳児期の双子のきょうだいを階段のぼりの訓練をさせる方とさせない方に分け、一定期間後に調べたところ訓練効果が見られないことから、階段のぼりは遺伝的に規定された**成熟**の要因によることを示しました。しかし、言葉の発達を考えると、遺伝要因はもちろん不可欠ですが、両親をはじめとする周囲の環境の影響は大きいものです。

環境優位説は、アメリカの**行動主義**の心理学者**ジョン・ワトソン**（1878–1958）が残した「１ダース（12人）の健康な乳児と、私が指定する養育環境を与えてくれれば、ランダムに選び出した子をその才能や祖先の人種にかかわらず、医者、法律家、芸術家、商人、あるいは乞食（こじき）や泥棒にでさえ、どんな専門家にでも育ててみせよう」という高らかな宣言が有名です。しかし、このようなことを実現するのはかなり困難であり、ワトソン自身が実際におこなったわけではありません。

輻輳説は、ドイツ出身の心理学者**ウィリアム・シュテルン**（1871–1938）によります。「輻輳」は車の両輪という意味で、発達は遺伝と環境が両輪となって進行するという主張です。しかし、発達＝遺伝＋環境という考え方では、環境要因がゼロなら遺伝説に、遺伝要因がゼロなら環境説になります。

相互作用説は、発達＝遺伝×環境と表現できますが、遺伝か環境のどちらかがゼロなら掛け算の結果はゼロとなり、発達は生じないという意味を含みます。相互作用説を唱える心理学者は多いのですが、現在では**行動遺伝学**の発展により、遺伝と環境の影響に関するより緻密な発達のモデルがアメリカ出身の心理学者**ロバート・プローミン**（1948–）らによって示されています。

ホットシステムとクールシステム

心の原理でもう一つ重要なのは、感情と認知の関係を考えることです。

感情の研究として、アメリカの心理学者**ポール・エクマン**（1934-）は、顔の動きを支配する表情筋の研究をおこない、「怒り、嫌悪、恐怖、喜び、悲しみ、驚き」を国や文化を超えて共通に見られる**基本６感情**としました（☞167ページ）。たしかに、国や文化が異なっても、この６種類の感情をあらわす表情写真を見てそれぞれどの表情かをかなり正確に当てることはできるかもしれませんが、どのような場面でどのような表情をするかについては、かなり国や文化によるちがいもあります。たとえば、日本人は困ったときにも笑顔を見せることを西洋の文化からは理解が難しいとされます。

認知は、感覚器官を通じて入ってくるさまざまな情報を選択的に取り入れ、その内容を脳内で記録し、必要に応じて精査して判断をおこなう心のはたらきです。このような認知のプロセスについては、感覚、知覚、注意、記憶、思考、言語などのテーマとして次章で詳しく説明します。

心の原理を考えるときに重要なのは、感情と認知がはたすそれぞれの役割を考えることですが、オーストリア出身のアメリカの心理学者**ウォルター・ミシェル**（1930-2018）らは、ホット／クールシステムというものを提案しました。

ホットシステムは、発達初期の乳児期から見られるもので、刺激があれば急速に生じる反射的（reflexive）な感情のシステムです。このシステムは、たとえば怒りや恐怖や驚きの感情が生じたときの経験を思い出すと理解できることでしょう。

他方、**クールシステム**は、発達的には幼児期あたりからゆっくりあらわれ、刺激に直接左右されず、ひと呼吸おいて考えるなど、ゆるやかに生じる反省的（reflective）なシステムです。

ホットシステムとクールシステムは、**心のアクセル**と**心のブレーキ**といってもよいもので、この２つのシステムをうまく使いこなすことが大切です。

見えない心を研究する方法

心という目に見えないものをどのようにして知ることができるかという問題に進みます。これは、次の心理学の研究法のテーマになりますが、その原理を説明します。

図1.1　カニッツァの三角形と見えない心の研究

イタリアの心理学者の**ガエタノ・カニッツァ**（1913–1993）は、絵心のある研究者で**錯視図形**などの創作もおこないましたが、特に**主観的輪郭図形**の作成で知られています。

図1.1は、青い円の一部を切り抜いた３つの図形の並べ方により、上向きの「透明の三角形」があるように見えます。実際にはないものが見えるのが**錯視**、客観的には存在しない三角形の頂点や辺を感じてしまうのが**主観的輪郭**です。

この図は、心という目に見えないものを知るために、そのまわりに何かを置いて心を浮き彫りにしたいという心理学の方法を比喩的に示すものとして、筆者は説明のためにときどき利用しています。

では見えない心というもののまわりに置くものは何かというと、次節の心理学の研究法で詳しく説明する観察、実験、心理検査、質問紙調査、面接、事例研究などの研究法になります。

1.2 心理学の研究法を学ぶ

心理学の学問としての特徴は、実証性と実践性にあります。**実証性**とは、頭の中だけで考えるのでなく、事実と証拠に基づいて論証をすることです。**実践性**とは、理論的に正しいとされることに基づいて現実に向き合い、改善の努力をおこなうことです。

図1.2　観察法の３タイプ

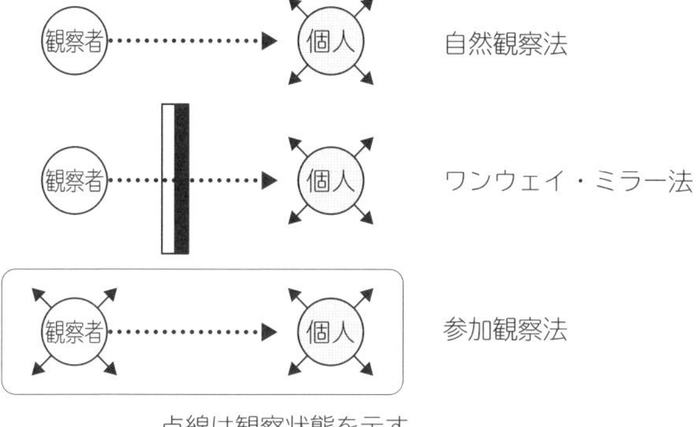

古代ギリシア哲学の時代から**真善美**の３つが人間にとっての普遍的価値とされますが、実証性は真の実現を、実践性は善の実現を目指すものです。

この節では、心理学において実証性を実現するための基本的な研究法として、Ａ．観察法、Ｂ．実験法、Ｃ．心理検査法、Ｄ．質問紙調査法、Ｅ．面接法、Ｆ．事例研究法、Ｇ．心理統計法の６つを順番に説明します。

Ａ．観察法

研究対象を注意深く観察し、できごとを時間の流れにそって記録することは、すべての実証的な学問の基本です。

記録は筆記だけでなく、ビデオ機能による映像記録も有効ですが、撮影を許可されないことの方が多く、また人間は自分が観察されていると思うと自然な行動がとれないものです。観察者の存在そのものが観察の結果に影響を与えることを**観察者効果**といいます。ましてやカメラやビデオで撮影されていることがわかると、身構えたり拒絶したりすることが普通に生じます。

自然観察法と参加観察法

観察法では、観察する方（観察者）と観察される方（被観察者）に分かれますが、観察する方がどういう状況で観察するかによって、図1.2のような３つのタイプに分かれます。なお、この図では観察する方も観察される方もひとりずつですが、どちらも複数人数であってもかまいません。

自然観察法は、名前の通り自然な状態で観察場面に入り、対象者の行動を観察し記録します。そのとき、観察される方から気づかれないとはかぎらず、気づかれた場合は、前記の観察者効果が生じる可能性があります。

観察する方と観察される方の間の相互の影響を避けるために、大学の心理学実験室などでは2つの部屋の間に「ワンウェイ・ミラー」を設置して観察をおこなう**ワンウェイ・ミラー法**も用いられています。これは、明るい部屋でおこなわれていることを暗い部屋からは観察できるが、明るい部屋からでは鏡が置かれているとしか見えない状態にするものです。これは、自然観察法の一種と考えることもできます。

参加観察法は、観察者が観察場面に入り込み、自身の存在を明らかにしながら観察するものです。最初は見ず知らずの関係から、おたがいに信頼できる関係をつくることが重要になります。どんな研究法でも、よい人間関係が前提として必要となりますが、そのことを**ラポール**といいます。どのような場合でも、観察の対象となる人のプライバシーを守ることは不可欠です。

B．実験法

実験というと高校では理科の授業の実験のイメージが強いかもしれませんが、心理学でもさまざまな実験がおこなわれています。

実験は必ずしも装置や器具を使って実験室の中でおこなうというものではなく、仮説や理論が実際に当てはまるかどうかについて、さまざまな条件を設定して、結果を観察し測定することをいいます。

観察と実験との関係について、フランスの**クロード・ベルナール**(1813–1878)という医学者は、『実験医学序説』(1865年)において「実験とは惹起(じゃっき)された観察である」と述べています。観察はできごとが起こるのを待つものですが、実験は観察すべきできごとを引き起こす(惹起する)ものといえます。

図1.3は、実験に含まれる要素の流れを図示したものです。実験者が操作する要因を**独立変数**、研究の対象となる人間または動物を**生命体**、生命体で起こる観察し測定すべき要因を**従属変数**といいます。

もう一つの重要な要因は、**剰余変数**の取り扱いです。「剰余」とは独立変数から見たときに「それ以外の」という意味になりますが、独立変数以外の要因が従属変数に余計な影響を与えるという意味で**干渉変数**ともいわれます。

図1.3　**実験法の基本的流れ**

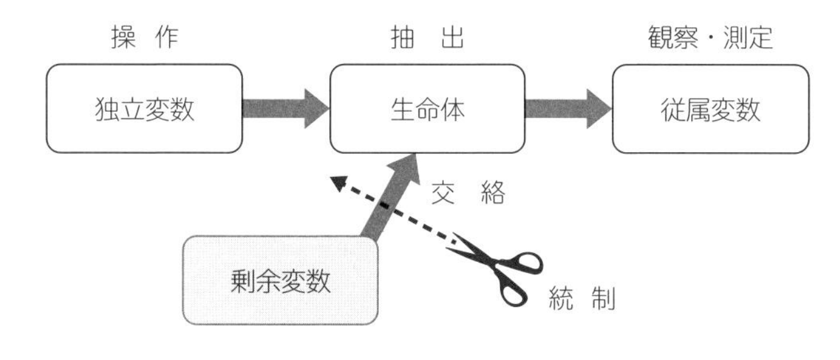

剰余変数は干渉変数ともいう

たとえば、静かな実験室で聴覚による聞き取りに関する実験をおこなっているとき、建物の外から工事の大騒音が聞こえてきたら、当然妨害になります。

剰余変数が絡んできて入り交じり、結果に悪い影響を与えることを図では**交絡**と表現していますが、ハサミで遮断する絵は交絡が起こらないように条件統制をおこなうことを示しています。聴覚実験の場合は、実験を防音室でおこなうか、外部音を遮断するヘッドフォンの着用が条件統制の方法になります。

なお、図の**生命体**という言葉は聞きなれないかもしれませんが、心理学ではさまざまな動物を対象とする研究もおこなわれるために使われる用語です。

人間の対象者の場合は、**被験者**（subject）という言葉が伝統的に使われてきましたが、受け身でなく主体的に研究に参加してもらうという意味で現在では **研究参加者**（participant）という表現に変わっています。

統制群法

実験室でおこなうのではない実験の例として、高校の教室でおこなう実験教育について考えてみましょう（図1.4）。新しい教え方を教授法Ａとし、それがこれまでの教え方である教授法Ｂよりも有効であることを証明したい場合、教授法Ａで教えたら事前の成績よりも事後の成績が上がったというだけでは不十分な説明であり、教授法Ｂよりもどれだけよいのかを示す必要があります。

ではどうすればよいかというと、**統制群法**による研究をおこなうことです。たとえば、ある高校の４クラスの生徒を研究対象の集団としたとき、事前テストで成績の平均が同等となるように無作為に２クラスずつ２群に分けます。

図1.4　**統制群法の進め方**

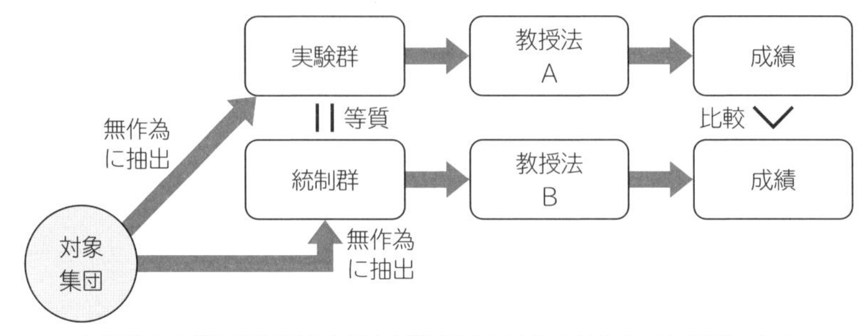

無作為（at random）という意味は、たとえば優秀な生徒の多いクラスを意図的に実験群に割り当てるなどの作為をしないということです。

そのようにして実験群では教授法Ａで教え、統制群では教授法Ｂで教える授業を一定期間行った後、事後テストで実験群の方が統制群よりも平均して高成績であれば、教授法Ａの効果が確認できたことになります。他方、実験群と統制群の成績に差がなかったり、実験群の成績が統制群を下回ったりすれば、あえて教授法Ａに変える必要はないという結論が得られます。

実験計画

独立変数の水準（条件）が複数ある実験を計画する場合、参加者内計画と参加者間計画の２通りがあります。

参加者内計画は、研究参加者に複数の条件を割り当てるものです。たとえば、音楽視聴が計算課題の成績にどのような影響を及ぼすかを調べる研究において、研究参加者に「音楽あり」条件と「音楽なし」条件のそれぞれで計算課題をおこなってもらいます。この場合、順序効果が生じないように、研究参加者の半数は「音楽あり－音楽なし」の順とし、もう半数は「音楽なし－音楽あり」の順にしておく必要があります。このように割り付けをおこなうことを条件間の**カウンターバランス**といいます。

参加者間計画では、研究参加者を「音楽あり」群と「音楽なし」群のどちらかに無作為に割り当てて計算課題をおこなってもらいます。参加者内計画のような順序効果の問題がまったく生じないことは、この方法の大きな長所です。

図1.5　**適性処遇交互作用**

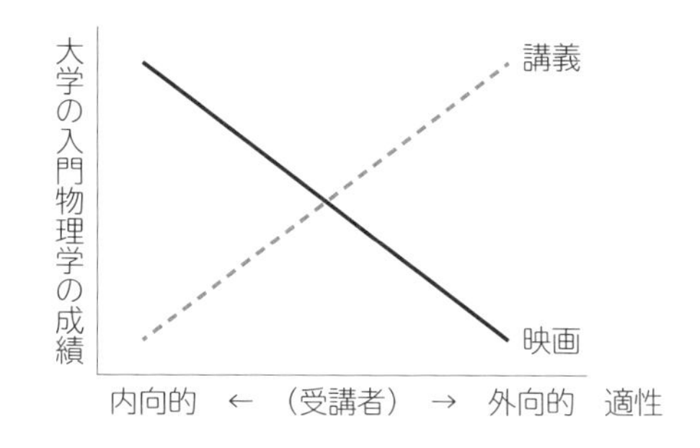

しかし、「音楽あり」群と「音楽なし」群の２群が計算能力に関して等質であるという保証がありません。すなわち、「音楽あり」群の計算課題の成績がよかったとしても、ただ計算の得意な人が「音楽あり」群に多かった結果なのかもしれないのです。この問題を避けるには、**統制群法**のように、事前に両群の計算能力を確かめておくことです。また、参加者間計画では必要な研究参加者数が多くなり、時間と経費が余計にかかるという現実的問題もあります。

交互作用

独立変数が２つ以上の要因になると、**交互作用**という現象が生ずることがあります。その典型的な実際の例に**適性処遇交互作用**という現象があります。

アメリカの心理学者**リー・クロンバック**（1916-2001）らが行った研究では、アメリカの大学で入門物理学を教えるのに、講義形式とフィルムライブラリーを用いる映画形式のどちらの処遇が効果的かを検討したのですが、同時に受講学生が内向的か外交的かという性格条件（適性）も考慮しました。

学期末の物理学のテストの成績の結果は、図1.5のようになりました。すなわち、講義がよいか映画がよいかは受講者の適性によって異なり、対人関係で消極的な内向的学生では映画、積極的な外向的学生では講義が効果的であるという結果であり、適性と処遇の交互作用が見られたのです。

なぜこのような結果になったかというと、一般的にアメリカの大学の講義は、教師が一方的に話すだけではなく、学生を指名して発言を求める形式なので、内気な内向的学生は落ち着かず、話し好きな外向的学生には喜ばれるという状態を反映するものと解釈することができます。

C．心理検査法

心理検査法は、知能、学力、性格、適性など個人の特性を調べる方法です。心理検査あるいは心理テストは、基本的に標準化の手続きを経て作成された**標準検査**のことをいいます。標準検査とは、

①提示される問題と解答が定まっている、

②実施方法と採点など得点化の手順が定まっている、

③検査の信頼性と妥当性が確認されている、

④検査の対象となる基準集団の統計値が既知である、

という条件を満たしたものをいいます。

標準検査の多くは、検査用具、検査用紙、マニュアル（説明書）などが市販され、検査によっては専門家のみに使用が許可されているものもあります。

以上のうち、検査の信頼性と妥当性の高さは特に重要な条件です。

信頼性とは、同一の個人や集団に対して同一条件で繰り返し検査を実施したとき、大きな矛盾のない一貫した結果が得られる程度のことです。

妥当性とは、その検査が目標とするものを正しく測っている程度のことをいいます。たとえば、小学生の算数能力を測る学力検査に高校で学習する微分積分のような出題が妥当ではないことは明らかです。

なお、問題に対して決まった正解がある場合を「解答」、質問に対してどう答えてもよい場合を「回答」と使い分けますが、知能や学力などの能力検査では**解答者**の体調に配慮し、緊張をやわらげて普段の力が出せるようにすることが大切ですし、性格や適性などの特性の検査では**回答者**自身の素直な気持ちが表明できるような環境設定をおこなうことが大切です。

特に、学校などで心理検査を実施する場合は、いかなるものであれ、その結果が成績などに影響しないことを、事前に児童あるいは生徒に明確に知らせる必要があります。

医療の分野では、検査や手術などに先立って、その詳細な手順と予想される効果や危険性など必要な情報を患者に提供のうえ同意を得ることを**インフォームド・コンセント**（説明と同意）といいますが、心理検査においてもインフォームド・コンセントが必要な場合があります。

次に心理検査の種類ですが、大別すると能力検査、パーソナリティ検査、神経心理学的検査の３種類があります。

● 能力検査

知的能力の力量（パワー）または速度（スピード）を測定するもので、問題の解答に正誤の基準があるものです。**能力検査**は、さらに次の３タイプに分類することができます。

①**学力検査**：学校で学ぶ教科に対応して児童・生徒の学力を測定し、学力偏差値などを算出します。**偏差値**は、個人の得点が全体の中でどれくらいの位置にあるかをあらわすもので、平均値が50、標準偏差が10となるように設定されます。偏差値は、異なる教科の成績の相対比較を可能にします。

②**知能検査**：普通学校では学ばない問題群が与えられ、その成績によって何歳相当の知能があるかを示す**精神年齢**（MA）と、実際の年齢である**生活年齢**（CA）との関係から下記の**知能指数**（IQ）を算出します。

知能指数＝精神年齢÷生活年齢×100、または、IQ＝MA÷CA×100

知能検査は、**ビネー式知能検査**に始まり、**ウェクスラー式知能検査**など、多くの種類が開発されてきました（☞詳しくは133ページ以後）。

③**発達検査**：知能検査を実施するのが難しい乳幼児に言葉や社会性の発達などを測定し、**発達指数**（DQ）を表示するのが発達検査です。わが国では、**新版K式発達検査**などがよく使われています。

● パーソナリティ検査

個人の気質、性格、感情、態度、興味、適性、道徳性などを測定・診断する検査法であり、次の３タイプがあります（☞詳しくは180ページ以後）。

①**質問紙法**：文または文章による質問に対して、自分が当てはまる程度を回答することにより、意識レベルの反応を見る検査をいいます。わが国では**矢田部ギルフォード性格検査**（**YG性格検査**）が長く使われてきましたが、イギリスの**モーズレイ人格目録**（**MPI**）、アメリカの**ミネソタ多面人格目録**（**MMPI**）などが世界的な検査として用いられ、それぞれ日本語版もあります。

②**作業検査法**：比較的簡単な作業を一定の条件のもとでおこなうもので、作業の成績と過程から性格特性を解釈するものです。わが国では、たし算課題の時間ごとの成績変化を描く作業曲線を見る**内田クレペリン検査**が企業の採用試験などで用いられてきました。

③**投影法（投映法）**：あいまいな刺激に対する連想や想像という無意識レベルの反応を解釈するもので、インクのしみからできる左右対称図形の見え方をたずねる**ロールシャッハテスト**、人物の様子を描いたさまざまな絵を見てその人物のことや物語の結末などを自由に述べさせる**主題統覚検査**（TAT）、画用紙に「実のなる木」を自由に描かせる**バウムテスト**などが用いられています。

神経心理学的検査

脳損傷や認知症などによって生じた脳機能障害を神経心理学的方法により、定量的かつ客観的に評価する検査であり、次の３タイプがあります。

①**脳画像診断法**：脳の電気的活動、脳内の血流量や代謝などを測定し、脳の構造または機能の異常を調べる検査です。

脳波（EEG）：電極をペーストで頭皮に貼りつけ、電気活動を連続的に記録します。てんかんやさまざまな意識障害の診断に用いられます。

コンピュータ断層撮影（CT）：検査対象の周囲をＸ線源と検出器が回転して撮像をおこなう方法で、脳を撮影した場合は脳画像が輪切りで見えます。

機能的磁気共鳴画像法（fMRI）：脳神経細胞が活動すると酸素ヘモグロビンが増えることを利用し、脳内の血流動態反応を画像で示すものです。

光トポグラフィー（NIRS）：近赤外光を用いて大脳皮質の機能を脳表面にそって計測し画像にするもので、乳幼児にも適用可能です。

②**認知機能診断法**：認知症の簡便な診断法として精神科医の**長谷川和夫**（1929–2021）が開発した**長谷川式認知症スケール**（HDS–R）では、年齢、見当識（けんとうしき）、各種の記憶、計算、言語流暢（りゅうちょう）性などの質問項目で評価します。

③**動作能力診断法**：認知症患者などが歩行、着脱衣、入浴、摂食、排便などの日常生活動作がうまくできるかどうかを調べる検査として**N式老年者用日常生活動作能力評価尺度**（N–ADL）があります。

D．質問紙調査法

質問紙調査法（questionnaire method）は、質問となる文または文章を言語的に提示し、言語または記号により回答を求める形式のもので、同じ意味でよく使われる**アンケート**（enquête）はフランス語で「調査」を意味する単語に基づく一般的な用語です。

心理検査法の質問紙法（☞25ページ）は標準化検査に限定されるものですが、**質問紙調査法**は広く個人の意見や態度などを調べるために研究ごとに質問紙が構成され使用されるものです。

もともとは紙と鉛筆による紙筆形式のもので郵送調査などがおこなわれましたが、最近はインターネット配信によりコンピュータやスマートフォンなどを用いて回答するウェブ形式の質問紙調査も増えています。

調査用紙の最初のページを**フェイスシート**といい、調査対象者の性別、年齢、職業など、**デモグラフィック情報**と呼ばれる個人の属性に関する事項についての質問が行われます。

質問紙調査の例として、アメリカの心理学者**エド・ディーナー**（1946-2021）らが1985年に開発した**人生満足度尺度**を以下に取り上げます。

1．ほとんどの面で私の人生は私の理想に近い。

2．私の人生は、とても素晴らしい状態だ。

3．私は自分の人生に満足している。

4．私はこれまで、自分の人生に求める大切なものを得てきた。

5．もう一度人生をやり直せるとしても、ほとんど何も変えないだろう。

それぞれの質問について、回答者は「非常によく当てはまる」（7）から「まったく当てはまらない」（1）の７段階で答えることが求められます。

この一つひとつの質問文を**項目**（アイテム）といい、５項目全体を**尺度**（スケール）と呼びます。人生満足度尺度のように、まとまりのある質問文群のことを**心理測定尺度**といいますが、それはいわば「心のものさし」です。

人生満足度尺度の内容はわずか５項目ですが、幸福感研究において定番として用いられてきました。尺度の項目数はいろいろですが、たとえば**ビッグ・ファイブ**と呼ばれるパーソナリティの５因子モデルは44項目からなります（☞181～182ページ）。

質問項目に対して「5．強く賛成」「4．賛成」「3．どちらともいえない」「2．反対」「1．強く反対」の５段階で答えるような方法は、アメリカの心理学者**レンシス・リッカート**（1903-1981）が1932年に考案したもので、**リッカート法**と呼ばれています。中点の「3．どちらともいえない」には、賛成あるいは反対の程度としての中立ではなく、質問内容が十分理解できない場合も含まれる可能性があるので、中点を置かず４段階にする方法もあります。

E．面接法

面接法とは、人と人とが特定の目的を持って直接の顔合せをおこない、主として会話を通して必要な情報を得たり提供したりするものです。新型コロナウイルスの流行を契機として、インターネットを通じた**オンライン面接**も広く用いられるようになりました。会話という**言語的情報**だけでなく、しぐさやアイコンタクトなど**非言語的情報**も重視される場合があります。

面接法には、さまざまな目的と形式があります。次に、①調査的面接か臨床的面接か、②個人面接か集団面接か、③構造化面接か非構造化面接か半構造化面接か、という３種類の区別を見ていきます。

①調査的面接か臨床的面接か：**調査的面接**は、心理学や社会学などの研究分野でおこなわれ、形式が統一された質問票をたずさえた調査員が対象者に面接をおこなってデータを収集し、その後データを分析するものです。面接する調査員の調査方法に質的な差が生じないように事前の訓練が必要となります。

臨床的面接は、なんらかの心の問題や症状をかかえる人（**クライエント**）に対して、治療者（**セラピスト**）が主に言語を媒介して心理治療やカウンセリングなどをおこなうものです。臨床的面接の実施をおこなう人は、専門的な資格と訓練が必要とされます。

②個人面接か集団面接か：面接者と被面接者が一対一で直接面談しておこなうものが**個人面接**であり、同時に複数の人と面談するものが**集団面接**です。集団面接には被面接者一人対面接者複数の場合と、複数対複数の場合があります。

調査的面接では、研究の目的に応じて複数の人に同時に面接する集団面接をおこなう意義として、たとえば災害体験時の心理的状況の聞き取りなどにおいて、同じ体験をした人同士が一緒に話すことによって、記憶がよみがえったり、誤りを訂正することができたりします。

調査的面接における集団面接は、学校の入学者選考試験や官庁・企業の採用試験などでもおこなわれますが、大勢の志望者を効率的に面接するという実利面だけでなく、志望者同士のやりとりから、コミュニケーション能力を含む資質を見るという目的もあります。

臨床的面接は、通常は個人面接の形式を取りますが、**家族療法**が必要な場合には、親子や夫婦などを対象とする集団面接もおこなわれます。

③構造化面接か非構造化面接か半構造化面接か：事前に質問事項のリストを用意しその質問順序や言葉づかいを決めて臨むのが**構造化面接**です。その対極にあるのが**非構造化面接**で、事前の用意は特におこなわず、その場の成り行きや自然な流れで進めていくのが非構造化面接です。この両者の中間にあるのが**半構造化面接**で、構造化面接のように事前の準備はしますが、非構造化面接のように自然な流れも重視するやり方を取ります。

これからさまざまな機会に面接を受ける可能性がある高校生や大学生の皆さんに、評価者から見た面接のポイントを以下にお伝えします。

まず、入室から退室までのすべての行動が評価の対象となります。終わったからと安心せず、退出が終わるまで基本的なマナーを守りましょう。

話の内容だけでなく、伝え方も評価されます。質問者の方をきちんと向いて答えることが大切です。また、過剰な身ぶり手ぶりは避けることです。

必ず聞かれる志望動機について、丸暗記してきた内容を思い出しながら話すのは共感が得られにくく、自然な話し方と受け答えが評価されます。

面接官との対話はキャッチボールです。質問に対して、はずさずに答えることが重要であり、短すぎては伝わらず、長すぎるとイライラさせます。

F．事例研究法

一人あるいは少数の事例（ケース）について観察、実験、検査、調査、面接などの方法を必要に応じて使いながら、対象者の個性を理解したり理論モデルを構築したりする方法を**事例研究法**あるいは**ケーススタディ**といいます。

観察法や実験法では、研究者が自分自身を対象として研究をする場合があります。研究者自身が実験対象となった初期の研究例として、ドイツの心理学者**ヘルマン・エビングハウス**（1850–1909）は、無意味綴（つづ）り（RIT、PEK、TASなどドイツ語として意味をなさないもの）のリストを用いて、自分が記憶した内容の**忘却**の程度を調べて報告をしましたが、その目的は自分自身の記憶力の確認ではなく、時間経過とともにどれくらい忘れていくかという忘却の経過をあらわす理論モデルを検討することにありました。

忘却の事例研究で有名なのは、**記憶障害**の男性患者**H. M.** さんのケースです。1926年にアメリカで生まれたH. M. さんは、子どもの頃からてんかん発作がひどく、その治療のため1953年に脳の外科手術を受けました。

手術後H. M. さんのてんかんは軽くなったのですが、記憶に関連する脳部位（**海馬**（かいば））の一部まで切除されたため、新しい経験の記憶ができなくなりました。たとえば、新しい運動のしかたを学習することはできるのですが、その学習をしたこと自体は思い出せないのです。1957年から始められた事例研究は、2008年にH. M. さんが亡くなるまで半世紀にわたって続けられ、没後に実名が**ヘンリー・モレゾン**（1926–2008）であることが公表されました。

臨床心理学に関係する例として、**自閉症**の研究はオーストリア出身の２人の医師が第二次世界大戦中に別々におこなった事例研究から始まりました。

オーストリア＝ハンガリー帝国に生まれ1924年からはアメリカに移住して活躍した精神科医の**レオ・カナー**（1894–1981）は、11人の児童の感情的接触における自閉性障害を早期幼児自閉症と呼び、1943年に報告しました。これが世界初の自閉症の症例報告になりました。

翌1944年に、オーストリアの小児科医**ハンス・アスペルガー**（1906–1980）は「共感性にとぼしく、友達がなく、会話が一方的になりがちだが、興味のあることは詳しく話す４人の男児」の症例を報告しました。この論文は、ドイツ語で書かれたため、後に**アスペルガー症候群**と呼ばれるようになった最初の症例報告が広く世界に知れわたったのは1980年代以後になりました。

G．心理統計法

心理統計法は、心理学検定ではＢ領域の「⑦統計・測定・評価」科目で取り扱う内容になりますが、研究法の一部として要点をまとめておきます。

心理統計法の詳しい説明の前に、「えっ、心理学に数学が必要だった？」という声が大学の心理学部や心理学科などに入学した学生さんの大きな戸惑いになるようなので、その点について考えておきます。

わが国では、大学で心理学を学べるのは、文学部や教育学部の心理学専攻コースあるいはそこから派生した心理学部など、いずれも文系の分野とされますが、欧米の主要な大学では心理学は理系の分野に属します。

たとえば、イギリスのオックスフォード大学では医科学系の実験心理学部として、同じくケンブリッジ大学も2012年以前の名称は実験心理学部であり、現在は生物科学系に属する心理学部として、それぞれ理系の学問分野として存在しています。

このようなちがいが生まれた理由は、次の歴史の項の最後で説明しますが（☞60ページ）、国がちがっても心理学という学問とその教育の内容に大きなちがいはないので、**神経生理学**や**心理統計学**を学ぶことは不可欠なのです。

実は、心理統計法については、その基本は2022年度から開始された新学習指導要領に基づく高等学校数学Ⅰの「(4) データの分析」と、同じく数学Bの「(2) 統計的な推測」にあります（☞Column03）。これから高校で数学を学ぶ生徒さんは、あまり心配する必要はないと思います。

記述統計と推測統計

統計法には、記述統計と推測統計の２種類があります。

たとえば、**国勢調査**のような全国民を対象とする調査データから都道府県ごとの人口分布や全国平均などを調べて表にまとめるなど、収集したデータそのものの数量的特徴（**度数分布**、**代表値**、**相関係数**など）を分析し表現するのが**記述統計**です。

他方、たとえば全国１万世帯を対象に各テレビ番組の視聴率を調べて視聴率のランキングを出す場合は、全国民という**母集団**を対象とする全数調査ではないので、抽出した**標本**（**サンプル**）のデータから母集団の特徴を推定する必要があり、そのための手法が**推測統計**です。実験研究に不可欠な**仮説検定**は特に重要です。

尺度水準

記述統計においてまず重要なのは、扱う数字の性質です。アメリカの心理学者**スタンリー・スティーヴンス**（1906–1973）は、心理学で扱う数字の意味（**尺度水準**）を次の４種に分類しました。なお、説明の中の数式は、２つの数XとYの間の関係をあらわすものです。

①**名義尺度**：数字に数量としての意味はなく、相互に区別をつけるだけのものです（Y≠X）。

例：電話番号、学生証番号、ダミー変数（例：男＝１、女＝２とする）

②**順序尺度**：数字は順序または大小関係をあらわしますが、数字と数字の間が等間隔とはかぎりません（Y＞X）。

例：模擬試験の成績順位、短距離走の着順

Column
03

高校数学で学ぶ統計法の基礎

学習指導要領は、文部科学省が定めるカリキュラムの基準であり、教科書もそれにそって編集されます。約10年に1度改訂され、全文が文部科学省のホームページに公開されます。高等学校では2022年度入学者から新学習指導要領に移行しました。高校数学で学ぶ統計法の基礎には以下の事項があり、これを学んでおけば大学で心理統計学が出てきてもまごつかないで済むはずです。

高等学校数学Ⅰの「(4) データの分析」の「ア」では、次のような学習目標が示されています。

(ア) **分散**、**標準偏差**、**散布図**及び**相関係数**の意味やその用い方を理解すること。

(イ) コンピュータなどの情報機器を用いるなどして、データを表やグラフに整理したり、分散や標準偏差などの基本的な統計量を求めたりすること。

(ウ) 具体的な事象において**仮説検定**の考え方を理解すること。

高等学校数学Bの「(2) 統計的な推測」の「ア」「イ」では、次のような目標が示されています。

(2) 統計的な推測

統計的な推測について、数学的活動を通して、その有用性を認識するとともに次の事項を身に付けることができるよう指導する。

ア　次のような知識及び技能を身に付けること。

(ア) **標本調査**の考え方について理解を深めること。

(イ) **確率変数**と**確率分布**について理解すること。

(ウ) **二項分布**と**正規分布**の性質や特徴について理解すること。

(エ) 正規分布を用いた**区間推定**及び仮説検定の方法を理解すること。

イ　次のような思考力、判断力、表現力等を身に付けること。

(ア) 確率分布や**標本分布**の特徴を、確率変数の**平均**、分散、標準偏差などを用いて考察すること。

(イ) 目的に応じて標本調査を設計し、収集したデータを基にコンピュータなどの情報機器を用いて処理するなどして、**母集団**の特徴や傾向を推測し判断するとともに、標本調査の方法や結果を批判的に考察すること。

[用語・記号]　**信頼区間、有意水準**

③**間隔尺度**：数字に大小関係があり、数字と数字の間は等間隔ですが、絶対ゼロ点はないので、何倍ということはできません（Y＝aX＋b）。

例：知能指数、温度の摂氏℃と華氏°Fの関係（°F＝（９÷５）℃＋32）

④**比率尺度**：数字は等間隔かつ絶対ゼロ点があるので、何倍ということができます（Y＝aX）。

例：身長、体重、年齢

基本統計量

10人の高校生に心理学検定の10科目のそれぞれにどの程度興味があるかについて、「１．まったく興味はない」～「５．大変興味がある」の５段階で回答してもらい、10人それぞれの10科目分の合計点を計算して、その点数の低い順から次のようなデータが得られたとします。

19　21　25　27　30　32　38　38　38　42　………（1）

（1）のデータの**基本統計量**には次のようなものがあります。

サンプル数：参加人数のことで、n＝10のようにあらわします。

最小値：10科目すべてに「１」と答えた場合の10点になります。

最大値：10科目すべてに「５」と答えた場合の50点になります。

範　囲：データの最小～最大を範囲といい、（1）では19～42になります。

代表値：データ全体の様子を最もよくあらわす一つの数字をいい、最頻値、中央値、平均値などがあります。

最頻値は、データの中で最も多くあらわれる数をいい、「38」です。

中央値は、データの真ん中の数で、偶数のときは真ん中の２つの平均です。

（1）では、(30＋32)÷2＝31です。

平均値：データの合計をサンプル数 n で割った数字をいいます。

(1)では、(19＋21＋25＋27＋30＋32＋38＋38＋38＋42)÷10＝31。

散布度：データのばらつきを示すもので、上記の範囲のほか、平均値が計算できる間隔尺度と比率尺度のデータでは、**標準偏差**（SD）及びその二乗値の**分散**が用いられます。

（1）のデータでは、分散は各数値と平均との差の二乗和をサンプル数10で割ったもので56.6となり、標準偏差はこの分散を開平（平方根を計算）した値で7.5となります。

図1.6　**２本の回帰直線と相関係数**

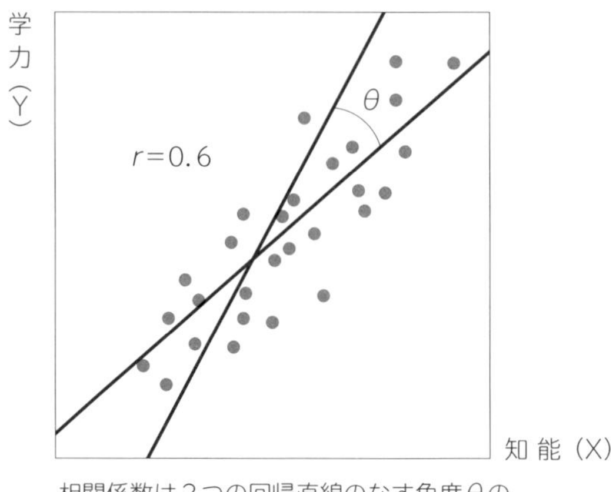

相関係数は２つの回帰直線のなす角度θの
余弦（r＝cosθ）であり、－１≦r≦1となる

度数分布：ある範囲の数値があらわれる度数を調べたもので、しばしば図または表を用いてあらわされます。（1）のデータでは、10点台１人、20点台３人、30点台５人、40点台１人とまとめることができます。

相関係数

高校数学Ｂの学習指導要領には、「２つのデータ間の関係を散布図や相関係数を用いて調べる」ことが学習目標として記されていますが、心理学もこの方法を駆使して研究を行っています。

たとえば、知能と学力の相関関係を調べるにはどうすればよいでしょうか。まず知能検査の結果（X）と学力検査の結果（Y）を図1.6のようにデータ点（●）であらわした**散布図**を描き、**回帰直線**を引きます。XのYに対する回帰直線は、各データ点と直線とのX軸方向での距離の合計が最小になるように最小二乗法という計算をおこなって引くことができます。回帰直線は、各データ点と直線とのY軸方向での距離の合計が最小になるように計算したYのXに対する回帰直線も引くことができます。

この２本の回帰直線は、通常ぴったり一致することはなく、その一致度を見るのが**ピアソンの積率（せきりつ）相関係数**あるいは単に**相関係数**（r）です。

相関係数は、数学的には２本の回帰直線のなす角度θの余弦（コサイン）と同じであり（$r=\cos\theta$）、そのため$-1\leqq r\leqq 1$となります。２本の回帰直線が完全に一致すれば$r=1$、両者が直交する場合が$r=0$で無相関です。

知能と学力の相関研究の一般的な結果は、$r=0.6$くらいを示しています。すなわち、両者にある程度の相関関係はあるのですが、強い関係があるとまではいえません。あたりまえですが、いわゆる「地頭」がよくても、しっかり勉強をしなければいい成績は得られないという意味になります。

なお、相関関係は**因果関係**と必ずしも同じ意味ではありません。たとえば、数学の成績と理科の成績の間の相関係数は比較的高いという研究結果が多く見られますが、片方が原因でもう片方が結果であるというよりは、成績の背後にある理数能力の高さや、勉学につながる理数科目への興味・関心の程度などを想定して説明する方がより事実に近いでしょう。

別の例として、吉野貴晶（たかあき）著『サザエさんと株価の関係』（新潮新書）に2003年１月から2005年９月の東証株価指数とテレビ番組『サザエさん』の視聴率との相関係数は-0.86であったという例があがっています。相関係数がマイナスであるのは、片方が増加すれば片方が減少するという意味ですので、『サザエさん』の視聴率が上がると株価は下がるという意味ですが、両者の間に直接の因果関係はないはずですので、この-0.86という数値をどう解釈すればよいのでしょうか。

考えられる可能性は、日曜夜放映の『サザエさん』を見るということは、その時間帯に家族が在宅していて、観劇や買物や外食などの消費活動をしておらず景気が悪いことを意味し、株価も低迷することになるのです。

推測統計

推測統計は、母集団から抽出したサンプルのデータを用いて、母集団の情報を推測することですが、推測をおこなうにはデータに当てはまると思われる**確率分布**を推定し、その確率分布をもとに母集団の情報を推測するという手順になります。

仮説検定については、数学Ⅰでは実際的な場面の具体例を通して直観的にとらえることが目標となっていますが、数学Bでは以下のように数学的にさらに正確な理解が目標となります。

仮説検定は、次のような手順でおこなわれます。

①あるできごとEが起こる原因などを推測し、仮説を立てます。

②実証したい仮説H_1（**対立仮説**）とその否定命題としての仮説H_0（**帰無仮説**）を考えます。

③帰無仮説H_0が真であると仮定した場合にEが起こる確率Pを求めます。

④事前に決めておいた「めったに起こらない」と判断する基準（**有意水準**）とPとを比較して、帰無仮説H_0が真であることを否定できるかどうかを判断し、仮説の正しさを判断します。

心理学で仮説検定が必要となるのは、たとえば「実験群と統制群のデータは、同じ母集団から抽出されたサンプルである」という帰無仮説を５％以下の確率（**危険率**$p<.05$と表現）で棄却できるかどうかを検討することです。

危険率が５％とは誤判断が生じる危険性は20回に１回以下になるという意味です。帰無仮説が棄却できると判断されれば、実験群と統制群の間に**有意差**があることになります。

帰無仮説が正しいのに棄却することを**第１種の誤り**または**タイプⅠエラー**といいます。たとえば、実際には効果がないのに効果があるとまちがって結論を出すのは「あわてもの」ということになり、そのようなことは科学研究では第一に避けたいことなのです。

反対に、帰無仮説が誤っているのに棄却しないことを**第２種の誤り**または**タイプⅡエラー**といいます。実際には効果があるのに、見落として効果がないと思い込むのは「ぼんやり」ということになります。

仮説検定は、母集団が**正規分布**など特定の分布に従うことを仮定した**パラメトリック検定**と、そのような仮定をおこなわない**ノンパラメトリック検定**に分かれます。パラメトリック検定には**t検定**と**分散分析**（**F検定**）などが、ノンパラメトリック検定には**カイ二乗検定**（**χ^2検定**）などがあります。

ここでは、**２×２分割表**でよく使われるカイ二乗検定（χ^2検定）について、表1.1の架空のデータで説明します。

小学６年生の男子100人と女子100人（n＝200）に「ドラえもんとスヌーピーのどちらが好きか」を二択で聞いたところ、男子の８割がドラえもん、女子の８割がスヌーピーと回答したとするものです。

表1.1　**カイ二乗検定の計算例**

小学6年生の男子と女子各100人に「ドラえもんとスヌーピーのどちらが好きか」を二択で聞きました。

	ドラえもん	スヌーピー	合　計
男　子	80	20	100
女　子	20	80	100
合　計	100	100	200

$$\chi^2=\frac{200\times(80\times80-20\times20)^2}{100\times100\times100\times100}=72,\ p<.001$$

男子はドラえもん、女子はスヌーピーを好むことが有意差をもって示されました（架空の例）。

キャラクターの好みの男女差の有無を統計的に検討する方法としてカイ二乗検定をおこなったところ、$\chi^2(1)=72$、$p<.001$となりました。詳しい説明は省略しますが、数式のカッコ内の数値は**自由度**というもので、その自由度に合わせたカイ二乗分布表に照らした結果、表1.1の回答分布には0.1％水準で男女差がある（男子はドラえもんが好き、女子はスヌーピーが好き）といえるという結論となります。

なお、男女ともにドラえもんとスヌーピーの回答率が5割ずつの場合は、表1.1のχ^2の式の分子は$200\times(50\times50-50\times50)^2$でゼロ、$\chi^2$値もゼロになるので、統計上も男女差があるとはいえないことになります。

1.3 心理学の歴史を学ぶ

29ページの事例研究法のところで触れた**エビングハウス**は「心理学の過去は長いが歴史は短い」という有名な言葉を残しています。古来、哲学者、宗教学者、医学者など、多くの人びとが「心」の問題を考えてきました。ギリシア哲学以来の長い過去を受けて、19世紀になって西欧の科学の飛躍的発展とともに、心理学も科学であることを目指して哲学から分離独立したのであり、その意味での心理学の歴史は短いといえるかもしれません。

図1.7　**心理学の系譜**

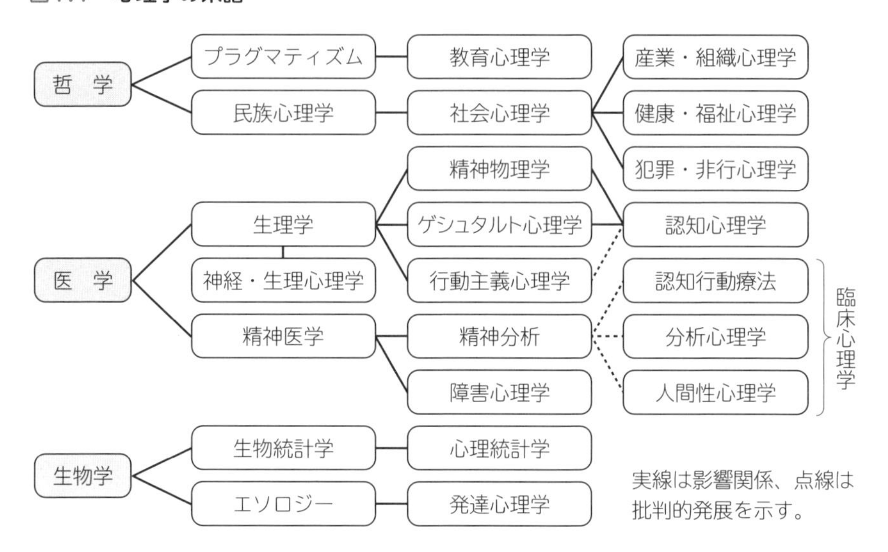

図1.7は、心理学の分野の発展過程を簡単に見取り図として示したものです。一枚の図にすべてを正確に書き込むことは難しいので、ごく大まかなものと思っていただきたいのですが、実線で結んでいるところは左の分野が右の分野に影響を与えてきたことを示し、点線で結んでいるところは左の分野に対する批判から右の分野が出現したことをあらわしています。

図中の教育心理学と発達心理学については第3章で、社会心理学については第4章で、それぞれ説明します。また、心理学検定のB領域の科目のうち、神経・生理心理学と心理統計学については以下で触れますが、産業・組織心理学、健康・福祉心理学、犯罪・非行心理学の説明は省略します。

図1.7では哲学、医学、生物学の3つの源流を示していますが、「哲学は万学の祖」といわれるものですので、以下の説明も哲学から始まります。

● 古代の哲学者たち

古代ギリシアの哲学者**ソクラテス**（紀元前470–399）は、国家から危険思想家とみなされて裁判にかけられ自説を曲げずに死刑となったことで知られていますが、対話を通じて自身の考え方の矛盾や無知を理解させる**ソクラテス式問答法**は、現代の**アドラー心理学**や**認知療法**にもつながるとされます。

ソクラテスの弟子の**プラトン**（紀元前427–347）は『国家』の中で魂（プシュケー）を理知、気概、欲望に分ける**魂の三分説**を唱えました。これは、現代の心理学の用語に直せば、知能、意志、感情に対応するものです。

プラトンの弟子の**アリストテレス**（紀元前384–322）は『霊魂論』の中で霊魂（心）のはたらきとして**五感**（視覚、聴覚、嗅覚、味覚、触覚）、**共通感覚**（運動、静止、形、大きさ、数などの感覚）、記憶、思考などについて考察し、人間はさらに高度な能力としての**理性**を備えているとしました。

キリスト教神学者の**アウレリウス・アウグスティヌス**（354–430）は、キリスト教の正統性を歴史的に基礎づけた『神の国』を著して後世のキリスト教に多大な影響を与えましたが、若い頃は異教のマニ教に走り、女性関係も含め罪深い生活を送ったことをみずから反省した**『告白』**は、青年心理学の**自伝研究**の最古の資料の一つといえます。

イギリス経験論

イギリス経験論は、17～18世紀のイギリスにあらわれた哲学思潮をいい、認識の起源を経験に求める考え方です。以下では、イギリス経験論の３人の代表的哲学者について見ておきます。

イングランドの哲学者**ジョン・ロック**（1632–1704）は、「イギリス経験論の父」とも呼ばれ、**『人間知性論』**を書き、感性のうちに存在しないものは知性のうちに存在せず、どんなに複雑な観念であってもすべて経験に由来し、それが知性に材料を提供すると論じました。ロックは、心を**タブラ・ラサ**という比喩を用いて説明しました。タブラ・ラサは、自由に文字を書いては消せるようになっている表面に蝋などを引いた書字盤のことで、経験とは白紙の状態に鉄筆で書き込むようなものとする考え方です。

アイルランドの弁護士**ウィリアム・モリヌークス**（1656–1698）は、ロックに手紙を書き、「球体と立方体を触覚的に区別できる先天盲者が開眼手術を受けたとして、視覚だけで球体と立方体を区別できるものか？」という、いわゆる**モリヌークス問題**を提起しました。ロックは、「視覚と触覚はまったく異なる感覚であるから、先天盲者は開眼後に最初に見た球体と立方体を区別することはできないだろうが、直接触ってそれぞれに名前をつければ区別できるようになる」と答えました。

アイルランドの哲学者の**ジョージ・バークリー**（1685–1753）は、**『人知原理論』**において「存在することは知覚されることである」という原則を提唱しました。人間の知識は、感覚を通じて得られる観念か、注意することによって知覚される観念か、記憶や想像力の助けによって知覚された観念を複合したり分割したり再現したりすることによって形成される観念か、そのいずれかであると述べています。これは、**認知心理学**の基本にある原理と同じことをいったものと考えることができます。バークリーは、キリスト教の聖職者であり、物質を実体であると認めることは唯物論的無神論に結びつくと考え、知覚する心と神のみを実体と考えました。

スコットランドの哲学者**デイヴィッド・ヒューム**（1711–1776）は、28歳頃に**『人間本性論』**を出版しました。その第１篇「知性について」では観念の起源・構成・結合、空間、時間、知識と蓋然(がいぜん)性など、第２篇「情念について」では誇りと卑下(ひげ)、愛と憎しみ、意志と情念（パッション）など、第３篇「道徳について」では徳と悪徳、正義と不正義などについて論じており、現代の心理学とも関連性の強いテーマです。

大陸合理論

イギリス経験論が人間の心は白紙であり、一切の知識は経験に由来すると主張したのに対し、**大陸合理論**と呼ばれる哲学者たちは、すべての知識は生得的な原理あるいは**理性**に由来すると説きました。ここでいう「大陸」はヨーロッパ大陸のことで、現在のフランス、ドイツ、オランダなどの国ぐにの哲学者たちがこの考え方を主張しました。以下では、代表的な３人の哲学者の考え方を示します。

フランスの哲学者・数学者**ルネ・デカルト**（1596–1650）は、数学者としては、X・Yの２軸で点や直線をあらわす直交座標系の考案で知られていますが、『理性を正しく導き、学問において真理を探究するための方法の話。加えて、その試みである屈折光学、気象学、幾何学』を書き、内容が教会の異端審問にかかることを恐れたため、著者名を伏せて1637年に出版しました。1633年に二度目の異端審問を受けた**ガリレオ・ガリレイ**（1564–1642）よりは一世代若いデカルトですが、同時代を生きた人です。この長いタイトルの本の序章の部分が**『方法序説』**です。

デカルトのいう**理性**とは真偽を見分ける能力であって、すべての人が生まれつき持っているものと考えました。その理性を用いて感覚も思考も何もかもを疑うこと（**方法的懐疑**）をおこなった結果、最後に残るのは疑っている自分自身だけであるという結論に達し、「我思うゆえに我あり（ラテン語でコギト・エルゴ・スム）」という有名な言葉を残したのです。

オランダの哲学者**バルーフ・デ・スピノザ**（1632–1677）は、ユダヤ系の裕福な家庭に生まれましたが、ユダヤ教の教義を批判したために24歳の時に破門され、キリスト教哲学を研究して**『エチカ』**を書きました。しかし、危険思想と見られ、その出版は生前にはできず、没後になりました。ちなみに、スピノザは、自身が生まれた頃におこなわれた、異端審問により地動説を弾圧したガリレイ裁判も批判しています。

『エチカ』は、「神について」「精神の本性と起源について」「感情の起源と本性について」「人間の隷属（れいぞく）あるいは感情の力について」「知性の能力あるいは人間の自由について」の５部構成になっています。たとえば、人間の感情は欲望、喜び、悲しみの３種類からなり、この感情を制御することができない無力さこそが人間の隷属の原因であり、理性の指導に従うことで自由人となることができると論じました。

ドイツの哲学者・数学者**ゴットフリート・ライプニッツ**（1646–1716）は、微積分法を**アイザック・ニュートン**（1642–1727）と同時期に発見した人ですが、やはり没後に出版された**『人間知性新論』**において、ロックの『人間知性論』を批判するために、フィラレート（＝ロック）とテオフィル（＝ライプニッツ）という架空の２人の対話形式により、心はタブラ・ラサのような感覚と経験のみに基づくものではなく、外界の対象が時に応じて多くの概念や知識の原理を呼び起こすものであると主張しました。

● カントによる総合

ドイツの哲学者**イマヌエル・カント**（1724–1804）は、イギリス経験論と大陸合理論を総合する哲学を体系化したといわれています。カントは次のような４つの問いとそれに答える３批判書を書きました。

（1）わたしは何を知ることができるのだろうか。『純粋理性批判』で答える。

（2）わたしは何をすべきなのであろうか。『実践理性批判』で答える。

（3）わたしは何を望むのがよいのだろうか。『判断力批判』で答える。
（4）人間とは何だろうか。カント哲学全体の課題として答える。

カントは、たとえば空間と時間の概念は経験を超えた先験的観念であるとする大陸合理論の立場を踏まえつつ、イギリス経験論から派生した自然科学の探究の考え方も取り入れ、天文学、地学、地震学、自然地理学などにも関心を示しました。カントがそのように考える一つの大きな転機となったのは、**リスボン大震災**でした。

ポルトガルの首都リスボンの西南の沖合で1755年11月１日に発生した大地震は、津波による死者約１万人を含む５万５千人から６万２千人の犠牲者を出し、５日間にわたる火事がリスボン市街を焼きつくしたとされます。

この日は、万聖節というカトリックの祭日であり、ポルトガル国王一家は早朝のミサに教会へ行きましたが、早く戻ってあやうく難をのがれました。神に祈りをささげる日に大災害が発生したことは、神の存在に対する疑いの気持ちをキリスト教世界の中で起こさせるものでした。

フランスの哲学者**ヴォルテール**（1694-1778）は、無神論に考え方が近く、地震による多くの犠牲者たちは犯した罪の報いにより神に罰せられたのではないはずだと述べ、人間世界に対する神の関与を否定する形でキリスト教信仰に対する批判をおこないました。

同じくフランスの哲学者**ジャン＝ジャック・ルソー**（1712-1778）は、ヴォルテールに反論し、自然災害で甚大な被害が起こるのは、人びとが自然を離れ都市に密集したためであり、文明の災害であるとして神を擁護しました。

カントは、地震は超自然的な原因で起こるのではなく、熱いガスに満たされた地底の巨大空洞が震動して起こると考えました。これは今日の地震学からすれば正しい説ではありませんが、カントは自然の力を科学的に理解し、それに対して抵抗する人間の心の力を重視しました。

● 科学の哲学からの独立

多くの哲学者たちが心の問題を考えてきましたが、カントが没した時期から19世紀に入りました。19世紀は「科学の世紀」といわれることがあります。科学の分野でさまざまな革新的な発見がなされ、それに基づいて社会を大きく変える多くの技術革新が生じました。

科学（science）の領域では天文学（ハーシェル父子）、電磁気学（ファラデー）、放射線学（レントゲン、キュリー夫妻）、元素周期表（メンデレーエフ）、細菌学（パスツール、コッホ）、進化論（ダーウィン）、遺伝学（メンデル）などが発展しました。

技術（technology）の領域では電灯・電気（エジソン、テスラ）、蒸気機関車（スティーヴンソン）、エンジン（ダイムラー、ディーゼル）、ダイナマイト（ノーベル）、通信装置（モールス、ベル、マルコーニ）、写真・映画（ダゲール、リュミエール兄弟）などの発明がおこなわれました。

哲学は「科学の母」といわれることがありますが、哲学が思弁的に考えてきたことを科学は実験と測定などを通じて理論を実証しようとし、それが成功したときに哲学から分かれて科学として独立していきます。英語のscienceはラテン語由来の「知」という意味ですが、日本語の「科学」という言葉は、哲学から「分科した学」という意味なのです。

それでは、哲学と科学はどのように異なるのでしょうか。スイスの心理学者**ジャン・ピアジェ**（1896–1980）は、「哲学は一度にすべてのことを語ろうとする。科学は一度に一つのことを語ろうとする」という言葉を残しています。哲学は壮大な理論体系を打ち立てることができますが、科学はたとえ小さなことでも証拠を得て確実な知識を積み重ねていくものです。

実験は、科学において多くの場合重要な方法ですが、必須のものではありません。むしろ**測定**こそが重要です。たとえば、天文学、地質学、人口学などでは実験はほぼできませんが、天体観測、地層の計測、人口調査を通じて科学的データを得ています。

19世紀後半に心理学が哲学から分離独立した理由は、第一に探求の方法の問題であり、第二に実践的関与の問題です。

探求の方法の問題とは、19世紀の西欧において物理学、化学、生物学などの諸科学が飛躍的に発展した影響を受けて、心の研究も科学的方法に基づいて実証的に進めるべきであるという考え方があらわれ始めたことです。

実践的関与の問題とは、心の問題は単に真理の探究だけで済むことではなく、心の悩みや苦しみをかかえる人を前にして、その問題を実際に具体的に緩和し解決する方法を求めるという立場から、思弁的な哲学とは進む道を異にすることとなったのです。

生理学者と精神物理学

19世紀のヨーロッパとアメリカで心の問題を科学的に検討することを考えたのは、哲学に関心を持つ生理学者たちでした。かつて基礎医学の基本は、人体の構造を調べる**解剖学**と人体の機能を調べる**生理学**の２つでした。

人体の機能を調べる生理学者たちが心の問題に関心を持つきっかけの一つは**感覚**の問題でした。外的な刺激の物理量と内的な感覚経験との関係を定量的に記述する**精神物理学**と呼ばれる研究分野が19世紀に花開きました。

ドイツの生理学者**エルンスト・ウェーバー**（1795-1878）は、２つの物体の重さにちがいがあると判断する**弁別閾**（いき）が刺激の強さに比例すると考えました。たとえば、100ｇと110ｇの差は区別できても、1,000ｇと1,010ｇの差は区別できません。しかし、1,000ｇと1,100ｇの差なら区別できるとすれば、10ｇ差ではなく10％差が弁別できることになります。重さRの物と区別しうる差をΔRとすると、$\Delta R/R$＝一定というのが**ウェーバーの法則**です。

ドイツの物理学者**グスタフ・フェヒナー**（1801-1887）は、ウェーバーの法則を発展させ、感覚の強さSは刺激の強さRとの間に$S=K\log R$という対数で表される関係が成立するとする**ウェーバー＝フェヒナーの法則**を導き出しました。

ドイツの生理学者で物理学者の**ヘルマン・フォン・ヘルムホルツ**(1821-1894)は、心理学の成立以前に心理学に関係する研究もおこなった生理学者として最後の巨人です。物理学ではエネルギー保存則の確立に貢献し、光学では光の三原色（赤・緑・青）の理論を発展させ、**色覚障害**の説明を可能にしました。1851 年には**検眼鏡**を発明しました。これは、石油ランプを光源として眼の奥を光で照らし、眼底の様子を直接観察できるようにしたものです。検眼鏡のおかげで網膜剥離（はくり）、黄斑（おうはん）変性、糖尿病網膜症などの病気の診断が可能になりました。聴覚系では、内耳が音の高さと音色を感知していることなどを明らかにしました。

生理学から心理学へ：ヴントの系譜

心理学の歴史は、ドイツの生理学者**ヴィルヘルム・ヴント**（1832-1920）が1879年に**ライプツィヒ大学**に心理学の実験室を開設したことに始まります。

ヴントは、反応時間の測定など実験法を導入しましたが、特に**意識**の内容を言語化する**内観法**を用いて研究しました。『**民族心理学**』全10巻を書き、言語、芸術、神話、宗教、社会、法律、文化、歴史などを幅広く検討しました。

ヴントの研究室には、世界中から以下のような多くの研究者が集まり、指導を受けて母国に心理学を広めました。

ドイツ：エミール・クレペリン（精神医学）、オスヴァルト・キュルペ、カール・マルベ、フーゴ・ミュンスターベルク

アメリカ：スタンリー・ホール、ジェームズ・キャッテル、ジョージ・ストラットン、エドワード・スクリプチュア、エドワード・ティチナー、ライトナー・ウィットマー、ジェームズ・エンジェル

イギリス：チャールズ・スピアマン

ロシア：ヴラディミル・ベヒテレフ

ポーランド：ブロニスワフ・マリノフスキー（社会人類学）

デンマーク：アルフレード・レーマン

日　本：井上哲次郎（哲学）、松本亦太郎(またたろう)

生理学から心理学へ：ジェームズの系譜

ヴントの心理学実験室開設と同じ頃、アメリカでは前出（☞14ページ）の**ウィリアム・ジェームズ**が**ハーヴァード大学**に心理学の実験室を開きました。ジェームズも医学者で、若い頃は生理学と解剖学を教えました。心理学者としてのジェームズは、緻密(ちみつ)な実験家というよりも幅広い理論家ですが、**『心理学原理』**の刊行も含め、アメリカの心理学の発展に多大な影響を与えました。

1870年頃からジェームズは、測量技術者で哲学者の**チャールズ・パース**（1839–1914）の影響のもとに**プラグマティズム**の思想を展開しました。

パースのプラグマティズムは、哲学を科学的に発展させるためには固執の方法、権威の方法、先験的方法を排除して科学の方法を用い、それによって得られた知識は実際の効果を持つという主張です。他方、ジェームズは**『プラグマティズム』**や**『宗教的経験の諸相』**などを著し、人生論や宗教論など実践との関係でプラグマティズムの考え方を広めました（☞176ページ）。

ジェームズの指導を受けてアメリカで最初の心理学の博士号を取得したのは**スタンリー・ホール**（1844–1924）でした。ホールは、その後ドイツに渡ってヴントから直接教えを受け、**青年心理学**の父と呼ばれる研究業績をあげました。ホールは、1889年にクラーク大学の初代学長に就任し、1892年に**アメリカ心理学会**の初代会長に選出されました。

1909年にホールは、**ジークムント・フロイト**（☞50ページ）と**カール・ユング**（☞51ページ）らをクラーク大学創立20周年行事の講演会に招き、精神分析がアメリカに受け入れられる大きな素地をもたらしました。

ジェームズのもう一人の重要な弟子は、**ジョージ・ハーバート・ミード**（1863-1931）です。ミードは、自我を主体的に知る立場としての主我（I）と、知られる立場の客我（Me）に分け、他者の態度や役割期待を自己の内部に取り込む**役割取得**の研究をおこないました。

プラグマティズムを教育実践に結びつけたのは、ホールの弟子でミードの友人の**ジョン・デューイ**（1859-1952）でした。シカゴ大学の教授のときに実験学校を運営し、『学校と社会』や『民主主義と教育』などの著作を出版しました。そのため、デューイはわが国では教育哲学者とみなされがちですが、1899年にはアメリカ心理学会の会長に選出されています。

● 生理学から心理学へ：パヴロフ

ロシア・ソ連の生理学者**イヴァン・パヴロフ**（1849-1936）は、主にイヌを対象とする消化生理学の研究で1904年にノーベル生理学・医学賞を受賞しました。パヴロフは心理学者ではありませんが、心理学に貢献する３つの大きな業績を上げました。

第一に、「パヴロフのイヌ」として有名になった**条件反射**に関する業績です。イヌの唾液腺の研究において、肉片を口に入れるときにベルを同時に鳴らすことを繰り返すと、やがてベルだけでも唾液が出るようになる現象です。条件反射の研究は、アメリカの**行動主義心理学**の基礎となりました。

第二に、イヌを対象とする**実験神経症**の研究業績です。イヌに円と楕円（だえん）を区別して反応するとえさを与える訓練をおこなった後、楕円の形を段階的に円に近づけていくと、区別できずにえさをもらえなくなったイヌは吠えたり人間にかみついたりするようになるという実験です。

第三に、大脳生理学の研究、特に**第二信号系**の理論に関する業績です。たとえば、イヌが自動車の接近を見て避けようとするのは第一信号系のはたらきですが、信号機の赤信号や「自動車が来た」という言葉は、自動車の接近について「信号の信号」となる第二信号系です。パヴロフは、第二信号系こそが人間を人間たらしめる高次神経活動と考えました。

神経生理学の発展

生理学は、あらゆる生命現象の理論の学問という意味で、植物生理学や動物生理学があり、後者の一部として人間を対象とする人体生理学があるのですが、その中でも**脳神経系**に着目する**神経生理学**の歴史を見ていきます。神経生理学も19世紀に飛躍的に発展しました。

フランスの医師**ポール・ブローカ**（1824-1880）は、「タン、タン」としか言えないので「タンさん」というあだ名の失語症の入院患者が亡くなった後、解剖により大脳左半球の前頭葉の損傷が原因であることを1861年に報告しました。**運動性失語症**の原因となったこの脳部位は**ブローカ野**と呼ばれています。

その後、ドイツの医師**カール・ウェルニッケ**（1848-1905）は、話すことはできるが言葉の理解が困難な**感覚性失語症**を1874年に報告しました。この症状の原因となる脳の上側頭回の後部は**ウェルニッケ野**と呼ばれています。

このように精神病患者の脳の死後解剖の研究により、病気の原因が脳の特定部位の損傷であることが明らかになっていきました。そのような研究は脳内の細胞がどのようなものであるかについての関心を呼び起こしました。

イタリアの神経解剖学者**カミッロ・ゴルジ**（1843-1926）は、脳神経を染色して顕微鏡で見分けができる方法を開発し、神経の細胞は網状にくっついていると主張しました。これに対し、スペインの神経解剖学者**サンティアゴ・ラモン゠イ゠カハール**（1852-1934）は、神経の細胞は独立していて直接つながってはいないとする**ニューロン**説を主張しました。

２人は、神経系の構造の研究に関して1906年にノーベル生理学・医学賞を同時に受賞しましたが、1930年代に電子顕微鏡が開発され、ラモン゠イ゠カハールのニューロン説の正しさが証明されました。

イギリスの神経生理学者**チャールズ・シェリントン**（1857-1952）は、ニューロン間の接合部を**シナプス**と呼んで研究し、1932年にノーベル生理学・医学賞を受賞しました。

シナプスでのニューロン間の情報伝達は電気的でなく化学的におこなわれることも明らかになり、介在する化学物質を**神経伝達物質**と呼びます。

精神症状に関わる神経伝達物質はいろいろありますが、**統合失調症**の幻覚や妄想などの陽性症状は**ドーパミン**の過剰によって生じ、**パーキンソン病**ではドーパミンの減少によって身体運動の症状が生じると考えられています。

ドイツの神経解剖学者**コルビニアン・ブロードマン**（1868-1918）は、人間とサルの大脳皮質の層状の構造を52の領野に分けて番号を付けました（1908〜1910年）。これは、**ブロードマンの脳地図**と呼ばれています。

アメリカの脳神経外科医**ワイルダー・ペンフィールド**（1891-1976）は、シェリントンから神経病理学を学んだ後、1934年にモントリオール神経科学研究所を創設して初代所長となり、カナダに帰化しました。

ペンフィールドは、重度の**てんかん**の治療のため局所麻酔で開頭手術をおこないましたが、大脳の感覚皮質と運動皮質を電気的に刺激し、その反応から大脳皮質の部位と人体の部位を対応させた脳地図を作成しました。そこに描かれた「こびと」の絵は**ペンフィールドのホムンクルス**と呼ばれています。

カナダの心理学者**ドナルド・ヘッブ**（1904-1985）は、ペンフィールドのもとで勤務して神経生理学の知見を深め、**ニューロン**が**シナプス**を介して隣のニューロンに繰り返し発火すると２つのニューロン間の結合が強まっていくとする**ヘッブの法則**と、刺激から生ずるニューロンの同時発火によりニューロンの集団である**細胞集成体**が形成されるという考え方を提唱しました。

アメリカの神経心理学者**ロジャー・スペリー**（1913-1994）は、てんかん治療のために脳の左右半球を結ぶ**脳梁**を外科手術で切断された**分離脳**の患者を対象に、脳の左右の半球がそれぞれ独立した情報処理をおこなっていることを実験的に証明し、1981年に大脳半球の機能分化に関する研究でノーベル生理学・医学賞を受賞しました。

精神医学の誕生と発展

精神医学に当たる英語の「サイカイアトリー（psychiatry）」という言葉は、ギリシア語の「心（psych）＋治療（iatry）」からなる造語ですが、それが欧米でさかんに使われ始めたのは、19世紀の前半からになります。

かつて精神病患者たちは、家族からも周囲からも理解されず、家の中では座敷牢に入れられたり、家族から切り離されて人里離れた施設に収容されたりし、適切な治療も受けられず、刑罰の対象にされることさえありました。

1789年から始まったフランス革命では、まず「人間と市民の権利の宣言」がおこなわれ、市民は法の下に自由かつ平等であり、法律の手続きによらずに逮捕や拘禁はされないことがうたわれました。

この潮流の中でフランスの医師の**フィリップ・ピネル**（1745–1826）は、1793年に**ビセートル病院**（男性を収容）において、1795年に**サルペトリエール病院**（女性を収容）において、精神病患者たちを閉鎖病棟から出して鉄の鎖から解き放ったとされ、**近代精神医学の父**と呼ばれています。

イギリスの外科医で地質学者の**ジェームズ・パーキンソン**（1755–1824）は、ピネルの同時代人であり、フランス革命がかかげる人権思想の熱心な支持者だったとされますが、「震える麻痺」の患者の事例を1817年に報告し、後に**パーキンソン病**と命名されました。

ドイツの精神医学者**エミール・クレペリン**（1856–1926）は、大学で医学を修めた後、**ヴント**から実験心理学を学びました。その後、1883年に**『精神医学提要』**という書物を書きましたが、この教科書は高い評価を得て、長年にわたって版を重ねました。特に重要なのは、精神病を早発性痴呆と躁うつ病に大別したことであり、これは現在の**統合失調症**と**双極性障害**に当たるものです。パーソナリティ検査のところで述べた内田クレペリン検査（☞25ページ）は、作業曲線に関するクレペリンの研究に基づいてわが国で作成されました。

クレペリンのもとには多くの優秀な医師が集まりましたが、次の２人の認知症研究者が特に重要です。

ドイツの精神科医**アロイス・アルツハイマー**（1864–1915）は、嫉妬妄想と記憶力低下などを主訴とする女性患者の症例を1906年に発表し、**アルツハイマー型認知症**として広く知られるようになりました。アルツハイマー型認知症は、脳内に**アミロイドβ**というたんぱく質がたまり、それが神経細胞を破壊して脳が萎縮することで発症するものです。

もう一つの認知症の重要なタイプである**レビー小体型認知症**の原因物質となるレビー小体を脳内に1912年に発見したのは、ドイツの神経学者**フレデリック・レビー**（1885–1950）でした。

スイスの精神医学者**オイゲン・ブロイラー**（1857–1939）は、クレペリンの早発性痴呆の症状を見直し、1910年前後に「スキツォフレニア」と定義し直し、講演や著書を通じてこの語を広めました。このドイツ語を日本では長く「精神分裂病」と訳していたのですが、2002年に日本精神神経学会が「**統合失調症**」に改称し、厚生労働省がこの呼び方を全国に通知して現在に至っています。ブロイラーは、次項で述べる精神分析の考え方にも大変好意的でした。

●精神分析：フロイトとその後

個人や社会にとって重要な病気は、時代ごとに移り変わっていきますが、19世紀の精神医学において重要な病気は**神経症**でした。中でも、心の不調がまわりから目立つ身体症状に転換し、体が麻痺したり声が出なくなったりする運動障害や、眼が見えなくなったり音声が聞こえなくなったりする感覚障害などが生ずる**ヒステリー**は、女性の患者が多く見られました。その背後にあると考えられたのは、患者の心の中にある**無意識**の葛藤でした。

フランスの神経科医**ジャン＝マルタン・シャルコー**（1825–1893）は、神経難病の筋萎縮性側索硬化症の症例を初めて報告し、パーキンソン病の命名もおこないましたが、ヒステリーの治療法として**催眠療法**を導入し、ヒステリー患者の治療場面を医師たちに公開したので、ヨーロッパ各地から大勢の医師がシャルコーに学ぶためにパリの**サルペトリエール病院**に集まってきました。

そのうちの一人がフランスの精神科医**ピエール・ジャネー**（1859–1947）でした。ジャネーは、強い衝撃的体験が**トラウマ**（心的外傷）として残ると、そのことに触れないように意識や記憶から切り離す**解離**が生ずると考え、本人は意識していなくても、催眠の場合のように暗示によって行動を動かす基盤となるものを**下意識**と呼びました。

オーストリアの精神科医**ジークムント・フロイト**（1856–1939）もシャルコーのもとでヒステリー患者の催眠治療を学びましたが、期待した治癒の効果が得られなかったので、催眠療法からは離れていきました。

フロイトは、意識すると都合の悪い思考や行動を**抑圧**して無意識の領域に追いやることがヒステリーなど神経症の原因と考え、**自由連想法**や**夢分析**など独自の技法を用いて抑圧の内容を患者自身に正しく自覚させることが治療につながるとする**精神分析**を創始しました。

精神分析は、当初は精神医学の世界でなかなか認められなかったのですが、徐々に支持者を増やし、1908年に第１回国際精神分析学会が開かれてヨーロッパでの認知度が高まり、1909年には前出のように**ホール**がフロイトらをアメリカに招いて講演会を開催し（☞46ページ）、それを機にアメリカでも精神分析が受け入れられ始めました。

フロイトと精神分析の考え方には、支持する臨床家も多かったのですが、いったんは影響を受けたものの離れていく臨床家も少なくありませんでした。

アンナ・フロイト（1895–1982）は、フロイトの末子ですが、1938年にナチスがオーストリアを併合し、ユダヤ人への迫害が強まったため、一家はイギリスに亡命しました。翌1939年にがんで父フロイトが亡くなった後は、第二次世界大戦により生じた戦争孤児などのための施設ではたらくなど、子どもの心のケアに関心を持って活動しました。精神分析を直接子どもに適用するのでなく、子どもの心を理解し、子どもがかかえている問題に対処するため**プレイセラピー**（遊戯療法）の技法を開発しました。

オーストリアに生まれイギリスで活躍した**メラニー・クライン**（1882–1960）は、医学を志しましたが結婚のためにあきらめ、自身がうつ病に苦しむ中でフロイトの精神分析に出会い、子どもに精神分析をおこない、乳幼児の重要な対象である母親との関係に焦点を当てる**対象関係論**を体系化しました。

フロイト理論を継承し**児童分析**を始めたクラインとアンナ・フロイトは、ともに精神科医ではなく、医師の資格は持たずに精神分析の訓練を受けて**心理療法**をおこなう精神分析家という職業を確立しました。

オーストリアの精神科医**アルフレッド・アドラー**（1870–1937）は、ウィーン大学医学部卒業後に内科医として勤務していましたが、1902年にフロイトから声がかかり、精神分析の研究会の創設メンバーになりました。

アドラーは、過去のつらい体験や無意識の**リビドー**（性的欲動）が心を支配するというフロイトの考え方を受け入れることができず、1911年にフロイトから離れていきました。アドラーは、身体的劣等感があったとしてもそれを克服して強みに変える力を重視する**個人心理学**を提唱しましたが、現在では**アドラー心理学**ともいわれています。

スイスの精神科医**カール・ユング**（1875–1961）は、1907年にフロイトに会い、1909年のフロイトのアメリカ訪問に同行し、国際精神分析協会の初代会長に推挙されるほど関係は良好でしたが、やがて考え方のちがいが鮮明になり、1913年にフロイトと精神分析から離れ、自身の考え方を**分析心理学**と呼びました。ユングは、無意識を個人のものに限定せず人類に普遍的な**集合的無意識**に拡張し、リビドーを性的なものに限定せずに生命のエネルギーととらえ、自由連想法でなく**言語連想法**を用い、特定の刺激語に対する反応時間の遅れにその個人の**コンプレックス**（複合感情）を読み取り、関心を自身の外の世界に向ける**外向性**と自身の内の世界に向ける**内向性**にタイプ分けしました。

人間性心理学

アメリカの心理学者**アブラハム・マズロー**（1908–1970）は、最初アカゲザルの行動の実験的研究をしていたのですが、そのような研究はいわゆる肌に合わず、他方**精神分析**の考え方にもなじめず、第三の道として**人間性心理学**にたどりつきました。

マズローは、**欲求の階層性**を考え、①生理的欲求、②安全と安心の欲求、③所属と愛の欲求、④承認の欲求、⑤自己実現の欲求の順に高次になっていくという図式を考えました。自己実現の欲求のみが**成長欲求**であり、他の４つの欲求は、それがないと不満足感や問題が生じる**欠乏欲求**です。

アメリカの臨床心理学者**カール・ロジャーズ**（1902–1987）は、マズローの自己実現の考え方を臨床実践の領域で実現しようとしたといえます。ロジャーズは、**非指示的カウンセリング**の技法を用いた**来談者中心療法**を創始しましたが、対象者を患者（ペーシェント）ではなく**来談者**（**クライエント**）と呼び、カウンセリングにおいて①無条件の積極的関心、②共感的理解、③自己一致の３条件が不可欠と考えました。言いかえると、治療者（**セラピスト**）は、来談者の話すことを承認も否認もせず無条件に受け入れること、来談者への共感的理解が伝わるように行動すること、その行動が治療者自身の意識と一致していることの３点が重要とされます。

認知行動療法

ドイツに生まれイギリスで活躍した心理学者の**ハンス・アイゼンク**（1916–1997）は、**モーズレイ人格目録**（**MPI**）の開発でも知られていますが、フロイトの精神分析を非科学的と批判し、**神経症**やアルコール**依存症**の原因は誤った思考や不適応な行動の学習であるから、その学習解除が治療につながるという**行動療法**を編著**『行動療法と神経症』**（1960年）において提唱しました。

南アフリカ共和国出身のアメリカで活躍した精神科医**ジョゼフ・ウォルピ**（1915–1997）は、第二次世界大戦中に軍医として兵士の**心的外傷後ストレス障害**（**PTSD**）の治療に当たりましたが、薬物療法では効果が得られないので、**系統的脱感作法**（けいとうてきだつかんさほう）を考案しました。これは恐怖や不安の強い患者に対して、その強弱を階層化し、恐怖や不安が比較的弱い状況でリラックスさせ、その経験をより恐怖や不安が強い状況に拡大していくものです。

アメリカの精神科医**アーロン・ベック**（1921–2021）は、悲観的で否定的な考えを持ちやすい**うつ病**の患者の治療に際し、精神分析では治療効果が得られなかったため、患者の歪（ゆが）んだ認知や思考を修正することにより症状を改善する方法として**認知療法**を開発しました。その後、認知療法はパニック障害、摂食障害、薬物依存などの治療にも適用されるようになりました。

以上のように、行動療法と認知療法はもともとの出発点は異なるのですが、近年は行動療法と認知療法の融合がおこなわれ、**認知行動療法**（**CBT**）に発展しています。

ゲシュタルト心理学

説明を20世紀の初め頃に戻します。その頃ドイツでは意識内容を細かく分析しようとする**ヴント**の心理学を**要素主義**と批判し、特に知覚経験では個々の刺激要素の集まりとしてではなく、全体性を感じ取っていると主張する研究者集団が1910年頃からベルリン大学を中心にできあがっていき、そのような考え方は**ゲシュタルト心理学**と呼ばれました。**ゲシュタルト**（Gestalt）は、「形態」という意味のドイツ語です。

ゲシュタルト心理学の源流は、オーストリアの哲学者**クリスティアン・フォン・エーレンフェルス**（1859–1932）が1890年に書いた「形態質について」という論文です。その要点は、音楽のメロディーは移調したり、別の楽器で演奏したりすると、個々の音は別のものになりますが、知覚されるメロディーは全体として保持されるという主張でした。

オーストリアに生まれベルリン大学で学んだ心理学者**マックス・ウェルトハイマー**（1880–1943）は、２つの光点が交互に点滅する時間間隔を変えられる実験装置（ストロボスコープ）を用意して、光点の見え方を調べる実験を1910年におこないました。その結果、時間間隔が約30ミリ秒以下では２つが同時に点灯しているように見え、約60ミリ秒では光点が移動しているように感じる**仮現**（かげん）**運動**が生じ、約200ミリ秒以上になると２つが別の光点として認識されることがわかりました。光点単独でなく、状況に応じて全体的に知覚されるということがこの実験結果の重要な点です。

ウェルトハイマーは、たくさんの図形であってもまとまって「簡潔なもの」に見えることをドイツ語で**プレグナンツ**（Prägnanz）と表現しました。

図1.8　プレグナンツの法則

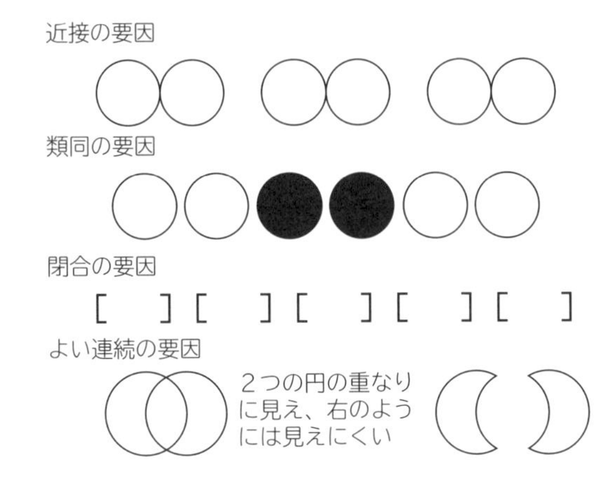

プレグナンツの法則として、近くにある図形同士がまとまる**近接の要因**、同じ種類のもの同士がまとまる**類同の要因**、閉じた図形がまとまる**閉合の要因**、滑らかな線がまとまる**よい連続の要因**などがあります（図1.8）。このほか、運動知覚に関するものとして、同じ方向に動くものや同じ周期で点滅するものなどがまとまって知覚されやすい**共通運命の要因**というものもあります。

ドイツの心理学者**クルト・コフカ**（1886–1941）は、夫人とともにウェルトハイマーの1910年の実験の研究参加者をつとめ、ゲシュタルト心理学の研究者になりました。知覚だけでなく、学習、記憶、発達、社会などさまざまな研究領域にゲシュタルト理論を適用し、1935年の主著**『ゲシュタルト心理学の原理』**においてゲシュタルト心理学の理論を体系的にまとめました。人間は客観的な物理的環境に対してではなく、主観的な心理的環境に対して行動するということを**行動的環境**という言葉であらわしました。

ドイツの心理学者**ヴォルフガング・ケーラー**（1887–1967）もまた、ウェルトハイマーの実験の研究参加者をつとめてゲシュタルト心理学者になりました。ケーラーは、1913年から1920年にかけてアフリカ大陸の北西にあるカナリア諸島テネリフェの類人猿研究所でチンパンジーの問題解決の研究をおこない、天井から吊るされたバナナを取る実験において、チンパンジーたちが見通しを立てて木箱を積んだりするなど、**洞察学習**が可能であることを**『類人猿の知恵試験』**（1917年）で報告しました。

原理のところで触れた**クルト・レヴィン**（☞15ページ）は、ベルリン大学時代は学習や動機づけなどの研究をしましたが、1933年にアメリカに移住してからは社会心理学の研究に転じ、集団力学を意味する**グループダイナミックス**の研究分野を創始しました。レヴィンは、人びとが実際に生活する場所で実験や調査をおこなう**アクションリサーチ**という研究法を開拓して**リーダーシップスタイル**などの研究をおこないました。

ゲシュタルト心理学を発展させたドイツとオーストリアの心理学者は、ユダヤ系が多く、ナチスが政権を取った1933年以後にアメリカに亡命しました。具体的には、ウェルトハイマー(1933年)、コフカ(1927年)、ケーラー(非ユダヤ系、1935年)、レヴィン(1933年)です。ゲシュタルト心理学者以外では、エリク・エリクソン(1933年)、エーリッヒ・フロム(1934年)などです。

ヴントと**ジェームズ**という心理学の創始者をそれぞれ出したドイツとアメリカが第二次世界大戦以前は心理学研究の２つの中心でしたが、研究者の亡命により、戦後の中心はアメリカ一極ともいえる状況になりました。

行動主義と新行動主義

この項では、20世紀の前半のアメリカで盛んにおこなわれた**学習**の研究に焦点を当てた行動主義と新行動主義の心理学について見ていきます。関係する研究者は全員が「アメリカの心理学者」ですので、この項では研究者名の前に「国名と研究領域」の説明を冠することは省略します。

哲学から心理学を独立させた第一世代のヴントやジェームズらは、**意識**の内容の言語報告を研究対象としましたが、**ジョン・ワトソン**（☞16ページ）は、心理学は客観的な**行動**の予測と制御を目標とする自然科学の一分野でなければならないと主張する**行動主義宣言**を1913年におこないました。

ワトソンが1920年におこなった**アルバート坊やの実験**は、生後11か月の男児に**恐怖条件づけ**をおこなうもので、最初はネズミを怖がらなかった男児に対して、ネズミの出現と同時にハンマーで叩いた大きな音を何度も聞かせて怖がらせると、ネズミに対する恐怖反応が生じただけでなく、ウサギや毛皮に対しても恐怖反応が生じるようになったのでした。なお、実験終了後にネズミへの恐怖心を消去する手続きを取ることが求められますが、ワトソンの時代はそのような倫理的対応はまだ十分にはおこなわれていませんでした。

ワトソンから始まる**行動主義**は、新しい行動の学習が成立するしくみに関心を寄せ、刺激－反応の結合の**強化**が重要であり、「心の中」で生じていることは問題としないという立場です。意識ではなく行動を研究対象とすることによって、言葉を話さない乳児や動物の研究が可能になりました。実際、行動主義の研究では、ネズミやネコやハトなど、さまざまな動物の学習能力の研究が中心となっていきました。

エドワード・ソーンダイク（1874–1949）は、ネコが閉じ込められたオリから脱出するときの行動を観察し、あれこれもがいて何度も失敗するうちにようやく正しい反応（脱出）に到達することを**試行錯誤**による学習と呼びました。刺激に対して反応が引き起こす結果に満足が得られると、刺激－反応の結合が強まることをソーンダイクは**効果の法則**と名づけました。

エドウィン・ガスリー（1886–1959）は、**ジャネー**のトラウマの理論（☞50ページ及び189ページ）から影響を受け、一度の経験でも刺激－反応の結合が成立する**一試行学習**を提唱しました。反復練習によって学習が確かなものになることも事実ですが、刺激と反応が時間的に接近して起こると、次にその刺激があらわれたときにその反応が生じやすくなることを**接近の法則**とガスリーは名づけました。

行動主義は刺激（S）と反応（R）の結合に焦点を当てるので**S–R理論**といいますが、以下に説明します**新行動主義**は、刺激と反応の間に**生命体**（O）の条件を介在させるので**S–O–R理論**といいます。

クラーク・ハル（1884–1952）は、学習における**動機づけ**の要因を検討し、個体内の**動因**と刺激に含まれる**誘因**の両方が関与する理論を検討しました。実験操作としては、ネズミを対象とし、エサを与えない期間で飢餓動因を、水を与えない期間で渇動因を定義し、誘因はエサあるいは水になります。ネズミが正しい反応をすると、誘因が報酬となって動因が低下することが学習の成立に寄与するという理論ですので、**動因低減説**と呼ばれています。

エドワード・トールマン（1886–1959）は、環境内の刺激の状態を把握し意味づけをおこなうことによって学習が成立すると考えました。ネズミの迷路学習の場合、目標地点にエサを置いておかなくても、試行を重ねることによって迷路の**認知地図**が形成され、目標地点にエサを置いたとたんに学習の成果があらわれる**潜在学習**の成立が実験的に証明されました。

バラス・スキナー（1904–1990）は、**スキナー箱**という実験装置に入れられた動物（ネズミやハト）が手がかりに対して偶然におこなった自発的反応がエサによって強化されるという経過をたどる**オペラント条件づけ**の理論を提唱しました。オペラント条件づけにより、目標となる行動に段階的に近づける**シェイピング**が可能になり、動物の調教に利用できます。

スキナーは、人間の学習には**プログラム学習**の理論を提唱しました。プログラム学習は、教材を小さな単位（スモール・ステップ）に分割し、提示した問題に対して積極的反応を求め、その正誤を反応直後に知らせることによって、学習者が自己ペースで学習を進めていく方式です。

認知心理学

行動主義は、刺激と反応の結びつきが練習とともにどのように強まるかに焦点を当て、その間に「心の中」で何が起こっているかは問題としません。他方、**認知主義**は「心の中」で起こっていることこそが問題と考えます。

連合主義から認知主義への大きな転換は**認知革命**と呼ばれ、1956年にアメリカのダートマス大学で開催された**人工知能**に関する最初の会議（**ダートマス会議**）がその契機の一つとされます。コンピュータはデータの入力と結果の出力の間にプログラムが必要ですが、人間の場合は刺激と反応の間にそれを処理する**心のプログラム**があるはずというのが認知主義の発想の基本です。

ダートマス会議にも貢献したアメリカの心理学者**ハーバート・サイモン**（1916–2001）は、数学の定理証明や幾何学の問題を解くための汎用的問題解決プログラムを開発しましたが、経営学の分野で組織における**意思決定**の研究が評価され、1978年のノーベル経済学賞を受賞しました。

1956年には、アメリカの心理学者**ジョージ・ミラー**（1920–2012）の有名な論文「マジカルナンバー７±２」が公刊されました。この論文は、短期記憶における人間の**情報処理容量**の限界の問題を取り上げ、記憶や判断の処理容量の限界が７±２単位（**チャンク**）であることを論じました。

たとえば、聞かされた数字を繰り返して言う数唱課題において、記憶術を使わずに答えられる個数は７±２単位の範囲に入ります。質問調査法の**リッカート法**（☞27ページ）で５段階または７段階の判断が求められるのも、７±２単位の法則に従うものです。

アメリカの心理学者**ジェローム・ブルーナー**（1915–2016）らが編集した**『思考の研究』**が出版されたのも1956年でした。「思考」は外部からは観察できない「心の中」の状態ですので、行動主義では研究の対象にならなかったものが表に出てきたことにこの本の意味があります。ブルーナーとミラーは、**ハーヴァード大学**に認知研究センターを1960年に設立しました。

ドイツ生まれのアメリカの心理学者**ウルリック・ナイサー**（1928–2012）が1967年に公刊した**『認知心理学』**は、**認知心理学**がタイトルとして用いられた最初の本です。ナイサーは、**生態学的妥当性**という観点から日常生活における記憶の研究をおこないました。

以上のように、1950年代後半から、記憶、思考、言語など、行動主義では扱われることのなかった「心の中」の問題の解明が進みました。

● 生物学からの影響：遺伝と進化

人間も生物の一種ですので、生物としての人間の特徴を知っておくことも大切です。生物学者が人間の心について考えてきたことを見てみましょう。

イギリスの生物学者**チャールズ・ダーウィン**（1809–1882）は、1859年に『種の起原』を書いて**進化論**を唱えたことで有名ですが、1872年に刊行した**『人及び動物の表情について』**において、多くの絵と写真を用いて動物と人間の表情、姿勢、身振りなどを比較し、人間の心の進化について論じました。また、長子ウィリアム（1839年生まれ）の３歳までの観察記録をまとめて、1877年に「乳児の伝記的素描」という論文を書き、反射、身体運動、感情、鏡に対する反応など、発達心理学の観察研究のさきがけとなりました。

ダーウィンのいとこの**フランシス・ゴールトン**(1822–1911)は、イギリスの在野の人類学者ですが、指紋への着目を含むさまざまな**個人差**の測定をおこない、親子間の特徴の遺伝を統計的に分析し、たとえば両親ともに高身長の子どもの背が親ほどには高くならないことを**平均への回帰**と呼びました。ゴールトンは、天才の家系の分析をおこない1869年に『遺伝的天才』を著しました。

イギリスの応用統計学者**カール・ピアソン**（1857–1936）は、ゴールトンが遺産をロンドン大学に寄付して創設された講座の初代教授となり、**生物測定学**を発展させ、**標準偏差**、**ピアソンの積率相関係数**（☞34ページ）、**カイ二乗検定**など今日の心理学の研究にも不可欠な数々の統計概念を開発しました。

ピアソンの後継者となったイギリスの遺伝統計学者**ロナルド・フィッシャー**（1890–1962）は、農事試験場で農作物の収穫量を上げるための研究を通じて、**実験計画法**と**分散分析**（☞36ページ）の統計技法を開発しました。

生物学からの影響：エソロジー

エソロジーは、**比較行動学**あるいは**行動生物学**とも訳されますが、さまざまな生物の行動様式を観察や実験によって比較検討し、種に固有の特徴や進化のようすを明らかにする学問です。1973年のノーベル生理学・医学賞受賞は、次の３人のエソロジー研究者に授与されました。

オーストリアの動物学者**カール・フォン・フリッシュ**（1886–1982）は、ミツバチの視覚や嗅覚を研究し、花畑を見つけたミツバチが巣に戻って８の字ダンスで花畑の方角と距離を仲間に知らせることを明らかにしました。

オーストリアの動物学者**コンラート・ローレンツ**（1903–1989）は、ハイイロガンのヒナたちが卵からかえった後、最初に見た動くものなら何でも母鳥と思って追いかける行動を**刻印づけ（インプリンティング）**と呼び、そのような行動が生ずる特定の短い期間のことを**臨界期**と呼びました。また、人間を含む幼形の生物が持つ可愛らしい身体的特徴を**ベビースキーマ**と呼び、それが親の保護的活動を引き起こす要因と考えました。

オランダ出身で後半生はイギリスで活躍した動物学者**ニコ・ティンベルヘン**（1907–1988）は、セグロカモメのヒナが母鳥にエサを求めるときや、トゲウオのオスがなわばりを主張して他のオスに対して威嚇（いかく）行動をおこなうときの契機となる**生得的解発機構**について研究しました。

日本の心理学と心理療法の濫觴（らんしょう）

心理学の歴史の最後に、わが国の心理学の発展の礎石（そせき）を築いたパイオニア二人と日本独自の心理療法を開拓した二人について触れておきます。

わが国の心理学の開祖は、兵庫県出身の**元良勇次郎**（もとらゆうじろう）（1858–1912）であり、同志社英学校などを経てアメリカのジョンズ・ホプキンズ大学で心理学などを学び、1888年に哲学の博士号を取得しました。帰国後、1890年に帝国大学文科大学（現在の東京大学文学部）に創設された心理学・倫理学・論理学の講座の初代教授として、1912年に亡くなるまで心理学を教えました。

群馬県出身の**松本亦太郎**（1865–1943）は、**元良勇次郎**の下で心理学を学んだ後、アメリカのイェール大学で心理学を学んで博士号を取得し、さらにドイツのライプツィヒ大学で**ヴント**から心理学の指導を受けました。帰国後、1906年に京都帝国大学文科大学（現在の京都大学文学部）の心理学講座の初代教授となり、元良の没後、1913年に東京帝国大学（帝国大学から名称変更）の二代目の心理学教授となり、1927年に創設された**日本心理学会**の初代会長に就任しました。

欧米では、草創期の心理学のかなりの部分が生理学者によって支えられ発展したので、大学では理系に属することが多いのですが、わが国では、外国で心理学を学んだ二人の哲学出身者（元良勇次郎と松本亦太郎）が心理学を２つの帝国大学の文学部哲学科に持ち帰り、そこから全国の大学に発展していったので文系の学問とみなされています。しかし、序章の図0.1（☞５ページ）に示したように、心理学は自然科学と人間科学、基礎と実践の要素を兼ね備えた幅広い学問であり、それこそが心理学の魅力であるといえます。

わが国独自の心理療法の一つに**森田療法**があります。高知県出身の**森田正馬**（1874–1938）は、東京帝国大学医科大学を卒業後、東京慈恵会医科大学に勤務した精神科医です。森田は、子どもの頃から心身の不調に苦しみ、当時の病名で「神経衰弱」と診断されましたが、現在の診断基準では**パニック障害**であったとされます。森田は、その状態を自身で克服すると、神経が消耗するからではなく、「内向的、自己内省的、小心、過敏、心配性、完全主義、理想主義、負けず嫌い」などを特徴とする神経質性格の者はとらわれの機制によって症状が悪化すると考え、「あるがまま」の境地を重視する**作業療法**を1919年に考案しました。森田療法では、臥褥期－軽作業期－作業期－生活訓練期という治療経過をたどることを想定しています。1983年に日本森田療法学会が設立され、国際大会も開催されています。

２つ目は、奈良県出身の**吉本伊信**（1916–1988）が提唱した**内観法**です。1932年に郡山園芸学校を卒業し、浄土真宗の修行法の身調べを内観法に発展させ、1968年に「してもらったこと、して返したこと、迷惑をかけたこと」の内観三項目を確立し、森川産業社長のかたわら内観道場を開設して普及に努めました。1978年に内観学会（現・日本内観学会）が創設されました。

第 2 章

学習・認知・知覚を学ぶ

バラス・スキナーとハト（☞57ページ及び64ページ）

2.1 学習心理学を学ぶ

この章では、**②学習・認知・知覚**科目の内容について、順に説明します。

まず**学習心理学**ですが、**学習**というと高校生の皆さんにとっては「学校の勉強」という意味が中心になるかもしれません。しかし、心理学ではもう少し広く、学習を「経験による比較的永続的な行動の変容」と定義します。

学校では正しい知識や新しい技能を習得することが学習ですが、心理学の学習は「いいこと、正しいこと、できること」ばかりでなく、「不都合なこと、悪いこと、できないこと」も経験を通じて学習されると考えます。

たとえば、なまけぐせや、浪費癖（へき）、喫煙・麻薬・ギャンブルなどの**依存症**も学習された行動になります。高校生によく見られる**ゲーム依存症**は、ゲームでさまざまな報酬を得ることによって生ずる依存症です。

子どもが練習して自転車に乗れるようになるのは運転技能の習得という学習ですが、自転車で交通事故にあった後、怖くて自転車に乗れなくなることも学習です。不都合な行為や悪い習慣をおこなわないようにすることや、一度形成された恐怖心を克服することを**学習解除**といいますが、そのことも学習心理学の重要なテーマです。

「経験による比較的永続的な行動の変容」という学習の定義は、「経験によらない行動の変容」と「一時的な行動の変容」を除外するものです。

経験によらない行動の変容には、遺伝的に規定された**成熟**や**加齢**（老化）による変化があります。たとえば、赤ちゃんが立って歩けるようになったり、高齢者の記憶があやしくなったりするのは、学習の結果ではありません。一時的な行動の変容には、できていることが**疲労**のためにできなくなったり、ドーピングなど薬物の影響でふだん以上に力が出せたりすることがあります。

脳神経科学から見ると、学習は経験によって新しい神経細胞（ニューロン）が形成されることではなく、神経細胞間の接続が持続的に向上することであり、このことは**長期増強**と呼ばれています。依存症は、脳内の**報酬系**と呼ばれる神経回路が受け取る快感に基づく長期増強の結果です。

図2.1　パヴロフとワトソンの条件づけ

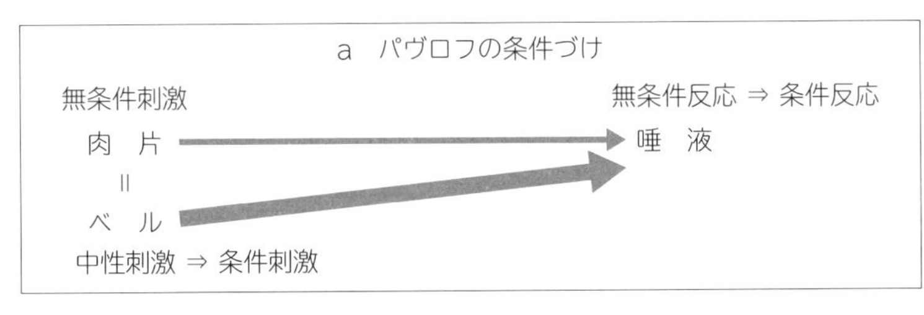

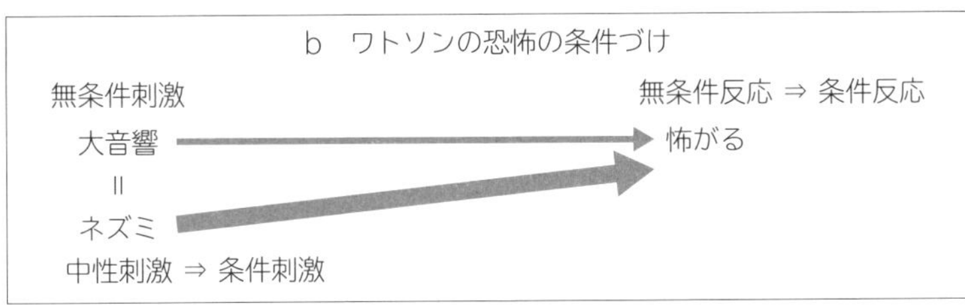

動物の学習の研究

学校での勉強が学習と思う高校生の皆さんには意外なことかもしれませんが、学習心理学はイヌ、ネコ、サル、トリなどの動物の学習の研究によって発展してきました。しかし、その成果である学習理論は、動物の調教のためだけでなく、人間の学習の理解にも役立つものでした。

学習心理学の始まりは、ロシア・ソ連の生理学者**パヴロフ**（☞46ページ）のイヌの**条件反射**に関する研究です（図2.1–a）。

イヌの唾液腺（だえきせん）の研究において、肉片（**無条件刺激**）を口に入れると、生理的現象として唾液が出ます（**無条件反応**）。肉片と同時にベル（**中性刺激**）を鳴らすことを繰り返すと（図2.1–aの「=」記号で示される）、やがてベルだけでも唾液が出るようになります。中性刺激であったベルが**条件刺激**になり、無条件反応であった唾液が**条件反応**に変わったわけです。

肉片と同時にベルを鳴らすことを**強化**といいますが、肉片なしにベルを鳴らすことを繰り返すと唾液は出なくなり、このことを**消去**といいます。ベルの音で起こったことがブザーの音でも生ずることを**般化**（はんか）、ベルの音とブザーの音を区別する反応が起こることを**分化**といいます。

パヴロフのイヌの研究を人間に応用したのが、第１章で述べた**ワトソンのアルバート坊やの実験**です（☞55ページ）。図2.1-aと図2.1-bを見比べると、実験の手続きがよく似ていることがわかります。

ワトソンの研究では、生後11か月のアルバート坊やが大きな音（無条件刺激）を怖がること（無条件反応）を利用し、最初は怖がらなかったネズミ（中性刺激）があらわれるたびに大きな音を鳴らすことを繰り返すと（図2.1-bの「Ⅱ」記号で示される）、ネズミを怖がるようになりました。中性刺激であったネズミが条件刺激になり、無条件反応が条件反応に変わったわけです。

以下、第１章の内容と一部重複しますが、パヴロフ以後の動物を対象とする学習研究の主な成果をまとめておきます。

アメリカの心理学者**ソーンダイク**（☞56ページ）は、ネコが問題解決箱からどのように脱出するかを調べて、失敗の積み重ねから成功に至る**試行錯誤**の学習経過を観察しました。状況の中でおこなう反応がもたらす結果に満足が得られると、その反応の頻度が高まることは**効果の法則**と名づけられました。

ドイツの心理学者**ケーラー**（☞54ページ）は、チンパンジーが天井から吊るされたバナナを木箱を積んで取ったり、手の届かない位置にあるエサを棒でたぐりよせて取ったりする行動を観察し、練習量ではなく見通しが重要とする**洞察学習**を提唱しました。

アメリカの心理学者**ハル**（☞56ページ）は、ネズミの迷路学習において、実験前にエサを与えず空腹状態にしたり、水を与えず渇きの状態にしたりして**動因**を高めておくと、エサあるいは水が**誘因**となって動因が低下することが学習にとって効果的であるとする**動因低減説**を主張しました。

アメリカの心理学者**トールマン**（☞56ページ）は、ネズミの迷路学習の実験において、迷路の目標地点にエサを置かない状態を10日間にわたって経験したグループのネズミが、11日目に目標地点にエサを置いたとたん、最初から目標地点でエサをもらえたグループのネズミと同等の学習成果をあらわす**潜在学習**の証拠を実験的に証明しました。

アメリカの心理学者**スキナー**（☞57ページ）は、**スキナー箱**（図2.2）を考案し、ネズミとハトの**オペラント条件づけ**の研究をおこないました。この装置は、ネズミが**自発的反応**として箱の中のレバーを前腕で押すとエサがもらえるので、レバー押しの回数が増えていく様子を自動的に記録します。

図2.2　スキナー箱

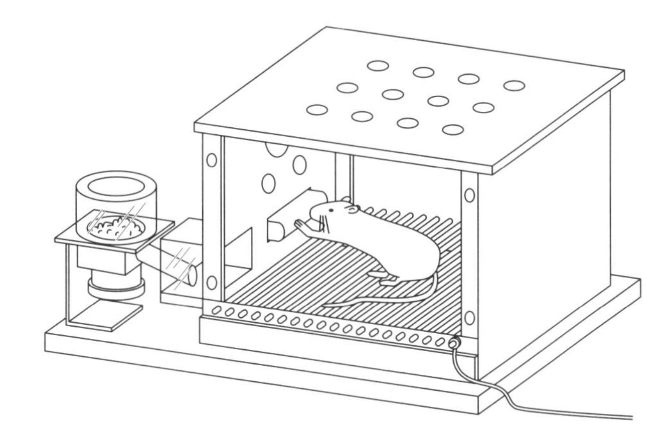

なお、ハトの場合は腕でレバーを押すことができませんので、くちばしで目標をつつくようにした装置になります。

パヴロフの条件づけが**レスポンデント条件づけ**または**古典的条件づけ**と呼ばれているのに対し、スキナーの条件づけは**オペラント条件づけ**または**道具的条件づけ**と呼ばれています。「レスポンデント」は外部刺激により反射的に起こること、「オペラント」は自発的に起こすことをそれぞれ意味します。

オペラント条件づけでは、自発的反応に対して随伴して**報酬**を与えることが強化になります。レスポンデント条件づけの場合とは異なり、オペラント条件づけでは、自発的反応が生ずるたびに報酬を与えるよりも、報酬が与えられたり与えられなかったりする方が自発的反応の頻度が高まっていくのですが、このことを**間歇**（かんけつ）**強化**（間欠強化）あるいは**部分強化**といいます。

スキナーは、**強化スケジュール**をいろいろに設定する研究をおこないました。具体的には、たとえば３回目ごとの反応に強化する**固定比率スケジュール**、平均して３回に１回ランダムに強化をおこなう**変動比率スケジュール**、10分ごとに強化する**固定間隔スケジュール**、平均して10分に１回ランダムに強化をおこなう**変動間隔スケジュール**です。いつ報酬が出てくるかわからない方が自発的反応の頻度は高くなります。

報酬あるいは**賞**を与える**強化**は自発的反応を引き出すための手続きですが、自発的反応を抑えるためには**罰**を与える手続きが取られ、**弱化**ともいいます。

ここで重要なことは、**賞罰の非対称性**があるということです。人間でも動物でも同じですが、大きな賞は自発的な行動を引き出すのに有効な場合が多いのですが、罰を大きくすることは感情的な反応を誘発したりして、自発的な反応を抑えるのに有効とは限らないということです。

アメリカの心理学者**マーティン・セリグマン**（1942–）は、イヌに不快な電気ショックを与える実験により、**学習性無力感**の研究をおこないました。

イヌが入れる大きさの隣接するＡとＢの２つのボックスを用意し、事前に電気ショックから逃げる訓練を受けたイヌはＡの床に電気が流れるとＢに逃げることができますが、電気ショックを受けても逃げられない状態を経験したイヌはＡからＢに逃げることをせず、Ａでじっとうずくまったまま電気ショックを受け続けました。何かをおこなっても何も起こらない経験を繰り返すことは、動物であれ人間であれ、学習性無力感を生み出してしまいます。

人間の学習の研究

以上のような動物の学習の研究の成果は、人間の学習を理解するうえで、さまざま示唆やヒントを与えてくれるものですが、人間を対象にしてしかおこなえない研究や、人間独自の学習の問題もあります。

セリグマンのイヌの学習性無力感の研究は、人間の**うつ病**の発生プロセスのモデルにもなりましたが、セリグマンは1998年の**アメリカ心理学会**の会長の就任演説において、過去のネガティブな体験にとらわれずに、人間の強みに根ざす未来志向的な生き方を重視する**ポジティブ心理学**を提唱しました。コップの中の水を「半分しかない」ではなく「半分もある」と考えることです。

カナダ出身でアメリカに帰化した心理学者**アルバート・バンデューラ**（1925–2021）は、報酬や罰のような強化・弱化がなくても、他者の行動を観察することによって学習が成立するとする**社会的学習理論**を提唱しました。

観察学習では、他者の行動をモデルとして観察して取り入れる**モデリング**と、モデルの行動に与えられる報酬または罰の観察を通じて間接的に体験する**代理強化**によって学習が成立します。バンデューラの有名なボボ人形実験では、モデルとなる人物が大型のボボ人形に対してなぐる、けるなどの乱暴な行動をする映像を子どもたちに見せると、その後の自由遊びにおける子どもたちの攻撃的行動が高まることが示されました。

バンデューラは、自身の行動が望ましい結果を生み出しうるという確信を**自己効力感**と呼び、それが行動の改善につながると考えました。何かある行動をおこなうとき、その行動が生み出す結果の予想を結果期待、自分がそのような結果を生み出せるという予想を効力期待といいます。自己効力感とは効力期待の確信度のことであり、自分自身が成功し承認された経験だけでなく、他者の成功と承認の事例の観察学習による代理経験によっても高まります。

2.2 認知心理学を学ぶ

認知とはひらたくいうと「知ること」ですが、哲学でいう**認識**が心理学において独自に発展した概念です。認知は、外界の情報を入力して脳内で意識的あるいは無意識的に処理し、その結果を行動として出力する過程です。

最も広い意味では、感覚、知覚、注意、意識、記憶、学習、メタ認知、思考、言語、対人認知、情動などが**認知心理学**の領域に含まれますが、感覚と知覚は本章の第３節で、学習は本章の前節で、対人認知と情動は第４章で扱うテーマですので、ここでは他の章や節では扱わない注意、意識、記憶、メタ認知、思考、言語の６つのテーマを取り上げます。

注意

注意は、日常語では「健康に注意する」「交通事故に注意する」「ルール違反を注意する」などの使い方もあるのですが、心理学では情報処理の対象の選択と情報処理資源の集中の過程という意味になります。

私たちの身のまわりには無数の情報があり、そのすべてを受け入れることはできないので、情報を取捨選択することが求められますが、そのことを**選択的注意**といいます。また、一度注意した対象にずっと注意を向け続けることを**持続的注意**といいますが、そのためには不必要な情報を無視し、必要な情報に対してのみ**情報処理資源**を集中する必要があります。複数の作業を同時におこなう場合には、注意を集中する対象をうまく切り替える必要がありますが、そのことを**分割的注意**といいます。

世の中には事故などの問題が起こらないよう監視をおこなう仕事があります。たとえば、航空機が安全に離陸し、飛行を続け、着陸するための情報管理をおこなう航空管制官は、レーダーにあらわれた機影についての視覚的情報と、パイロットとの音声による交信という聴覚的情報を、選択的注意と持続的注意と分割的注意をうまく使い分けて処理することが求められます。

このようなたえず変化する状況の監視作業のことを**ビジランス**といいますが、その研究は第二次世界大戦で軍事的に利用され始めたレーダーの敵影監視によって発展しました。

イギリスの電子工学者**コリン・チェリー**（1914–1979）は、第二次世界大戦中及び戦後にレーダー監視の研究をおこない、それを発展させて**聴覚的注意**の特性を明らかにしました。

チェリーが聴覚的注意を研究するために開発した方法は、航空管制官の仕事とも関わる**両耳分離聴法**（りょうじぶんりちょうほう）というもので、ヘッドホンを用いて右耳と左耳に別の文章を聞かせて、どちらかの耳から聞こえるものを追いかけて話す（追唱する）ように求める課題です。課題が終わった後、注意していた方の耳から聞いた内容はかなりよくおぼえていますが、注意しなかった方の内容はほとんどおぼえていないことが示されました。左右の声が男女に分かれている場合は、男声か女声かのちがいはおぼえていますが、注意しない方の意味内容は記憶に残らないのです。

チェリーは、ざわめくパーティ会場などで、話し相手の会話内容や、まわりの会話から聞こえる自分の名前や関心のある言葉は耳に入りやすいことを**カクテルパーティ効果**と名づけました。なお、この用語に含まれる、アルコール飲料のカクテルは特に関係はありません。

航空管制官の仕事では、レーダー画面だけでなく、滑走路など飛行場内の様子を確認し、時に異変に気づくなど、**視覚的注意**も重要になります。視覚的注意の研究は、**視覚的探索課題**を用いておこなわれてきました。この課題では、目標となる文字や図形を多くの似た文字または図形から探し出すものです。

図2.3の上段では、それぞれの図において左上方向に傾く図形 を探す課題ですが、方向または色の一要因だけで変化するa（方向ちがい）やb（色ちがい）では簡単に見つかるのに対し、方向と色の２要因で変化するc（方向と色ちがい）では探すのが難しくなります。

図2.3　視覚的探索課題の例

a　方向ちがい

b　色ちがい

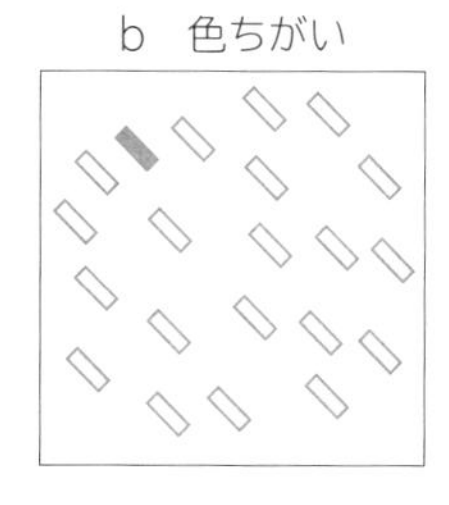

c　方向と色ちがい

d　ポップアウトしない

Q Q Q Q Q Q
Q Q Q Q Q Q
Q Q Q Q Q Q
Q Q Q O Q Q
Q Q Q Q Q Q
Q Q Q Q Q Q

e　ポップアウトする

O O O O O O
O O O O O O
O O O O O O
O O O O Q O
O O O O O O
O O O O O O

図2.3の下段ｄでは多くの**Q**の中から**O**を探すのは少し時間がかかるのに対し、ｅでは多くの**O**の中から目標となる**Q**が目にとび込んでくるかのように見え、後者の現象を**ポップアウト**と呼びます。

視覚については、ことわざの「百聞は一見に如かず」とか、「人間は情報の80パーセントは視覚を通じて得ている」など、視覚の重要性が強調されることが多く、そのこと自体はまちがっていないのですが、実は注意して対象を見ているときも、かなり多くの情報を見のがしているという事実が**変化盲（チェンジ・ブラインドネス**）に関する研究によって示されています。

図2.4は、変化盲の研究材料としてよく引用される写真ですが、同じように見える２枚の写真がその間に灰色のシートをはさんで提示されると、何度見ても、１枚目と２枚目の間に変化があることに気づかないのです。図2.4の場合は、飛行機の主翼のつけ根部分の大きなエンジンの有無がちがいになります。

選択的注意は、視覚と聴覚以外の感覚でもさまざまな形で起こります。

嗅覚では、日常生活の中にはさまざまな香りやにおいがありますが、部屋に入ってきた女性の香水の香りや、ガスもれのにおいには敏感に反応します。

味覚では、食事中に食べているものの中に、普段は感じない硬さや苦味や酸味の食品があれば、すぐに気づいてはき出したりします。

図2.4　変化盲の実験方法の例

触覚では、手や体のどこかに触れたものに痛みを感じたり、ぬめぬめした気持ちの悪い感触があったりすれば、それが何かを確かめようとします。

● 意識

意識は、「意識がある、意識がない」という場合は目覚めている程度のことで、**覚醒水準**の維持は脳幹網様体賦活系のはたらきとされます。他方、「意識する、意識しない」という場合は情報に対する接近の程度をさし、「意識が高い、意識が低い」という場合はものごとを正しく認識する知識の程度をさしますが、このような**意識内容**は**前頭前野**など大脳皮質のはたらきによります。

覚醒水準は、医学的には以下の**ジャパン・コーマ・スケール**で測られます。なお、「コーマ」は意識障害を意味する昏睡のこと、「**意識清明**」は、意識が正常であり、眼をあけて話ができる状態のこと、「**見当識**」は現在の日時といる場所を正しく理解していることを意味します。

Ⅰ．覚醒している（１桁の点数で表現）

　０　意識清明

　１　見当識は保たれているが意識清明ではない

　２　見当識障害がある

　３　自分の名前・生年月日が言えない

Ⅱ．刺激に応じて一時的に覚醒する（２桁の点数で表現）

10　普通の呼びかけで開眼する

20　大声で呼びかけたり、強く揺するなどで開眼する

30　痛み刺激を加えつつ、呼びかけを続けると辛うじて開眼する

Ⅲ．刺激しても覚醒しない（３桁の点数で表現）

100　痛みに対して払いのけるなどの動作をする

200　痛み刺激で手足を動かしたり、顔をしかめたりする

300　痛み刺激に対し全く反応しない

外科手術時の**全身麻酔**は、「痛み刺激に対し全く反応しない」状態になりますが、意識障害とは異なり、手術が終わり麻酔薬の投与を止めると意識清明状態に回復します。全身麻酔の手術は、江戸時代の医師の**華岡青洲**（はなおかせいしゅう）（1760–1835）が1804年に女性に乳がんの手術をおこなったのが世界初とされます。1846年には、アメリカでも全身麻酔の手術が成功しました。

心理学において昏睡よりも重要なのは**睡眠段階**ですが、睡眠時の脳波の分析から次の５段階に分けられています。

睡眠段階１：入眠時のうとうとした浅い睡眠期。

睡眠段階２：寝息が聞かれる軽睡眠期。

睡眠段階３：強い刺激がないと起きない中等度睡眠期。

睡眠段階４：最も深い深睡眠期。

レム睡眠：身体の緊張がなくなり急速眼球運動（rapid eye movement; REM）が生じる睡眠期。

レム睡眠に対して睡眠段階１～４は**ノンレム睡眠**と呼ばれますが、睡眠には周期があり、夢を見ることのあるレム睡眠と脳を休めるノンレム睡眠が約90分周期で一晩のうちに何度か繰り返されるとされます。

次に、意識内容については、その質の個人差に注目する言葉に**クオリア**（qualia）というものがあります。たとえば同じ赤いリンゴを見たとしても、あるいは同じオーケストラの音楽を聴いたとしても、意識されるその質は実に人さまざまです。つきつめれば、自分以外の人の意識内容はどのようにしてもわからないものですし、自分の意識内容をすべてその通りにわかってもらえることもありません。

しかし、そのような人それぞれの感じ方のちがいを前提として、どのようにすれば通じ合えるか、よりよく理解し合えるかを求めるのがコミュニケーションの目指すところです。

意識はさまざまな状態になるものですが、意識内容が定まらずあちらこちらにさまよう状態を**マインドワンダリング**、反対に、意識内容が一つのことに固着して、そこから離れられない状態を**強迫観念**といいます。

意識がさまようマインドワンダリングは、一見するとよくないことのように聞こえますが、むしろ建設的で創造的な面もあり、風呂やトイレでぼんやりしているときに新しいユニークなアイディアが浮かぶことがあります。

強迫観念は、多くの場合正常な状態ですが、不潔を恐れて繰り返し手を洗ったり、戸締りを何度も確かめたりするなど、本人にとっても無意味と感じられる儀式的反復行動に結びつくと、少しやっかいなことになります。

意識の説明の最後になりますが、第1章で詳しく述べた心理学の歴史は、19世紀の後半から20世紀の半ば過ぎまで、意識をどうとらえるかの歴史でもありました。そのことをColumn04で簡単に振り返っておきます。

● 記憶

高校生の皆さんにとって**記憶**といえば「暗記科目」という連想がはたらくかもしれませんが、記憶は注意や意識や思考を含むあらゆる認知過程に関わるもので、研究も数多くおこなわれてきました。

そもそも「私」が「私」でいられるのも記憶があるからで、記憶喪失のために自分が誰だかわからなくなる物語は、ウィキペディアで「記憶喪失を題材とした映画作品」などを調べてみると数多くあることがわかります。

感覚器官を通じて得られる情報を記銘・保持・検索する記憶の情報処理過程は、下記に示すように、受け入れた図書を登録し、書庫に保管し、来館者の求めに応じて検索し貸し出しをおこなう図書館業務に似ています。

記憶の過程：情報 → 記銘 → 保持 → 検索（再生、再認、再構成）
図書館業務：図書 → 登録 → 保管 → 検索（貸し出し）

記銘は、情報をおぼえることですが、おぼえやすい形にして情報を取り入れるので**符号化**ともいいます。

保持は、情報が脳内に転送されて必要なときまでたくわえられることです。

Column 04

意識をめぐる心理学の歴史

図2.5に示すように、心理学の歴史は「意識－無意識」軸と「言語－行動」軸の４象限に分けて見ることができます。ただし、厳密な関係をあらわすものではありません。図中の用語の詳しい説明は、第１章でおこなっています。

図2.5　意識をめぐる心理学の歴史

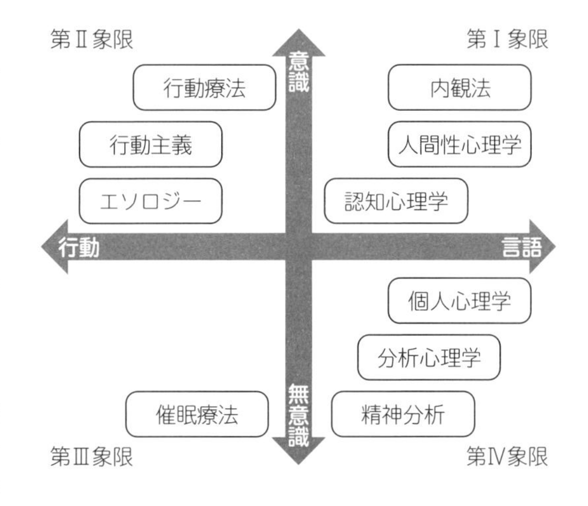

心理学の創設者とされるヴントは、**意識**を言語報告する**内観法**を研究の中心にすえました。ジェームズの**意識の流れ**の考え方も基本的に同じ方向です。**ゲシュタルト心理学**は要素主義的な意識研究への批判から生まれました。

主観的な意識を排除し**行動**を研究の中心に置いたのがワトソンの**行動主義**です。ハルやトールマンらの**新行動主義**の動物の学習研究も、**エソロジー**の動物の生態研究も、基本的に同じ方向であり、動物が意識のある状態で研究をおこない、言語行動はほぼ研究の対象になりません。アイゼンクやウォルピの**行動療法**は、行動主義の学習理論を心理療法に応用するものです。

無意識の役割を強調したのがフロイトの**精神分析**です。フロイトとジャネーは、最初シャルコーの**催眠療法**を学びましたが、やがて離れていきました。ユングは、無意識を個人的なものだけでなく**集合的無意識**に拡張し、**分析心理学**を確立しました。アドラーは、精神分析を学んだ後、無意識から離れて**個人心理学**に発展させました。マズローは**自己実現**を重視する**人間性心理学**を打ち立てました。ロジャーズのカウンセリング理論もこの流れです。

ブルーナーやナイサーの**認知心理学**は、行動主義から意識を取り戻しましたが、方法論は幅広く、無意識の役割を新たに位置づけました。

記憶が脳内に定着することを**記憶固定**といいますが、そのためには睡眠が重要であることがわかっています。試験対策の徹夜の勉強（一夜漬け）は、記憶の定着の面ではあまり有効ではないのです。

検索は、記憶情報を取り出すことで、おぼえたことをそのままの形で取り出す**再生**、おぼえたものを後から「おぼえている」と正しく判断する**再認**、おぼえたときの位置や順序の情報を再現しながら思い出す**再構成**が区別されます。

おぼえたはずの情報を忘れることを**忘却**といいますが、その原因の説明には、①時間の経過とともに保持している記憶痕跡が徐々に消えていくとする**減衰説**、②情報同士がごちゃまぜになって取り出せなくなるとする**干渉説**、③思い出したくないことを無意識の領域に閉じ込めるとする**抑圧説**があります。

記憶はおぼえた順に古いものから消えてなくなるのではないので、減衰説よりは干渉説の可能性の方が大きいと考えられます。干渉説では、記憶がそれ以前の記憶のさまたげを受けることを**順向干渉**、記憶がそれ以降の記憶の妨げを受けることを**逆向干渉**といいます。抑圧説は**フロイト**が提唱しましたが（☞50ページ）、精神分析により抑圧された記憶が無意識の領域から回復可能であるという考え方をめぐって、種々論争がおこなわれてきました。

記憶は、保持される時間によって①感覚記憶、②短期記憶（ワーキングメモリを含む）、③長期記憶の３種類に分かれます。

①**感覚記憶**とは、たとえば道路で目にした車のナンバー（自動車登録番号標）のように、感覚器官に入った情報は１秒間ほど保持されますが、すぐに次に入ってくる情報に上書きされて消える記憶です。目にしたナンバーがすべて脳内に残るのはむだなことですので、順次忘れてしまうことは理にかなっています。しかし、目撃したひき逃げ犯の車のナンバーをおぼえて、警察に知らせなければならないときは、情報は短期記憶に送られます。

②**短期記憶**は、たとえば電話をかけるときに、調べた電話番号を一時的におぼえておく記憶です。一回しかかける必要がない電話番号は、電話が済んだ後は忘れてしまいますが、リハーサルする（繰り返し思い出す）ことを通じて長期記憶に送られます。

短期記憶において一度におぼえられる処理容量は、７±２単位（チャンク）におさまるとされます（☞57ページ）。**チャンク**は文字数の単位ではなく、数字なら５～９個ですが、人名なら５～９人分になります。

ちなみに、電話番号は、固定電話では10数字が多く用いられましたが、携帯電話では11数字です。しかし、最初の３数字は090、080、070の３通りなので、これを１つのチャンクとみなせば、９チャンクということもできます。

短期記憶には、会話、読書、計算、運転などの知的作業時に作動する**ワーキングメモリ**（**作業記憶**、**作動記憶**）という機能があります。イギリスの心理学者**アラン・バデリー**（1934-）らは、ワーキングメモリのしくみについて、視覚的情報を処理する**視空間スケッチパッド**、言語情報を処理する**音韻ループ**、情報を一時的に保持する**エピソディックバッファ**、その全体を統括する**中央実行系**からなるモデルを提唱しました。

たとえば、遊んでいる子どもたちの人数を数えるとき、子どもたちを目で見て（視空間スケッチパッド）、「１人、２人、…」と言葉で数え（音韻ループ）、どこまで数えたかを保持し（エピソディックバッファ）、最終的に人数を算出します（中央実行系）。

短期記憶の障害が起こると、先ほど言ったりおこなったりしたことがおぼえておけず、新しいことがおぼえられません。ワーキングメモリの障害では、おこなっている途中でよくわからなくなり、最後までおこなえません。

③**長期記憶**は、たとえば自分の携帯番号のように、「いつでも」「どこでも」検索が可能な記憶ですが、物事に関する宣言的記憶だけでなく、動作に関する手続き的記憶も長期記憶に含まれます。

宣言的記憶とは、「私は心理学が好きだ」のような宣言文というのではなく、広く経験や事実についての記憶ですが、「いつ」「どこで」生じたことかについての時間的・空間的情報を伴うものを**エピソード記憶**、漢字や英単語、動植物や国の名前、九九の計算のように、いつどこでおぼえたかというよりもその知識の体系が重要な**意味記憶**とがあります。

手続き的記憶とは、箸の使い方、自転車の乗り方、ピアノの弾き方など、主として身体を介して手順をおぼえているもので、一度修得すると行動が自動化され、わざと下手に行動することはかえってやりにくく、その手順を言葉で説明することが難しいものです。

記憶障害のうち、宣言的記憶の障害を**健忘**（けんぼう）といいます。その原因として、頭部強打などの外傷性、飲酒・睡眠薬などによる薬剤性、認知症などの症候性、強度のストレスによる心因性などが区別されます。

受傷・発症以後の記憶が抜け落ち、新しい物事をおぼえることができない記銘の障害を**前向性健忘**、受傷・発症より以前の記憶が抜け落ち、過去の記憶を呼び出すことができない検索の障害を**逆向性健忘**といいます。

エピソード記憶の障害は、**解離性健忘**といい、特にトラウマとなるような体験や強度のストレスを感じる体験をしたときに個人的記憶の欠落が生じるものです。なお、解離性健忘は、いわゆる多重人格を意味する**解離性同一症**とはまったく別のものです（☞189ページ）。

● メタ認知

メタ認知の「メタ」は「上位の」という意味で、自己の認知についての認知、つづめていうと「認知の認知」のことです。

メタ認知の研究の出発点は**メタ記憶**であり、自分の記憶の能力や状態を理解し、効率的におぼえたり忘れないようにしたりする方法を知っていることです。たとえば、百人一首のすべての和歌について、上(かみ)の句が出れば下(しも)の句を言えるようにおぼえてくるという課題があったとします。記憶力に自信のある読者なら多分できると思うでしょうし、かるた競技の選手ならすでに記憶しているので今さらと感じるでしょう。他方、記憶力に自信のない場合は、がんばらなくてはと思うか、やりたくないと思うかもしれません。

メタ認知は、記憶だけでなく、知覚・注意・思考・感情など、広く自己の認知に対するモニタリング（監視）と認知活動のコントロール（制御）をおこなうことです。

たとえば試験を受けるとき、問題を見て「これはできそうだ」とか「難しそうだ」と思うのはモニタリングです。他方、「易しそうな問題から答えよう」とか「全問に答えている時間はなさそうだから、この問題はパスしよう」などと考えてそれを実行するのはコントロールです。

別の例として、教科書の音読の場面を考えますと、「みんなの前で読むのはどきどきする」「読みまちがえた」「この言葉の意味は知らない」などと思うのはモニタリング、「もう少しゆっくり読もう」「あと少しだから最後までがんばろう」と考えて音読を実行するのはコントロールです。

ワーキングメモリとメタ認知は、**実行機能**の一部と考えられています。この詳しい説明は、Column05を読んでください。

Column
05

実行機能のはたらき

実行機能（エグゼクティブ・ファンクション）とは、複雑な課題の実行に際し、課題の目標とその実行に必要なルールを維持し、情報の更新をおこない、必要に応じて目標を切り替えるような認知システムのことをいいます。

「エグゼクティブ」は、会社の社長や執行役員など、経営の中枢に関わる職務をになう人をあらわす言葉として使われています。同じように、人間の行動を動かす中枢の機能（ファンクション）が実行機能であり、そのことは大脳の**前頭前野**のはたらきによるとされます。

実行機能は、別に特別な機能ではなく、誰でも日常的におこなっていることです。

たとえば、「今日は天気がいいから遊園地に行こう」と決めて（**プラニング**：目標設定）、家を出かけたところ、途中で会った友だちから「おもしろい映画をやっているので見にいこう」と誘われたものの、遊園地の方がいいと目標を変えずに進み（**インヒビション**：誘惑の抑制と目標維持）、駅まで来たところ乗るはずだった電車が人身事故の影響で運行停止になっていたので（**アップデイティング**：情報更新）、バスを利用してボウリング場に行った（**スイッチング**：柔軟な目標変更）、というお話にあらわれる一連の判断は、すべて実行機能に関わることです。

このように、実行機能とは、目標設定、情報更新、目標維持、目標変更を組み合わせて適切な行動をおこなうことですが、そこにはそのつど目標に関する情報を長期記憶から読み出し、現在の情報と重ね合わせて情報処理をおこなう**ワーキングメモリ**のはたらきと、自分の認知の内容について正しく認知する**メタ認知**のはたらきが必要となります。

ちなみに、実行機能のもとになる英語の「エグゼクティブ・ファンクション」を医学では「遂行機能」と訳します。たとえば、目標に沿った作業ができない、時間管理ができず行動がいきあたりばったりになる、複数の作業を同時にこなすことが難しい、状況の変化に柔軟に対応できないなど、行動面での一連の症状を**遂行機能障害**と規定しています。

高齢者に多い**認知症**や、交通事故あるいは病気による脳血管障害が原因となる**高次脳機能障害**では、遂行機能障害が顕著にあらわれやすいとされます。

● 思考

思考とは、心の中でさまざまな情報を処理し、必要に応じて判断を下すことをいいます。思考には、論理に基づき筋道を立てて考える合理的思考と、論理が破綻（はたん）した非合理的思考があります。

合理的思考については、多くの情報を精査し相互に関連づけて一つの結論に到達する「多から一に向かう」**集中的思考**と、一つの出発点から連想や推論をおこなってさまざまな結論を導き出す「一から多に向かう」**拡散的思考**が区別されます。

現状を分析し、よりよい目標に到達するための解決策を考える**問題解決**は集中的思考の代表例であり、今までにない社会的に価値あるものを新たに生み出す**創造性**は拡散的思考の典型例です。

集中的思考については、**推理**ないし**推論**の研究がおこなわれてきました。推理と推論のちがいについては、いくつかの説がありますが、わかっている事実を前提に考えを進めて正しいと思われる結論を引き出すという意味では両者は同じです。一般的には「推理小説」という言葉がよく知られていますので、以下ではなじみのある「推理」の方を用いて説明します。

心理学では、推理には演繹（えんえき）推理、帰納推理、転導推理、アナロジー推理の４タイプがあると考えています。

演繹推理とは、一般的原理から個別的事例について結論を出すことです。たとえば、斜辺をｃ、他の２辺をａとｂとする直角三角形にピタゴラスの三平方の定理（$a^2+b^2=c^2$）が成り立つことを知れば、どんな形の直角三角形でも、斜辺ｃの値が辺ａとｂの値から導き出せます。

帰納推理とは、複数の個別的事例から一般的原理を導き出すことです。たとえば、高校の「数学Ｂ」で習う**数学的帰納法**は、nが1，2，……（自然数）のときに成り立つnの関数式が一般項kのときにも成り立つことを示すものです。日常的には、たとえば幼児がいろいろな動物を見て、どれがイヌでどれがイヌでないかを知るように、事物の名前の学習も帰納推理によっています。

転導推理とは、たとえば、「石は重いから水に沈む」と言った子どもが「ピンは軽いから水に沈む」と言うように、個別的事例から別の個別的事例に飛躍する推理のことで、幼児期の子どもに見られる非合理的な思考です。

アナロジー推理とは、ある領域の個別的事例に当てはまる関係を、別の領域の個別的事例の関係に適用するものです。たとえば電気の法則を初めて習う生徒に対して、「電気：電流：電圧＝水：水流：水圧」のように水の法則の知識を利用して電気の説明をおこなうものです。

人工知能（AI）は、合理的な思考を超高速でおこなうコンピュータのシステムです。前述のように、「人工知能」という言葉が誕生したのは、1956年に開催された**ダートマス会議**からです（☞57ページ）。現代の人工知能研究の発展は著しく、チェス、将棋、囲碁のようなボードゲームにおいて、人間の最高峰の棋士でも人工知能にはもはや敵(かな)わないことが明らかになりました。チェスは1997年のガルリ・カスパロフ戦、将棋は2017年の佐藤天彦(あまひこ)戦、囲碁は2016年の李世乭(イセドル)戦でのAIの勝利で確定とされます。

AIが得意とするのは、問題領域が限定され、計算手順の**アルゴリズム**が明確な場合ですが、人間の**エキスパート**は、すぐにダメとわかる「筋の悪い手」は最初から考えず、可能性の高そうな「筋の良い手」を考える**ヒューリスティックス**（発見法）を利用します。コンピュータは考える能力に長(た)け、人間は考えない能力に秀(ひい)でているといえるかもしれません。

人間の思考の中で、近年特に重視されているのは、**批判的思考（クリティカル・シンキング）**です。これは、目にしたことや言われたことをそのまま真に受けたりせず、客観的にものごとを見て、事実や証拠に基づいた判断を適切におこなう思考のことです。

AIやSNSが何でも教えてくれる便利な時代になったからこそ、それを鵜呑(うの)みにせずに、批判的思考をはたらかせることが大切です。

批判的思考の対極にあるのが非合理的思考であり、それにはいくつかのタイプがありますが、以下ではそのうちの３タイプを取り上げて説明します。

２つのことがらに本当は関連がないのに関連があると誤って考えるのが**錯誤(さくご)相関**です。ABO式血液型と性格の関係については、高校生の間でもときどき話題になるかもしれませんが、心理学では多くの研究によって明確に否定されている錯誤相関の例です。

貨幣を投げ上げて「表か、裏か」を当てるコイントスのように、完全にランダムに結果が生ずる現象でも、表が何回も出続けたら、次は裏にちがいないと思うようなまちがった判断を**ギャンブラーの誤謬(ごびゅう)**といいます。

論理的に説明のできないことがらを固く信ずるのは、**魔術的思考**です。たとえば、数字の「４と９」は「死と苦」につながるから縁起が悪いと考えて、ホテル・マンション・病院などで４号室と９号室を作らないとか、西洋でも同様に13階や13号室を作らず、「13日の金曜日は不吉な日」と考えるのは魔術的思考です。**迷信**の多くは魔術的思考のあらわれですが、「四つ葉のクローバーを見つけると幸せになれる」のように、無害なものもあります。

● 言語

人間を他の動物と区別する特徴は、二足歩行、道具と火の使用とならんで**言語**の使用があげられます。あたりまえに日々用いている言語には多面性があり、そのことは次のような言語学の領域の多面性からも理解できます。

音声学：音声の物理学的、生理学的側面を研究します。音声は、肺→気管→喉頭（声帯）→咽頭→鼻→舌→唇という道筋を通って発生されます。

音韻論：音声を意味的単位である音素に分け、口腔内での呼気の通り道を変化させる調音のしかたのちがいによって生ずる弁別素性や、アクセントやイントネーションのような韻律を検討します。

文字論：音声言語をどのようにして文字言語としてあらわすかの研究です。ひらがな、カタカナ、アルファベットのような表音文字と漢字のような表意文字が区別され、各言語の書き方の規則である正書法を検討します。

統語論：文の構成の規則を調べるもので、統辞論、構文論、文法論ともいいます。文は、最小単位の語（単語）と、語のまとまりである句から構成され、文の集まりが文章になります。

語彙論：語彙は単語の集まりという意味で、各言語の語彙の範囲、単語の語源、時代による語彙の変化、方言の分布などを研究します、

意味論：語、句、文、文章などが表現する意味について研究します。語の意味については国語辞典、ことわざは故事・ことわざ辞典、慣用句は慣用句辞典、外来語については外来語辞典が言葉の意味を解説するものです。

語用論：言語表現とその使用者及び使用される文脈の関係を研究します。発話は、情報の伝達だけでなく、賞賛・肯定にもなれば非難・否定にもなり、発話者のさまざまな意図を伝える**発話行為**の側面があります。たとえば、「やばい」という表現は、高齢者と若者では時に正反対の意味で用いられます。

心理学では、特にコミュニケーションの研究などにおいて**語用論**が重要です。たとえば、発話には文字通りの表現と文字通りでない表現があります。

文字通りの表現では、言っている通りの意味、あるいはそれ以上の「言外の意味」が含められ、たとえば「雨が降っている」という発話は、

①窓の外を見たら雨が降っている（言っている通りの意味）、

②雨降りだからカサが必要だ（言外の意味）、

③残念、雨だから遠足は中止だ（言外の意味）、

など、さまざまに含意させることが可能です。

他方、文字通りでない表現は、言った通りのことを意味しないものです。たとえば、「この部屋は寒いね」というのは、「窓を閉めてほしい」などの間接的要求かもしれませんし、外は暴風雨なのに「なんていい天気だ」と言うと皮肉になります。

自閉スペクトラム症の特徴の一つに、**語用論的言語障害**があるとされます。言葉を知っていて日常会話ができる高機能自閉症の場合でも、話し手の意図がうまく理解できず、比喩や冗談や皮肉が伝わりにくいのです。

使用する言語が思考内容を規定するという考え方を**言語相対性仮説**といいます。この説をとなえたアメリカの人類学者**エドワード・サピア**(1884–1939)とアメリカの言語学者**ベンジャミン・ウォーフ**(1897–1941)の名前を冠して**サピア＝ウォーフ仮説**ともいいますが、火災保険の事故調査員の仕事をしたことがあるウォーフの次のような経験もこの仮説の背景にあるとされます。

ウォーフが頻発するドラム缶の爆発事故を調べると、ガソリンを移し終えたドラム缶には「空（empty)」と書かれているので、タバコの吸い殻が投げ捨てられ、空気と混じり気化したガソリンが爆発を起こしたことがわかりました。自動車のエンジンはガソリンと空気の混合気を連続的に爆発させるものなので、液体としては「空」でも、気化したガソリンは引火し爆発する危険性がありますが、「空」という言葉がカンちがいを誘発したのでした。

「虹は何色に見えるか」ということも、言葉が見え方を規定する言語相対性仮説のよい例です。日本では「赤、橙（だいだい）、黄、緑、青、藍（あい）、紫」の７色と習いますが、世界には藍がない６色、藍と橙がない５色など、話す言語が何語かによって虹の色の数が異なります。同じ虹の色なのに、７色だと習うと７色に、６色だと習うと６色に見えてしまうのです。

言葉の持つ社会的な意味と役割を考えることも大切です。

特定の個人・集団に対する差別と偏見を助長する表現を避けて、適切な言いかえをおこなうことを**ポリティカル・コレクトネス**（political correctness; **PC**）といいます。以下、今は避けるべきになった言葉の最初に×印をつけます。

英語では、男女平等の観点から、×businessmanはbusinessperson、×chairmanはchairperson、×policemanはpolice officerに、障害者差別を避けるために×blindはvisually-impaired、×deafはhearing-impairedに、それぞれ表現が変更されるようになりました。人種に関するものでは、アメリカ・インディアンは「アメリカ先住民」という意味でNative Americanと呼ばれています。ただし、ハワイやアラスカにもアメリカ先住民がいます。

日本語では、2002年に改正「保健師助産師看護師法」が施行され、×保健婦は保健師、×助産婦は助産師、×看護婦は看護師に名称が変更されました。また、×保母は保育士（1999年に児童福祉法施行令改正）になりました。学校では、かつての「父兄」は、今は「保護者」というようになっています。

病気の名称についても、×癩（らい）病がハンセン病（1996年にらい予防法廃止）、×精神分裂病が統合失調症（2002年に日本精神神経学会が改名、ただし原語の「スキゾフレニア」に変更はなく訳語のみの問題）、×痴呆症が認知症（2004年に厚生労働省が改名）にそれぞれ変更されました。改名以前の出版物や文献などを読むときは用語の変化に注意が必要です。

2.3 知覚心理学を学ぶ

感覚と知覚

知覚心理学では、感覚と知覚の問題を学びます。**感覚**（センセーション）は、眼や耳などの感覚器官を通じて情報を検出し受容することをいいます。**知覚**（パーセプション）は、感覚情報を選択し、識別し、解釈することです。大まかには「知覚＝感覚＋判断」ということができます。たとえば、背中に何かが当たったと感じるのは感覚であり、それが指か拳（こぶし）かを判断するのが知覚です。

実際には、感覚と知覚は連続的で分けられないものであり、感覚と知覚がほぼ同じ意味で使われる場合も少なくありません。

第1章で説明しましたが、19世紀の生理学者たちは刺激の物理量と感覚の心理量との関係を調べる**精神物理学**の研究をおこないました（☞44ページ）。その研究成果を受け継いで、感覚・知覚は心理学の重要な研究テーマになりました。このような歴史的経緯もあって、心理学の概論書などでは「感覚・知覚」の章が最初の方に置かれることが多くなっています。

感覚といえば身体の外部からの情報を受容する視覚・聴覚・嗅覚・味覚・触覚の**五感**がよく知られていますが、それ以外の感覚として身体の内部からの情報を受け取る自己受容感覚・平衡感覚・内臓感覚があります。まずこの3種の感覚について見た後、五感のそれぞれの説明に進みます。

自己受容感覚は、筋、関節、腱などの自己受容器を通じて得られる身体運動感覚です。目を閉じていても、身体各部の位置がわかったり、筋肉の緊張を自覚したりするのも、自己受容感覚によるものです。四肢のどれかを失った後も存在を感じる**幻肢**（げんし）や、痛みまでも感じる**幻肢痛**も自己受容感覚と関連します。

平衡感覚は、立つ、歩く、走る、回転するなど、身体のさまざまな動きを支えています。頭部を回転した場合の回転加速度は内耳（ないじ）の半規管において、乗りものに乗ったときの直線加速度は同じく耳石器（じせきき）によって感知されます。平衡感覚の障害は、めまいやふらつきを生じさせます。

内臓感覚は、のどの渇き、空腹感、尿意、便意などの臓器感覚と、内臓がけいれんしたり、炎症を起こしたり、拡張したりすることで生じる内臓痛覚の2種類があります。

視覚

五感の最初に取り上げる**視覚**は、太陽や照明器具などから発せられる可視光線が受容器としての**眼**を通過することによって生じる明暗、色、形、運動などに関する感覚です。

眼の内部の構造は図2.6左の絵に示す通りですが、光は眼球をおおう透明な**角膜**を透過し、光量によって散大または収縮する**瞳孔**（どうこう）を通って透明な**水晶体**により焦点が調節され、**網膜**の**中心窩**（か）に到達した視覚情報として**視神経**によって脳に伝えられます。

図2.6　目の構造とカメラとの類似性

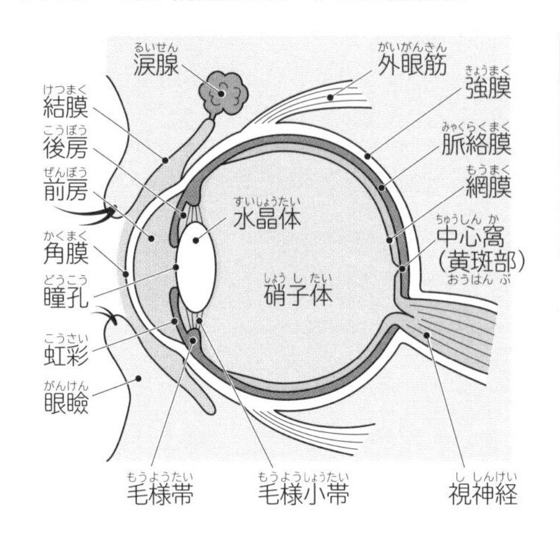

眼	カメラ
眼 瞼	シャッター
虹 彩	絞 り
水晶体	レンズ
網 膜	フィルム／撮像素子

人間の眼は、近くから遠くまで焦点が合ったパンフォーカスに設定したカメラのようなもの

眼の構造としくみは、図2.6右の表に示したようにフィルムカメラまたはデジタルカメラの構造としくみによく似ています。必要なときに光を通すカメラのシャッターは、眼では**眼瞼**（まぶた）の役割です。明るさを調節するカメラの絞りの機能は、眼の**虹彩**がおこないますが、光が通る部分は瞳孔です。カメラのレンズに当たる部分は水晶体で、ピント調節機能があります。カメラのフィルムまたは撮像素子に当たるのが網膜ですが、その**視細胞**には明暗を感じる**桿体**と赤・緑・青のいずれかの色を感ずる３種類の**錐体**があります。

カメラの場合と同様に、網膜には倒立像が写るのですが、脳がそれを正立像と認識します。

カメラでは、前景の人物に焦点を当てて背景をぼかすことも、画面全体に焦点を当てる**パンフォーカス**に設定することも可能ですが、人間の眼は眼球を無意識に動かしながらパンフォーカスのように対象全体をとらえます。

ほぼ二次元の形状といってよい網膜でさまざまな対象を立体として三次元的にとらえる**奥行き知覚**が可能になるのは、左右の眼に入る情報の差を利用する**両眼視差**、近くの対象は網膜に粗く投射され遠くの対象は密に投射される**肌理の勾配**、手前の対象が後ろの対象を部分的に隠す**遮蔽**などの情報を利用しているからです。前の対象によって部分的に隠された後ろの対象が何であるかを推測することを**補完**といいます。

動く対象の速さと方向を眼でとらえることを**運動視**といいます。他方、実際には動いていないのに運動を感じることを**仮現運動**（かげん）といいます（☞53ページ）。映画は１秒間に24コマの静止画がスクリーンに映されますが、それが動画として見えるのは仮現運動の効果です。

視覚刺激自体や視覚刺激とその知覚者との関係が大きく変化しても、知覚される変化は小さく、安定していることを**恒常性**といいます。恒常性は以下に例示するように、①明るさ、②色、③形、④大きさなどについて見られます。

①夕方になりまわりが暗くなってきても見え方に変化を感じないことは**明るさの恒常性**です。②地面の雪が夜間照明の下でも、照明が届きにくいところでも、同じように白く感じるのは**色の恒常性**です。京都の金閣寺は、その日の天候にかかわらず常に金色に見えます。③丸い時計を傾けていっても、楕円（だえん）でなくそのまま円に見えるのは**形の恒常性**です。あるいは、長方形のドアが奥に向かってあいても台形でなく長方形のままに感じます。④対象物までの距離が倍になると大きさは半分に見えるはずですが、あまり小さく見えないのは**大きさの恒常性**です。カメラには大きさの恒常性に対応する機能はないので、写真を見ると建物や人物が思ったよりも小さく写っていると感じられます。

一般に、刺激が存在するかどうか（見えるか見えないか、聞こえるか聞こえないかなど）の判断が五分五分となる境目の状態を**閾**（いき）といいます。閾と関連することとして、本人に気づかれないうちに与えられた**閾下刺激**がなんらかの心理的影響を及ぼすとする**サブリミナル効果**の問題があります。

1957年にアメリカの映画館で上映中の映画のスクリーンに、「コカコーラを飲め」「ポップコーンを食べろ」という閾下のメッセージを繰り返し提示したところ、劇場内のコカコーラとポップコーンの売り上げが増加したという報告が出されました、しかし、具体的なデータは公表されず、追試で検証もされなかったため、偽情報であったとされています。

テレビ番組の放送では、画像の間に別の画像を瞬時にはさみ込む技法について、日本放送協会（NHK）は「通常知覚できない技法で、潜在意識に働きかける表現はしない」、日本民間放送連盟（民放連）は「視聴者が通常、感知し得ない方法によって、なんらかのメッセージの伝達を意図する手法（いわゆるサブリミナル的表現手法）は、公正とはいえず、放送に適さない」とルールを明文化しています。

強い光の点滅や閃光を伴う映像は、見ていて気分が悪くなったり、けいれんが生じたり、**意識障害**を起こしたりするなど**光感受性発作**を誘発する危険性があり、製作者が避けなければならない映像技法とされます。1997年に放送されたテレビアニメ『ポケットモンスター』の若年視聴者が光感受性発作等を起こし、救急搬送されるケースが続発した通称「ポケモン事件」により、このことが注意されるようになりました。

視覚の説明の最後に、イヌ及びネコの視覚と比べながら、人間の視覚の特徴を見ておきます。まず、イヌもネコも元来は夜行性動物ですが、人間の生活パターンに合わせて昼行性になって生きています。イヌもネコも嗅覚と聴覚は人間と比べ物にならないほど優れていますが、視力は弱くてよく見えるのは６～７メートル先くらいまでとされます。人間で考えると強い近視ですが、夜間視力が優れているだけでなく、動くものを認識する**動体視力**も優れています。ネコがすばしっこいネズミを捕れるのも、動体視力が優れているからです。

色の見え方については、視細胞の**錐体**の特徴からどのような**色覚**かが推定できますが、イヌもネコも赤と緑が区別しにくい２型色覚ではないかとされます。これも夜行性ということから考えると納得できます。

視野角については、イヌとネコではちがいがあります。それは顔の中の目の位置に関係します。人間もネコも顔の正面に両目が付いているので両眼視野角は約120度ですが、ネコの周辺視野角は約250度前後で、人間の約180度よりも広いです。他方、イヌは両目が左右に離れて付いているので、両眼視野角は約30～60度と狭く、周辺視野角は約250～270度とされます。

● 聴覚

聴覚は、耳を通じて空気の振動である**音波**を感じ取る感覚です。耳は、日常的には顔の左右両側に突き出て音波を集める**耳介**のことをいいますが、音波が耳介から外耳道を通って**鼓膜**に至るまでの**外耳**、鼓膜につながって音波を伝える三つの耳小骨（ツチ骨、キヌタ骨、アブミ骨）からなる**中耳**、さらにその奥にあって音波を電気信号に変える**蝸牛**、平衡感覚をつかさどる**前庭**、回転運動を感知する**三半規管**からなる**内耳**までが解剖学的な意味での耳です。中耳は、鼓室と呼ばれる空洞になっていて、耳管（エウスタキオ管）を通じて咽頭につながっています。

音波は図2.7のような正弦波またはその組合せであらわすことができます。

図2.7

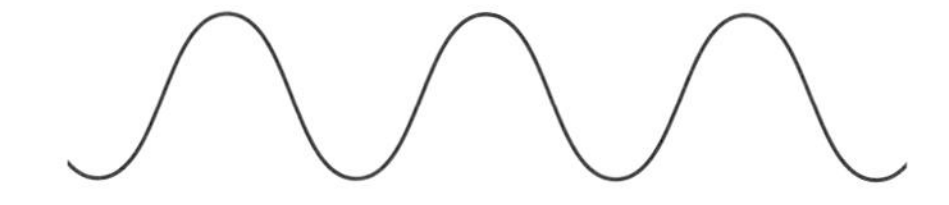

音には、大きさ、高さ、音色の３要素があります。**音の大きさ**は、音による空気の変動である**音圧**で定義され、正弦波の高さであらわされます。**音の高さ**は１秒当たりの空気振動のサイクル（**周波数**）で決まり、正弦波の幅の粗密であらわされます。

周波数の単位は、ドイツの物理学者**ハインリヒ・ヘルツ**（1857-1894）の名にちなんで**ヘルツ**（**Hz**）であらわされ、ヘルツ数が多いほど高い音になります。

音色は、「おんしょく」とも「ねいろ」とも読みますが、正弦波であらわされる純音（音叉（おんさ）や時報の音）だけでなく、実際の音にはさまざまな波形の音が入り混じり、楽器の種類ごとや、同じ楽器でも演奏技法ごとに異なる音色になります。

人間が聞き取れる音の可聴域は、もちろん年齢差や個人差はありますが、20～20,000ヘルツとされます。イヌの耳がよいことは知られていますが、50,000ヘルツまで聞こえているとされます。ネコはさらに耳がよくて65,000ヘルツ以上まで聞こえているそうです。さらに上を行く動物として、コウモリは120,000ヘルツ、イルカは150,000ヘルツとされます。

夜行性で視力が弱いイヌとネコ、同じく視力が退化したコウモリ、嗅覚が退化したイルカなどの動物は、不十分なほかの感覚器官の能力を補うように聴覚が進化したのです。

感知できる情報の細かさを分解能といいますが、視覚と聴覚は得意な情報処理において相補的関係にあります。視覚は0.1ミリメートルの大きさでも見ることができるので**空間分解能**に優れていますが、**時間分解能**は20分の１秒～10分の１秒程度であまり高くありません。他方、聴覚の時間分解能は２万分の１秒にも達するとされますが、音源の方向を感知する音源定位能力は低いという意味で空間分解能は劣ります。

映画は、１秒間に24コマの不連続画像が連続して見え、スクリーンの両端のスピーカーから音が出ているのに真ん中の人物から声が聞こえるように感じます。視覚の時間分解能の弱さと聴覚の空間分解能の弱さの「おかげ」で映画が楽しめるのです。腹話術師の口から声が出ているのに、かかえている人形の口から出ているように感じられる**腹話術効果**も同じ原理です。

一般に複数の異なる感覚が統合的に処理されることを**クロスモーダル知覚**と呼びます。たとえば、視覚や触覚（歯ごたえ、温度感覚）が味覚に与える影響は日常的に経験することです。視覚と聴覚では**マガーク効果**というものがあります。ある発音の映像と別の発音を組み合わせて同時に視聴すると第三の発音が知覚されることをいいます。たとえば、「ガ」と発音する顔の映像に「バ」という音声を組み合わせると「ダ」と聞こえるのです。

複数の音が同時に聞こえるときの聴覚の情報処理にはいくつかのパターンがあります。電話のときにテレビの音声がじゃまになるように、音が別の音によってかき消されて聞こえなくなる現象を**マスキング効果**といいます。ざわめくパーティ会場などで、話し相手の会話内容は耳に入りやすいことを注意の説明のところでカクテルパーティ効果と呼ぶことを説明しました（☞68ページ）。

オーケストラの音楽を聴くとき、個々の楽器の音を聞き分けることを**聴覚情景分析**といいます。高音Ａと低音ＢをＡＢＡＢ……と聞かせるときの時間間隔を一定に調整すると、高音ＡＡＡ……と低音ＢＢＢ……に分かれて聞こえることを**音脈分凝**（おんみゃくぶんぎょう）といいます。

聴覚独自の情報処理の対象に音楽があります。**絶対音感**は、音を単独で聞いたときに音の高さを言い当てる能力です。ただし、4,000ヘルツあたりが上限です。音楽では音の３要素（大きさ、高さ、音色）に加えて、律動（リズム）、旋律（メロディー）、和音（ハーモニー）の**音楽の３要素**が不可欠です。

● 嗅覚

嗅覚は、空気中の化学物質を鼻腔（びくう）の最上部にある**嗅上皮**（きゅうじょうひ）という粘膜に分布する**嗅細胞**で受容し、その情報が大脳に伝えられて感じられる感覚です。その感覚が心地よく好ましいものには「香」「薫」「馨」「匂」という漢字が当てられ、人名にも用いられます。ちなみに、紫式部の『源氏物語』では物語の後半に「薫（かおる）の君」と「匂宮（におうのみや）」という男性が登場します。

反対に、不快で避けたい物質には「臭」の字が当てられ、「におい」と「くさい」の両方に読まれます。嗅覚の研究では、快不快の感情と切り離したい場合にはひらがなの「におい」またはカタカナの「ニオイ」が使われます。

一般に動物の嗅覚が何のためにあるかというと、食べられるものと毒のあるものを嗅(か)ぎ分けること、敵の接近や存在を知ること、つがう異性を認識したり相手によい影響を与えたりすることが目的になります。

フェロモンは、動物の体内で作られる化学物質であり、異性を引き寄せる性フェロモンがよく知られていますが、そのほかにも仲間を集める集合フェロモン、仲間に危険を知らせる警報フェロモン、移動の途中につけて仲間に知らせる道しるべフェロモンなどがあります。

地球上には、においのもととなる化学物質が40万種類もありますが、そのうち人間が感知できるのは１万種類ほどとされます。においを感知する嗅細胞の表面にある**嗅覚受容体**をつかさどる遺伝子は、人間では400種類足らずであり、それで１万種類のにおいが感知できるのは、複数の嗅覚受容体の組合せによるものと推定されています。

嗅覚受容体の遺伝子は、動物種ごとに大きく異なり、少ない方では聴覚が特別に優れるイルカではほぼ０、最大と推定されているのは食べ物を鼻でさぐって口に入れるアフリカゾウで、約2,000種類とされます。人間より鼻のよいことで知られているイヌでも約800種類で、ゾウには遠く及びません。

１万種類のにおいを少数のカテゴリーに分類することは、昔から困難な研究テーマとされていますが、芳香剤では果実系、ミント系、柑橘(かんきつ)系などのにおいが調香されます。悪臭の方は、悪臭防止法（1971年公布）という法律があり、アンモニアや硫化水素など22種類の特定悪臭物質を政令で指定し、工場などの事業活動による排出を規制しています。

味覚

味覚は、口腔に入れたものを、栄養物など食べられるものと毒物など食べられないものに分け、舌などにある味覚の受容器の**味蕾(みらい)**を通じて甘味、塩味(えんみ)、酸味、苦味、うま味の**基本味(きほんあじ)**などを感ずるものです。

基本味は、赤ちゃんがこの世に生まれたときから、かなりよく感知できることがわかっています。

ある実験では、出生から2時間後の新生児12人に甘味、塩味、酸味、苦味の溶液を口腔内に入れて表情の変化を見たところ、甘味にはほほえみ、塩味や苦味では顔をしかめ、酸味では口をすぼめるなど、大人と同じような表情を示すことが確認されました。外国の研究なので、うま味は調べられませんでした。

うま味は、当時東京帝国大学教授で化学者の**池田菊苗**(きくなえ)(1864–1936)が1908年に昆布の煮汁からL-グルタミン酸ナトリウムを抽出したことに始まり、現在では第5の味覚として*umami*が国際的に認知され、日本食の高い評価の基礎になっています。なお、うま味成分は、昆布以外にも、かつおぶし(イノシン酸)、しいたけ(グルタミン酸)などからも抽出されます。

以下の食感は、一般に味覚と思われていますが、味蕾経由の感覚ではないという意味で味覚ではありません。

辛　味:唐辛子、マスタード、わさび、しょうがなど。

渋　味:茶渋のカテキン、柿渋のタンニンなど。

油脂味:天ぷら、霜降り肉など。

炭酸味:炭酸ガスが三叉(さんさ)神経を刺激。

アルコール味:エタノールが三叉神経を刺激。

三叉神経は、脳から出て、おでこ、上あご、下あごの3方面(三叉)に分かれ、口腔内の触覚、痛覚、温度感覚を脳に伝えるものです。日常でいう味覚は、歯ごたえや舌ざわりや温度に加え、香りやにおい(嗅覚)、盛りつけ(視覚)、食べるときの音(聴覚)など、さまざまな感覚が入り混じったものです。

味覚の形成には、小さい頃からの食の体験がとても重要です。おいしい味は長く記憶として保持されますが、食べた後に腹痛や下痢をしたり、気分が悪くなったりした食べ物は、生牡蠣(なまがき)など加熱していないものや調理不十分なものだけでなく、ケーキのような真の原因でないものでも、一度で**味覚嫌悪学習**が成立し、二度とその食べ物を口にしたくなくなります。

味覚嫌悪学習では、**ガルシア効果**の研究が知られています。アメリカの心理学者**ジョン・ガルシア**(1917-2012)は、ネズミにサッカリンを入れた甘い水溶液を飲ませると同時に強い放射線を照射して不快な経験をさせると、その後はサッカリン水溶液を二度と口にしなくなることを示しました。ケーキのような甘くておいしいはずの食べ物でも、不快な身体経験が伴うと味覚嫌悪学習が生ずることが理解できる実験結果です。

味覚の個人差の一つに苦味の感受性があります。たとえば、生のキャベツやグレープフルーツに苦みを感じる人の方が多いのですが、まったく平気な人もいます。これは、フェニルチオカルバミド（PTC）という化学物質に対する苦味の感覚能力の問題で、その欠如を**味盲**（みもう）といい、劣性遺伝をすることが知られています。味盲の出現率には人種差があり、日本人では約10パーセントと推定されています。

触覚

触覚は、全身に受容器のある皮膚感覚ということができます。人間の皮膚の総面積の平均値は、日本人の成人男性で1.69平方メートル、成人女性で1.51平方メートル、総重量は体重の６分の１ほどで、皮膚は身体の中の最大の臓器といわれています。皮膚は、太陽光線、暑さ、寒さ、まさつ、毒物などから身体を守るためのものであり、表皮の内側にある真皮には触覚、圧覚、痛覚、温覚、冷覚を感じる受容細胞が備わっています。

この５種の感覚がたがいに独立した感覚であるかを最初に検討したのは、オーストリア出身のドイツで活躍した生理学者**マクシミリアン・フォン・フライ**（1852-1932）であり、馬の毛先を使って作製した**フォン・フライの毛**を身体各部に当てて圧覚の閾値を「１平方ミリ当たりの刺激の重さ」を指標に測定しました。その結果、唇やひとさし指の先は閾値が低く敏感であること、背中やお尻などは鈍感であることがデータとして示されました。

触覚は皮膚表面に何かが触れたという感覚であり、**圧覚**は皮膚の変形が生ずる圧（お）されたという感覚ですが、両者は程度の差であり、基本的に同じ感覚です。皮膚表面に物体が触れ、機械的刺激が加えられると、皮膚及び皮下組織が変形し、その刺激の強さと動きの速さが感知され、その感覚情報に基づいて物体の大きさ、形、肌理、動きの性質などが認知されます。

温覚と**冷覚**を合わせて温度感覚と呼びます。皮膚には温覚のみを引き起こす温点と、冷覚のみを引き起こす冷点が存在しますが、冷点の分布は温点の10倍以上あり、このことから人間にとって寒さに対する対応の方がより重要であることがわかります。冷覚と温覚が最もよくはたらくのは16～40℃前後の温度であり、極度の低温となる刺激は凍傷を生じさせ、45℃以上の刺激は皮膚の細胞や組織を破壊し熱傷（やけど）が生じます。

皮膚の細胞には唐辛子の辛味成分であるカプサイシンに反応する**カプサイシン受容体**がありますが、この受容体は「辛(から)い」「熱い」「痛い」という一見性質の異なる３つの感覚を感知します。英語のhotには「熱い」と「辛い」の両方の意味があり、唐辛子に触れた部分に灼熱(しゃくねつ)感や痛みを生じることがあることも知られていますが、最近その生理学的機構が明らかになりました（2021年のノーベル生理学・医学賞受賞研究)。痛覚については、皮膚感覚だけの問題ではないので、次項でまとめて説明します。

● 痛覚

痛覚は、皮膚の表面だけでなく臓器など多くの身体部位で生ずるさまざまな種類の痛みの感覚です。1974年に創設された国際疼痛(とうつう)学会（IASP）は、2020年に痛みの定義の改正をおこない、「実際のまたは潜在的な身体組織の損傷と結びついた、あるいは結びついたように見える、不快な感覚的及び情動的経験」と規定しています。痛みを侵害刺激や炎症によって引き起こされる**侵害受容性疼痛**という狭い医学的定義にとどめず、**生物心理社会モデル**（☞185ページ）で理解すべき個人的経験であることが強調されました。痛みの理解とその対処の研究と実践に対して心理学の果たす役割も大きいものです。

カナダの心理学者**ロナルド・メルザック**（1929-2019）は、侵害刺激から脊髄(せきずい)に伝わる痛みの情報が、患部をさすったり押さえたりする触覚情報により遮断されて脳に向かうゲートを通らなくなり、短期的に痛みが緩和されるとする**ゲート・コントロール理論**を提唱し、カナダのマギル大学の教授として、痛みの感覚、情動、評価をあらわす語句を用いて、痛みの質と強さを患者自身の自己評定によって測定する**マギル痛み質問表**（MPQ）を開発しました。

国際疼痛学会の2020年の痛みの定義は、侵害刺激や炎症による身体の痛みだけでなく、心理的な痛みも取り扱おうとするものです。最近では、**心の痛み**と体の痛みは脳内反応が同一であることが実験的に明らかになっています。

たとえば、実験参加者を含む３人がコンピュータ画面でキャッチボールをするゲームをおこなう途中で突然仲間はずれにされ、ボールを投げても他の２人から返球が来ない**社会的排除**の場面に置かれて心の痛みを感ずるとき、身体の痛みに関わる大脳の前部帯状回皮質と、痛みのコントロールに関わる右前頭葉前部腹側部が活性化することが脳画像の分析によって明らかにされました。

時間知覚

空間と時間は、人間が生活する二大環境条件ですが、空間が視知覚などから直接的に情報を得ているのに対し、時間を直接に感じる感覚器官や時間情報を処理する固有の脳領域というものはありません。**時間知覚**は、個別的な感覚や知覚を超えた総合的な認知過程ということができます。

一口に時間といっても、数秒というごく短いものから、数分、数時間、数日、数か月、数年という長いものまで、さまざまな時間の単位があります。

時間の中で人間にとって昔から一番大切なものは地球の自転周期である「1日」という単位であり、**概日リズム**（サーカディアンリズム）として、睡眠や食事など日常生活に大きな影響を与えています。

人間の1日のリズムは24時間でなく、むしろ25時間に近いので、「およそ1日」という意味で「概日（サーカディアン）」という言葉で呼ばれます。概日リズムのはたらきは、脳の視床下部の視交叉上核が支配しているとされます。

時間知覚のための重要な手がかりは時計ですが、日時計のように太陽が時計であった時代は1日を昼と夜に分けてそれぞれを等分する不定時法でした。13世紀のヨーロッパで振り子を用いた機械時計が発明され、高い塔の上などに設置され、1日を24等分する**定時法**が定着していきました。わが国では、明治6年（1873年）に定時法が制定されました。

持ち運びのできる精密な時計は、航行する船が現在位置の経度を知る（正確な移動時間を知る必要がある）ために18世紀に開発され、イギリスでグリニッジを経度0とする標準時が制定され、鉄道網の拡大とともに全国各地の時刻が同一になるように標準時に統一されました。

短い方の時間単位として、1,000分の1秒である**ミリ秒**（ms）があります。速さで着順を競うスポーツでは、100分の1秒単位で公式記録が残りますが、それでも同じ時間でゴールした場合は1,000分の1秒単位の計測結果で着順判定ができるようになっていて、その判定は実際におこなわれています。

ミリ秒単位の時間で起こる現象を人間が直接知覚することは不可能です。ミリ秒単位の計測自体、現代の科学技術の成果と思われるかもしれませんが、実は1840年代にはミリ秒単位で計測する装置がドイツで開発されていて、1879年に**ライプツィヒ大学**に世界最初の心理学実験室を開設した**ヴント**（☞44ページ）も反応時間の測定の研究にそのような装置を用いました。

共感覚

刺激に対して対応する感覚とは別の感覚も生じる現象を**共感覚**といいます。たとえば、音刺激に対して色覚を伴うことを**色聴**（しきちょう）といいます。楽器である音を弾くと色を感じるという演奏家は少なくないようです。「音色（トーン・カラー）」という言葉もよく考えると共感覚的です。「明るい音」「重低音」「甘いメロディー」も音を聴覚以外の感覚で表現しています。

文字に色を感じる例として、「Aは黒、Eは白、Ｉは赤、Uは緑、Oは青」で始まるフランスの詩人**アルチュール・ランボー**（1854–1891）の『母音』という詩があります。

感覚統合

感覚は単独で用いられることよりも、複数の感覚が一緒に用いられることがむしろ普通です。たとえば、調理をおこなうとき、食材を目で見て、手でさわり、包丁を入れ、煮たり焼いたり調味料を入れたりしながら、色や音や香りの変化を確認し、最後に味見をします。

調理はこのようにそれなりに複雑な作業なので、認知症が進むと調理ができなくなっていくということも、記憶の問題だけでなく、**感覚統合**の困難さとしても理解ができます。

発達障害の場合も感覚統合の機能障害が生じやすいとされます。アメリカの教育心理学者で作業療法の専門家の**ジーン・エアーズ**（1920–1988）は、発達障害児のための治療・訓練法として**感覚統合療法**を体系化しました。この療法は、体性感覚（触覚と自己受容感覚）を重視し、感覚過敏や不器用さを感覚調整障害という枠組みで整理し、治療的介入を実践するものです。

第 3 章

発達・教育を学ぶ

ジャン・ピアジェ（☞Column06）とエリク・エリクソン（☞Column07）

3.1 発達心理学を学ぶ

この章では、**③発達・教育**科目の内容について、順に説明します。

発達心理学は、「人間の出生前から死に至るまでの心身の変化」を説明するものです。多くの学問は、「人間」という場合、健常な大人を想定して成り立っています。たとえば、動物と人間を区別することがらとして、「直立二足歩行、言語使用、道具使用、火の使用」があげられますが、このすべてが生まれたときにはまったくできないことであり、発達により獲得する能力です。大人には可能なさまざまな能力がいつどのようにして獲得されるかを調べることが発達心理学の大きな目標の一つです。

かつて発達心理学は、子どもが大人になるまでを扱う**児童心理学**と**青年心理学**が中心でした。しかし、1970年代以後の発達心理学は、発達は成人期に到達したところで完成するのではなく、老年期までを視野に入れ、人間は一生を通して発達するという観点を強調する**生涯発達心理学**になりました。

発達と似た言葉

発達を「人間の出生前から死に至るまでの心身の変化」と定義しましたが、ほかにも発達と意味が似た言葉があります。

成長は、発達とほぼ同じ意味で使われることが多いのですが、あえて区別するとすれば、発達は歩行や言語の開始などの質的変化を指し、成長は身長や体重の増加などの量的変化を指す言葉です。**成熟**は経験によらない生物学的変化を指し、「経験による比較的永続的変化」である**学習**と区別されます。

成長期の心身の変化が成熟か学習かを区別することは、実際にはかなり難しい問題ですが、アメリカの小児科医**ゲゼル**が1929年におこなった幼児の**階段のぼりの実験**が参考になります（☞16ページ）。一卵性の双子の一方には生後46～52週に階段のぼりの訓練をおこない、もう一方には階段をのぼる機会のない状態で同じ期間過ごさせました。生後53週になった時点で比較したところ、階段のぼりの速さや巧みさに両者の差は見られないという結果が得られ、階段のぼりは成熟要因によることが示されました。

発達の生物学的基礎

発達に影響を及ぼす要因として**遺伝**と**環境**のどちらが重要かについてかつては極端な遺伝論者と極端な環境論者に分かれ、**生まれ／育ち論争**（nature/nurture debate）がおこなわれましたが、現在は遺伝要因と環境要因を統計的に分析して**遺伝率**などを計算する**行動遺伝学**が発展しています。

身長、体重、血液型、知能、性格などの個人差の特徴を遺伝学では**形質**といいますが、外見的なちがいを**表現型**、遺伝子レベルでのちがいを**遺伝子型**と呼びます。たとえばABO式血液型では、表現型はA、B、AB、Oの４タイプですが、遺伝子型はAA、AO、BB、BO、AB、OOの６タイプです。

遺伝率は、表現型の全分散（☞33ページ）を遺伝による分散、共有環境による分散、非共有環境による分散に分けたときの「全分散に対する遺伝分散の割合」で定義され、同じ環境または異なる環境に育った一卵性の双子と二卵性の双子の形質データの比較に基づいて計算されます。

一つの受精卵から生まれた一卵性の双子は、遺伝的には同一であり、顔かたちをはじめおたがいによく似ていますが、しかしちがっている点も少なくありません。そのようなちがいに環境の影響があることはまちがいありません。遺伝子が表現型を形成するために環境とどのように相互作用するかという研究テーマを**エピジェネティクス**といいます。

生涯発達の環境的基盤として**DOHaD**（developmental origins of health and disease）ということがいわれています。「健康及び病気の発達的起源」という意味の言葉で「ドーハッド」とも読まれますが、**胎児期**など発達初期の悪い環境による影響が成人病の大きな発症リスクになるという意味です。

この説に大きな影響を与えたできごとの一つに「オランダ飢餓の冬」があります。第二次世界大戦時、オランダは中立国にもかかわらず、1940年にナチス・ドイツの侵攻を受けて国が占領され、食料封鎖を受けたオランダ西部の国民は、1944年から1945年にかけての冬に凄惨（せいさん）な飢餓状態になりました（その中には当時15歳のオードリー・ヘプバーンもいました）。

この時期に妊娠していた母親から生まれた子どもたちは、生まれたときは低体重ではなくても、成人してから肥満、高血圧、心臓病、糖尿病などの病気になる頻度が他の群よりも高いことが戦後の追跡調査で明らかになりました。また、悪影響は飢餓体験が妊娠初期の場合に大きいことも示されました。

スイスの生物学者**アドルフ・ポルトマン**（1897–1982）は、さまざまな動物の比較検討から、人間の**生理的早産説**を提唱しました。

生まれた直後の動物をツバメやネズミのようにしばらく巣にいる**就巣性**のものと、カモやウシのように生まれてすぐに巣立つ**離巣性**のものとに分けると、就巣性の動物は①妊娠期間が短い、②一度に生まれる子の数が多い、③生まれてもすぐ動けず体毛もない、という特徴があるのに対し、離巣性の動物は①妊娠期間が長い、②一度に生まれる子の数は少ない、③生まれてすぐに動き回るという特徴があります。

人間の場合は、①妊娠期間が長い、②一度に生まれる子の数は少ない、③生まれてすぐには動けない、という就巣性でも離巣性でもない矛盾した特徴を持っています。人間では、生後１年間の身長・体重の伸びが大きく、１歳でようやく歩けるようになるので、人間は１年早産で生まれてくるとみなすことができます。このことをポルトマンは生理的早産と呼びました。「生理的」という意味は、この場合は病的でないということです。

生まれたときの状態から人間は１年早産であるとしても、現実には胎児の大きな頭が産道を通り抜けるのは大変であり、人間のお産は難産の傾向にあります。わが国では、イヌのお産は軽いということから、安産祈願に「戌の日参り」という風習がおこなわれてきました。

イヌは一度に数匹の仔を産むので大変そうですが、実は多胎妊娠の場合には各個体は小さくなるので、一匹ずつは産道を通りやすい理屈です。人間のお産は胎児一人の場合が多いので、大きく育って生まれてきますが、イヌの場合も仔が一匹の場合に大きく育ちすぎると難産になる傾向があるようです。

哺乳類の身体の大きさは、妊娠期間及び寿命との相関があることが知られています。小さい代表のハツカネズミは、体重10～25グラム、名前の通りで妊娠期間は約20日間、一度に６匹程度の就巣性の仔を産みますが、野生の場合の寿命は４か月程度とされます。大きい代表のアフリカゾウは、メスで体重4,000～5,000キログラム、約22か月の妊娠期間を経て、離巣性ですぐに歩ける１頭の仔を産みますが、野生での寿命は60～80年といわれています。

妊娠期間20日のハツカネズミと22か月のアフリカゾウを妊娠期間280日の人間と比べてみてください。人間の赤ちゃんは一見無能なようですが、その代わり**可塑性**があり、変化の余地が大きいという特徴があります。

発達の方向

発達が質的変化か量的変化かはともかく、変化には方向性があります。

生物の個体発生を調べる**発生学**では、セファロコーダル（頭から尾へ）とプロクシモディスタル（基部から末梢部へ）という２大発生原理があります。

セファロコーダルは、身体の伸長も運動機能も頭部から尾部に向けて発達するというものです。人間には尻尾はありませんが、その名残の尾骶骨があり、頭からそちらの方向に発達するという意味です。

赤ちゃんは、「頭でっかち」で生まれてきます。頭が身体全体の約３分の１ですから、ほぼ三頭身です。大人は、日本人の場合七頭身あまりとされますから、頭が大きく生まれ（だから難産になりやすい）、胴体と脚の成長が後から追いつくわけです。

プロクシモディスタルは、身体の中心の基部から手足の先端の末梢部に向かって発達するということです。上肢の場合、肩から二の腕、前腕、手首、手のひら、指という方向で成長が進みます。手のレントゲン写真を撮影すると、生後間もなくの赤ちゃんの手では指の骨と骨の間のすきまが大きいのですが、成長とともに**化骨**が進行して、指の骨が大きくなるとともにすきまがなくなっていき、しっかりした手になり、握る力もついてきます。

次に、オーストリア出身のアメリカで活躍した心理学者**ハインツ・ウェルナー**（1890–1964）の説を参考に、心理的発達の方向についてまとめます。

（1）混沌から分節へ：運動機能の発達では、赤ちゃんの片足の裏を刺激すると、最初はその足だけでなく手足全体で反応が生じる塊運動が見られますが、やがて刺激された足のみを引っ込めるようになります。言語発達では、最初の発話は「ワンワン」のように**一語文**あるいは**全体句**（ホロフレーズ）としてあらわれますが、やがて二語文の「ワンワン　イル」や三語文の「クロイ　ワンワン　ネテル」のように文の要素が分節されるようになります。

（2）複合から分離へ：知覚、認知、感情などの心の機能は、大人では分離可能ですが、幼児期の子どもでは明確に分かれているわけではありません。

たとえば、**相貌的知覚**という現象は、対象を見るときに表情や感情を同時に感知する傾向が強く見られます。たとえば、コップが横向けに置かれているのを見て「コップさん、つかれてる」と言い、太陽や月を描くときに目や口を描き入れることに抵抗がありません。

（3）硬直から柔軟へ：たとえば、水に砂糖を少しずつ混ぜていくとある時点からそれ以上溶けなくなることを化学の用語で飽和といいますが、何か同じ作業をずっと続けていると「もうたくさん」という心の状態になることを心理学では**心的飽和**と呼びます。

遊んでいる子どもがなかなかやめないのは、心的飽和に達しないからで、よくいえば集中力があるようですが、そのことが終わったときには疲れきっていて、ほかのことに転ずる余力が残っていません。しかし、発達が進むと、途中でも、終わってからでも、ほかのことに転ずる柔軟性ができてきます。

（4）不安定から安定へ：成熟であれ学習であれ、多くの活動の成立や知識獲得の過程は、不安定から安定に向かうものです。たとえば、子どものときに自転車に乗れるようになるために、ある程度スピードを出さないと車体が安定しないということを体得するのに多少訓練の時間を要したと思います。しかし、一度自転車に乗れるようになると、乗れない状態に戻ることはほぼなく、下手に乗るふりをすることはかえって難しく感じます。

ちなみに、帝政ロシアとソビエト連邦の時代に活躍した心理学者の**レフ・ヴィゴツキー**（1896-1934）は、子どもができない状態からできる状態に移行するときにはたらきかけるべき途中の発達水準のことを**発達の最近接領域**と呼びました。

発達加速

発達の方向が定まっているとき、次に問題になるのは発達が進む速度です。個人の発達の場合、歩行の開始や言葉の発生など成熟による変化では、早い遅いについての**性差**や**個人差**が見られますが、重要なのは発達の順序性であり、順序が乱れたり順序を飛ばしたりする場合には、脳機能の障害が疑われることもあります。

集団の場合に発達の速度で問題となるのは、後の世代になるほど発達の促進が見られる**発達加速現象**です。発達は、国民全体の栄養条件や教育環境などさまざまな要因により、時代あるいは世代とともにその進み方が変化します。

発達加速現象には、身長・体重などの量的側面の成長が世代ごとに加速する**成長加速**と、女性の初潮と男性の精通などの性的成熟の開始が早期化する**成熟前傾**という２つの現象があります。

発達の研究法

発達心理学の研究法は、基本的には心理学の研究法を発達研究に応用するものですので、第１章で説明した観察法、実験法、心理検査法、質問紙調査法、面接法、そして事例研究法を研究目的と対象年齢に合わせて適用し、データの分析に際しては心理統計法を活用します。

ただし、言葉を獲得する前の赤ちゃんを対象とする場合の研究法や、時間に伴う発達的変化をとらえる研究法は発達心理学独自の方法です。

赤ちゃんを研究する方法としては、アメリカの心理学者**ロバート・ファンツ**（1925-1981）が1961年に公表した**選好注視法**による研究が赤ちゃんの実験的研究のパイオニアとなりました。生後６か月までの赤ちゃんを対象に、上を向いて横たわっている状態で顔の上から１つまたは２つの図形を提示し、注視時間を測ることによって好みの図形を推定し、赤ちゃんはより複雑な図形の方を好むこと、最も好みの強い図形は人の顔図形であること、生後６か月までに視力を調整していくことが明らかになりました。

もう一つの方法は、**馴化**（じゅんか）**－脱馴化法**です。図形を連続して提示し続けると慣れて注視しなくなる馴化が生じますが、別の図形に切り替えると再び注視する脱馴化が生ずるとすれば、２つの図形がちがうと認知していることが推測できます。この方法によって、赤ちゃんが２つの形や２つの色を区別して認知しているかどうかがわかります。

時間に伴う発達的変化をとらえる研究法として、複数の年齢集団の研究参加者に対し、同時期に観察・測定する**横断的研究法**に対して、同一の集団を一定期間追跡して何度か観察・測定する**縦断的研究法**があります。

横断的研究法は、たとえば、ある高校の１年生、２年生、３年生各１クラスの生徒に同一の英語の学力試験を同時期に実施して学年間の発達差を調べるものです。短期間に実施できる研究なので、時間と労力が少なくて済みますが、実際に起こる発達的変化とは必ずしもいえません。

これに対して、縦断的研究法では高校のある１クラスの生徒に対し、１年生から始め、２年生、３年生の各時点で同一の英語の学力試験を実施して３時点間の発達的変化を見るものです。実際に生じる発達的変化を追跡できますが、研究にかかる時間（約２年間）と労力が大きくなります。

図3.1　横断的研究法と縦断的研究法の併用

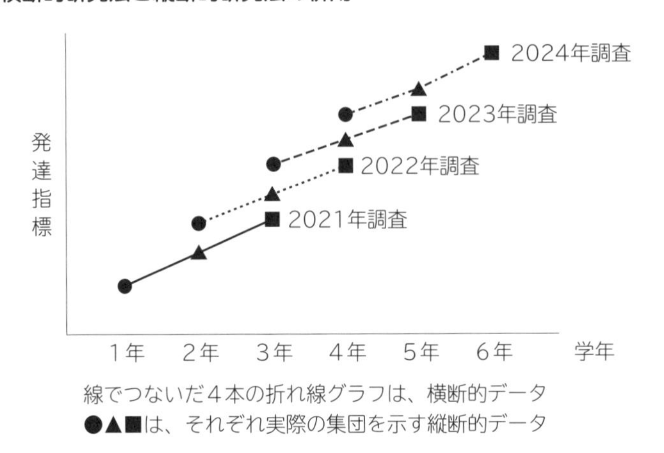

理想的には、図3.1のように横断的研究法と縦断的研究法を組み合わせる方法が最も望ましい研究になります。これは、小学校の1年生、2年生、3年生各1クラスの児童に対して調査をその後4年間にわたって毎年実施するものです。この架空の研究例では、横断的データは縦断的データよりも1年間の発達の伸びをかなり低めに予想したことになります。

縦断的研究法を用いた大規模な**コーホート追跡研究**が世界各地でおこなわれています。**コーホート**は、同じ時期に生まれた集団という意味です。たとえば、イギリスで2000年から開始されたミレニアム・コーホート研究は、ロンドン大学縦断研究センターが中心となり、イギリス全土の398か所、18,818人の子どもたちを生後9か月、3歳、5歳、7歳、11歳、14歳、17歳の時点と息長く追跡調査をおこなっています。調査項目は、子どもの身体計測、言語と数能力、家族の形態、住居、収入など社会経済的状況を含むものです。

● 発達段階

発達は時間に伴う心身の変化ですが、変化には節目ともいわれる大きな転換点があり、そのことを**発達段階**として見ていくことができます。

代表的な発達段階論として、スイスの心理学者**ジャン・ピアジェ**（☞43ページ）の**認知発達論**をColumn06に、ドイツ生まれのアメリカで活躍した心理学者**エリク・エリクソン**（1902–1994）の**ライフサイクル論**をColumn07に示します。

Column
06

ピアジェの発達理論

ピアジェは、生物学者としてスタートし、系統発生（進化）と個体発生（発達）の両方から考える**発生的認識論**を提唱しました。

ピアジェは、認識の枠組みである**シェマ**により情報を取り入れる**同化**と、情報の取り入れがうまくいかないときにシェマ自体を修正して対応する**調節**をバランスさせる**均衡化**の観点から、誕生から15歳までの認知発達を以下の４期に分けました。

感覚－運動期：０～２歳。**新生児反射**のように感覚と運動が脊髄で直結した状態から、脳内にさまざまなイメージとしての**表象**ができあがる時期です。

生後８か月頃、**対象物の永続性**が成立すると、見えなくなったものを探し始めます。１歳前後に、反応が刺激となって行動が反復される**循環反応**が見られます。１歳半頃から、行為のモデルを見て模倣をしてから一定の時間経過後に、目の前のモデルなしに模倣行動を示す**延滞模倣**をおこないます。

前操作期：２～７歳。言葉と描画が発達し、**記号的機能**があらわれます。操作は手でものを動かすことではなく、心の中でおこなうことをいいますが、前操作期の初期には、指を使ってものを数えることはできても、まだ心の中で数えることや暗算はできません。自身から見えるものと他者から見えるもののちがいがわからないという意味で**自己中心性**が見られ、無生物にも生命を感じる**アニミズム**や、サンタクロースの実在を信じる**魔術的思考**などが見られる時期です。

具体的操作期：７、８～11歳。さまざまな論理操作ができるようになりますが、「鉄１キログラムと綿１キログラムはどちらが重いか」にひっかかるように、思考の材料の具体性に影響されやすく、材料が抽象的になると正解率が低くなります。他方、ものを順番に並べる系列化、図形を色と形で分けるような二次元分類、ものの見かけが変わってもその本質（数、長さ、質量、重量、液量など）は変わらないことがわかる**保存性**などがこの時期に理解できるようになります。

形式的操作期：11、12～15歳。「かつ」「または」「もし～ならば」のような論理操作の用語を含む命題の組合せ、複数の要因の中からある現象の真の原因（例：振り子の振動数はひもの長さによる）を見つけ出す関連要因の発見、Ａ：Ｂ＝Ｃ：Ｄという**比例概念**の理解など、材料が抽象的であっても対応した形式的思考ができるようになり始めます。

Column
07

エリクソンの発達理論

エリクソンの**ライフサイクル論**は、人生を「乳児期、幼児前期、幼児後期、児童期、青年期、成人前期、成人後期、老人期」の８期に分け、その時期ごとに**発達課題**の達成目標が達成された場合と達成されなかった場合に起こる状態をまとめたものです（以下では「A　対　B」形式で示します）。

乳児期：０～１歳半。「基本的信頼　対　基本的不信」。赤ちゃんにとって重要な存在の母親などの世話と愛情によって安心感が与えられ、**基本的信頼**をはぐくみますが、養育拒否や不安定な養育からは**基本的不信**が生まれます。

幼児前期：１歳半～３歳頃。「自律性　対　恥と疑念」。何でも自分でやりたがる**自律性**が育つ時期ですが、親がそれを叱ったり押さえつけたり、やっても失敗が重なったりすると、自分自身に対して**恥と疑念**が生まれます。

幼児後期：３～５歳頃。「積極性　対　罪悪感」。子ども同士の集団生活を経験する中で、自分から進んでおこなう**積極性**や主導性が育まれますが、それを親や保育者が無視すると、悪いことをしているという**罪悪感**が生まれます。

児童期：５～12歳頃。「勤勉性　対　劣等感」。学校で読み書き計算の世界に入り、承認と賞賛を求める動機づけが高まって**勤勉性**が出てきますが、仲間より遅れたり、親や先生に認められなかったりすると**劣等感**が強くなります。

青年期：12～18歳頃。「同一性　対　役割混乱」。自分がいったい何者か、何をなすべきかを考える**同一性（アイデンティティ）**の探求が始まります。すぐに決めることができないと、一時停止の状態の**心理社会的モラトリアム**を体験したり、**役割混乱**が起こったりする時期でもあります。

成人前期：18～40歳頃。「親密性　対　孤独」。一般的には職業と配偶者の選択、新たな家族形成の時期です。愛情に満ちた生活からは**親密性**がはぐくまれますが、家庭や職場の人間関係がうまく築けないと**孤独**におちいります。

成人後期：40～65歳頃。「生殖性　対　沈滞」。子どもの親として、あるいは職場の上司として成長することを**生殖性（生成継承性）**といいますが、それがうまくいかないと**沈滞**におちいり、**中年期危機**に直面します。

老年期：65歳～死。：「自我統合性　対　絶望」。子育てが終わり、職業生活を引退すると、人生を振り返る時期となり、過去の自分を受容できれば**自我統合性**が得られますが、うまく受容できないと後悔と**絶望**が生じます。

本書では、**ピアジェ**や**エリクソン**らの古典的発達段階論などを参考にしつつ、わが国の教育制度や福祉制度にも合った標準的発達段階として、（1）出生前期、（2）新生児期、（3）乳児期、（4）幼児期、（5）児童期、（6）青年期、（7）成人期、（8）老年期の８期に分け、それぞれの時期の特徴を以下に見ていきます。

（1）出生前期：母親の胎内（子宮内）にいる妊娠期間のことです。最終月経開始日から数えて40週（280日）が出産予定日とされますが、実際に**胎児**が母親のおなかにいる在胎期間には大きな個人差があります。

医学では、妊娠22週から出生後７日未満を**周産期**と定義し、産科と小児科の医師・看護師たちが連携して対応する時期です。

胎児が死亡して胎外に出た場合、22週未満では**流産**、22週以後は**死産**とされます。22週から37週未満に生まれた場合が**早産**、37週から42週未満が**正期産**、それを超えると**過期産**となり、胎児の発育や難産のリスクが高まります。

胎内の小さな生命への関心は昔からありましたが、イタリア・ルネサンスの巨匠**レオナルド・ダ・ヴィンチ**（1452–1519）が描いた子宮内の胎児のスケッチは、現存する最古の胎内の子どもの絵と思われます。スウェーデンの写真家**レナート・ニルソン**（1922–2017）が1965年に公表した20週の胎児が子宮内で指吸いをする写真は、胎児が生きる様子についての関心を高めました。

人工妊娠中絶に関して、小さな生命を奪う許しがたい反倫理的行為であると主張する**プロライフ**（生命尊重）と、産むか中絶かは女性の固有の権利であり母親自身が決定すべき問題と主張する**プロチョイス**（選択尊重）の考え方があり、欧米では政治問題化し、時に激しい対立抗争を生んでいます。

（2）新生児期：出生後28日を経過しない乳児を**新生児**といいます（母子保健法第６条の規定）。生まれたときに体重が2,500グラム未満の新生児のことを**低出生体重児**といいます。なお、「未熟児」という言葉は、差別的と感じる人もあり、現在では用いないようになっています。

国連児童基金（ユニセフ）の2018年の報告書では、日本の**新生児死亡率**は出生児1,000人中0.9人であり「生まれるのが世界一安全な国」とされます。また、生後１年未満の**乳児死亡率**は、2022年の人口動態統計で1,000人中1.8人であり、世界で最も低い国に入ります。

誕生後最初の４週間を特別に**新生児期**と規定する理由は、子宮内から子宮外への環境激変への再適応の期間としてとらえるものです。具体的には、胎外に出たとたん、呼吸、体温調節、哺乳、排泄（はいせつ）などのすべてを赤ちゃん自身でしなければならないことになり、加えて母親以外にも多くの人（イヌやネコなどのペット動物が加わることもあります）との社会関係が始まります。

赤ちゃんは自分で動くことはできませんが、感覚の発達に関しては最初から**五感**を持って生まれてきます。**視覚**は、まだ視力は弱いもののぼんやり見えています。**聴覚**は、胎内のときから聞こえていて、出生直後から音に敏感に反応します。**味覚**では、人工ミルクの味や温度に敏感です。**嗅覚**（きゅうかく）は、お乳の匂いに反応します。**触覚**は、気温（暑さ寒さ）や、痛みに対して敏感です。

赤ちゃんは、意志的な体の動きはしない代わりに、さまざまな**原始反射**が見られます。詳しい説明は省きますが、吸啜（きゅうてつ）反射、把握反射、歩行反射、モロー反射、バビンスキー反射などです。原始反射は、健常に発達していけば、生後４～５か月の間に徐々に消失していきます。

（3）乳児期：母子保健法第６条の規定では**乳児**は「１歳に満たない者」ですが、発達心理学では少し観点が異なり、歩行と言語の準備期として、１歳半までの時期を**乳児期**と呼びます。

英語で乳児を意味する単語は２つあり、トドラー（toddler）は「よちよち歩き」、インファント（infant）は「話せないもの」が語源となっていて、両方合わせて歩行と言語の準備期をあらわしているといえます。

日本語の乳児は、「乳飲み子（ちのみご）」からきています。現在は、生後５～６か月頃が離乳の時期になっていますが、昔は授乳期間が長く２～３歳でも母乳を併用する乳飲み子だったことの名残の言葉といえます。歩行も言語も１歳前後から始まりますが、１歳半でもまだ話さない子はいます。

生後６か月頃までに視知覚の発達が進み、**奥行き知覚**が成立していることをアメリカの女性の心理学者**エレナー・ギブソン**（1910–2002）は**視覚的断崖**（だんがい）という装置を用いて示しました（図3.2）。大きな台座の上に直接床のある「浅い」側とガラス張りで下の床が見える「深い」側があり、真ん中に生後６か月の赤ちゃんを置いて、お母さんが「おいで」と呼びかけると、赤ちゃんは、浅い側には行けますが、深い側には怖がって行こうとしないのです。

図3.2　**視覚的断崖実験**

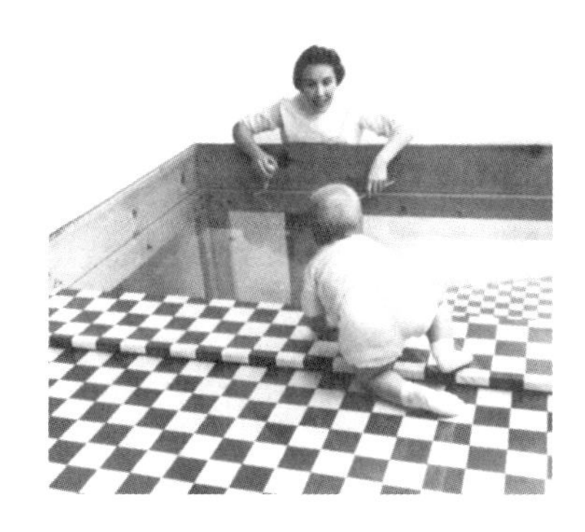

言葉の発達の前段階に**喃語**(なんご)の発生があります。赤ちゃんが機嫌のよいときにおこなう発声で、6か月頃は「ババババババ…」のような単音の繰り返し、11か月頃には「バブバブバブ…」などの2音の繰り返しになります。言葉の発達には、まわりの大人が子どもに応答的に語りかけることが大切です。

イギリスの医師**ジョン・ボウルビィ**（1907–1990）は、第二次世界大戦後の**世界保健機関**（WHO）の戦災孤児調査にたずさわり、家族から引き離された子どもの精神発達に大きな遅れが生ずる原因を医療ケアの問題ではなく、母子間の**愛着（アタッチメント）**の欠如で説明しました。

ボウルビィのもとで協力したアメリカの女性の心理学者**メアリー・エインズワース**（1913–1999）は、母子の愛着の強さを調べる**ストレンジ・シチュエーション法**を開発しました。これは、隣室から様子を観察できる実験室（☞20ページ、**ワンウェイ・ミラー法**）で次のような手順でおこなうものです。

- 母と子（乳児）が部屋に入る
- 乳児が部屋を探索する。母は見守る。
- 見知らぬ女性（実験協力者）が入ってきて母と会話をおこなう。女性が子どもに話しかけている間に、母はこっそり部屋を出る。
- 女性は、乳児に合わせた行動をおこなう。
- 母が戻り、乳児に話しかけ、大人二人は部屋を出る。
- 乳児は一人でとり残される。
- 先ほどの見知らぬ女性が再入室し、乳児に合わせた行動をおこなう。
- 母親が再入室し、乳児を抱き上げる。女性は部屋を出る。

以上のような一連の状況において、見知らぬ女性の存在、女性と二人だけにされる状態、乳児一人にされる状態が当然子どもの大きなストレスになります。このような手続きの結果、乳児の反応は３群に分類されました。

第１は、母との分離で泣かず、再会でも母を避けるなど、母との結びつきが弱い「愛着の薄い不安定群」。第２は、母との分離で泣き、再会で母に身体的接触を強く求め、安心すると活動を再開する「母への信頼感を内包する安定群」。第３は、母との分離で激しく泣き、再会場面では身体接触を求めるが、母を叩くなど怒りの感情も示す「十分な信頼感を持てない不安定群」です。

いくつかの国で追試研究がおこなわれましたが、この３群の分布（割合）は国によってかなり異なることが明らかになりました。日本の研究では、そもそも母との分離に激しく抵抗する乳児が多く見られました。

（4）幼児期：１歳半から６歳で小学校に入学するまでの時期を**幼児期**といいます。身辺の自立と話し言葉の形成期であり、描画も**幼児**の重要な活動です。

身辺の自立は、起床、食事、着替え、トイレ、入浴、就眠など日常生活のことがらですが、親が手を出すと子どもは「いや」とか「自分で」と言い始めます。それは、抵抗ではなく、子どもの自立の大きな契機です。

話し言葉は、最初は親などからの簡単な指示に従うだけですが、１歳前後に前述のように「ワンワン」などの**一語文**が始まります（☞99ページ）。それが「ワンワン　コワイ」のような二語文が言えるようになるのは、実は大きな飛躍であり、二語文が出るようになるまで数か月かかる場合もありますが、二語文が出れば三語文以降は次々と出るようになります。

幼児期には、子どもは母語に関して高度な話者になります。たとえば、幼児が「さっきの　おいしい　おかし　ちょうだい」という四語文を言ったとします。「さっきの」はおぼえていること（記憶）、「おいしい」は好き嫌いを表明していること（感情）、「おかし」は事物が区別できること（認知）、「ちょうだい」は自分の気持ちが言えること（欲求）をあらわしています。

多くの日本人が英語を何年習っても、「さっきの　おいしい　おかし　ちょうだい」に当たる英語を即座に流暢（りゅうちょう）に言える段階に到達できないかもしれないと思うと、子どもが幼児期に高度な話者になるという表現が決しておおげさではないことが理解できると思います。

他方、発音については、幼児がすべての音を正確に発音できるとはかぎりません。幼児の発音は、両唇音（パバマ行音）から始まります。「パパ」「ママ」「バイバイ」は、幼児が最初に言いやすい言葉です。ついで、歯茎音（タテト、ダデド）、硬口蓋音（ヤユヨ）、軟口蓋音（カ行音、ガ行音、ハ行音）へと進みますが、歯音と歯茎音の一部（ザ行音、ラ行音、サスセソ、ツ）は、うまく言えずに、「じゃんねん（残念）」「ダイオン（ライオン）」「シェンシェ（先生）」「チュメ（爪）」という発音が遅くまで残る幼児もあります。その多くは障害ではなく、やがて正確に発音できるようになります。

描画の発達については、１～２歳頃のなぐりがき期、２歳から７～８歳の図式的表現期、９歳以降の写実的表現期の３期に分けられます。

なぐりがき期では、幼児は何か描く道具を持てば、机の上、床の上、壁の表面など、どこにでも描きたがります。腕を動かすとそこに線が残ることが楽しくてしかたがないのでしょう。最初は上から下への一方向の線の集まりですが、やがて曲線を描くようになり、描き始めと描き終わりが結ばれると、丸や四角の図形のようになっていきます。

図式的表現期になると、幼児はそれぞれ好みの図形ができてきて、いつもその図形を描いたり、その図式のバリエーションや図形の組合せで絵を描いたりするようになります。見たものをそのまま描くということはかなり難しいことなので、幼児は知っているものを描きやすいように描きます。

たとえば、顔の付いた太陽やお花の絵などが典型的ですが、世界中の多くの子どもたちがある時期に描くのは**頭足人**です（図3.3-a、筆者画）。丸の中に目と口らしきもの、丸の下に２本の脚らしきものが最初の形です。やがて丸の左右に腕らしきもの、髪の毛や鼻や耳らしきものも加わっていきます。

不思議なことに、人体の一番大きな部分の胴体はなかなかあらわれません。幼児は何に注目しているのでしょうか。目と口と腕と脚は、すべて「動くもの」なのです。それ自体動かない胴体は、あまり注目されません。

図3.3-bは、実際の子どもの絵です。３人の絵はよく見ると同じ図式表現ですが、うまく描き分けています。左の絵は女の子自身で頭足人画ですが、お母さんのおなかに赤ちゃんがいると聞いたらしく、お母さんの絵はおなかの中の赤ちゃんを描くためにちゃんと胴体を描いています。

図3.3　幼児の頭足人描画

写実的表現期は、幼児期より後の時期になりますが、学校や絵画教室などで**遠近画法**を習うことによって、知っているものを描く**知的リアリズム**から、見たままを描く**視覚的リアリズム**への移行が生じます。ただし、遠近画法は絵画の歴史でもイタリア・ルネサンス以後に成立したものなので、簡単に習得できる表現とはいえません。幼児は「絵を見せて」と言うと進んで見せてくれる子が多いですが、小学生では自分の絵を見せたがらない子が多くなるのは、絵画能力の個人差が露（あら）わになってくるからと考えられます。

（5）児童期：小学生の時期全体を指します。**児童期**は、話し言葉に加えて**書き言葉**の発達が進み、読み書き計算などの能力を形成する時期です。

なお、**児童**という言葉の定義は、困ったことに、省庁とその管轄する法律によって大きく異なります。

文部科学省の扱う**学校教育法**では、所属学校種などに応じて幼児・児童・生徒・学生と呼び分け、児童は小学生のことです。

他方、厚生労働省の扱う**児童福祉法**では、児童を「満18歳に満たない者」と規定しています。外務省の扱う**児童の権利条約**の保護対象となる児童の定義も同じく「18歳未満」です。

法務省の扱う法律では「児童」の語は用いられず、**民法**では成年（18歳から）と**未成年**を区別し、**少年法**では「20歳に満たない者」を**少年**と規定しています。

2023年４月に発足した**こども家庭庁**が扱う**こども基本法**（2022年６月公布）では、年齢基準でなく「心身の発達の過程にある者」を**こども**と規定し、「新生児期、乳幼児期、学童期及び思春期の各段階を経て、おとなになるまで」としましたが、「おとな」の定義は示されていません。

このほか医学では**小児**という言葉が使われます。小児科は何歳まで受診可能かについて、かつては15歳あるいは中学生までという暗黙の了解がありましたが、日本小児科学会は小児科対象年齢を「成人するまで」に引き上げることを2006年に決定しています。小児喘息（ぜんそく）や小児糖尿病などの慢性疾患は、小児科で同じ医師に継続的に診（み）てもらうことが大切な場合があります。

小学校教育を**初等教育**といいます。その目標は世界共通であり、イギリスでは19世紀初頭からスリー・アールズ（three R's; Reading, wRiting, aRithmetic）といわれてきましたが、読み書き計算の習得にあります。最近では、リテラシーとニュメラシーという言葉が使われるようになっています。

リテラシーは、**識字**とも訳されますが、小学校国語ではひらがな・カタカナ・漢字の読み書きと句読点等の使い方を学習します。必修漢字数は、1989年以来1,006字でしたが、2020年から全都道府県名が漢字で書けるように1,026字になりました。

ニュメラシーは、リテラシーから派生した造語で数的能力を意味します。初等教育のニュメラシーがどこまでの計算技能の獲得を意味するかについては見解が分かれるところで、四則計算（加減乗除）は必須ですが、九九の暗記は世界共通ではありません。他方、インドでは20×20表の暗記教育がおこなわれ、数学者やIT技術者を輩出する背景になっています。

小学校の学習で重要な節目に**９歳の壁**があります。もともとは聴覚障害児の教育において、９歳頃までは順調に発達しても、小学校高学年になって学習が抽象的な内容になると、乗り越えられない壁につき当たることが多いという報告から始まった言葉ですが、たとえば、算数の分数・小数、理科の電気・磁力、美術の遠近画法など、知識と技能の両方で難しい課題が積み重なっていきます。その結果、小学校高学年になると学力の個人差が拡大し、学力コンプレックスが出現します。

小学校高学年からは**思春期**の問題が関わってきますが、発達段階区分に思春期を含めていないのは、研究者によってその年齢区分がばらばらだからです。

思春期の年齢区分を資料で確認すると、「狭義には12～14歳、広義には12～17歳くらいをさす」（有斐閣『心理学辞典』）、「10～18歳くらいの時期をさす」（『有斐閣　現代心理学辞典』）、「思春期（中学生からおおむね18歳まで）」（厚生労働省文書）などまちまちであるだけでなく、男女でのちがいも指摘され、「女性においては第２次性徴出現から初経を経て月経周期がほぼ順調になるまでの期間をいう。年齢的には８～９歳頃から17～18歳頃までの間」（日本産婦人科学会）と定義され、身体面の変化は女子の方が早熟の傾向にあることも考慮されます。

身体面では、男子では精通と喉仏（のどぼとけ）の発達、女子では初潮と乳房の発達、男女で陰毛の発達など**第二次性徴**の出現が思春期の特徴にあげられますが、それに伴う心理面の変化を一言で特徴づけることは困難です。

児童期に思春期の問題が始まるとしても、その開始時期やあり方の個人差が大きく、青年期での問題とは様相がかなり異なります。

（6）青年期：思春期の場合と同じく、**青年期**の年齢区分についても必ずしも統一見解があるとはいえないのですが、ここでは「中学生から20歳代後半までの時期」とする考え方をとります。

青年期の意味は歴史的に大きく変化してきました。近代より前は、男子は子ども時代の終わりとして職業につき、女子は若年での結婚と出産が普通のことであり、青年期はないに等しいものでした。

近代学校制度が確立すると、エリクソンの**ライフサイクル論**（☞Column07）のように、18歳くらいまでを青年期とみなせるようになりましたが、高学歴化の進行とともに**青年期延長**という現象が先進工業諸国では見られるようになり、**人生の二大選択**（職業の選択と配偶者の選択）の落ち着く時期が遅くなっていますので、青年期の終わりを20歳代後半までの時期としています。

人生の二大選択は、すべての人がおこなうものではありませんが、職業の選択を含むキャリア発達及び配偶者選択としての結婚の問題は、青年期の重要な課題として発達心理学でもさまざまな研究がおこなわれてきました。

キャリア発達の「キャリア」とは、中世ラテン語の「車道（くるまみち）」を起源とし、コースや行路を意味し、転じて人がたどる人生行路やその足跡、経歴、遍歴などを意味するようになりました。

20世紀後半の産業構造の変革期を迎え、「キャリア」は特定の職業や組織の中での働き方にとどまらず、広く「働くこととの関わりを通しての個人の体験のつながりとしての生き方」を指すようになっています。

文部科学省は、2004年に下記のキャリアの４領域８能力を提案しています。

Ⅰ．人間関係形成能力領域（①自他の理解能力、②コミュニケーション能力）：他者の個性を尊重し、自己の個性を発揮しながら、さまざまな人々とコミュニケーションを図り、協力・共同してものごとに取り組む。

Ⅱ．情報活用能力領域（③情報収集・探索能力、④職業理解能力）：学ぶこと・働くことの意義や役割及びその多様性を理解し、幅広く情報を活用して、自己の進路や行き方の選択に生かす。

Ⅲ．将来設計能力領域（⑤役割把握・認識能力、⑥計画実行能力）：夢や希望を持って将来の生き方や生活を考え、社会の現実を踏まえながら、前向きに自己の将来を設計する。

Ⅳ．意思決定能力領域（⑦選択能力、⑧課題解決能力）：自らの意思と責任でよりよい選択・決定を行うとともに、その過程での課題や葛藤に積極的に取り組み克服する。

その後、2011年に４つの基礎的・汎用的能力（人間関係形成・社会形成能力、自己理解・自己管理能力、課題対応能力、キャリアプランニング能力）に再編されましたが、いずれにしても高等学校までの教科の学習とは直接につながるものとはいえません。自己理解と他者理解の能力については項を改めて説明するとして、職業理解能力に関する検査を以下に紹介します。

アメリカの心理学者**ジョン・ホランド**（1919–2008）は、RIASECキャリア発達モデルを提唱し、その理論に基づき、**VPI職業興味検査**が開発されました。この検査は、18歳以上が対象年齢ですが、160の具体的な職業に対する興味・関心の有無の回答から、６種の職業興味領域（R 現実的興味領域、I 研究的興味領域、A 芸術的興味領域、S 社会的興味領域、E 企業的興味領域、C 慣習的興味領域）と、５つの傾向尺度（Co 自己統制、Mf 男性－女性、St 地位志向、Inf 稀有（けう）反応、Ac 黙従反応）によって結果が示されます。

職業興味と同時に重要なのは職業適性です。職業適性検査にもいろいろ種類がありますが、厚生労働省編の **一般職業適性検査**（GATB）は、中学生～成人対象であり、紙筆検査と器具検査により職業適性を測定するものです。

青年期の後期には、結婚と離婚の問題も関わってきます。

結婚は、歴史的、民族的に多様な形をとってきました。わが国は近代国家の基本ともいうべき**一夫一婦制**をとっていますが、一夫多妻制がイスラム教徒にかぎり合法とする国がアフリカなどで残っています。

一夫一婦制を守るために、重婚は民法第732条で禁止され、違反した場合は、その相手となった者も含め、刑法第184条で２年以下の懲役に処せられます。いわゆる不倫は、現在は法律違反ではありませんが、戦前の刑法では姦通罪があり、夫のある妻とその相手の男性が処罰（６か月以上２年以下の重禁錮）の対象で、妻は夫の不倫を告訴できないという男女不平等がありました。

歴史的には、結婚は**家制度**を支えるものであり、当事者の意向よりも家同士の結びつきが重視され、結婚後の妻は家事であれ家業であれ労働力を提供し、「嫁して三年子なきは去れ」という言葉に端的に示されているように、子孫を残す役割が求められました。姦通罪で妻のみが断罪されるのもこの流れにありました。

第二次世界大戦後は、日本国憲法第24条が「婚姻は、両性の合意のみに基いて成立し、夫婦が同等の権利を有することを基本として、相互の協力により、維持されなければならない」と規定し、家制度を解体しました。

解体された家制度に代わる結婚観として、結婚は恋愛と性愛と生殖が一体化したものという考え方を社会学では**ロマンティック・ラブ・イデオロギー**と呼びますが、欧米では19世紀以後、わが国では第二次世界大戦後の高度経済成長期以後に普及したとされます。

恋愛の延長としての結婚は、**離婚**の事由にも影響が及びます。

民法第770条は、離婚の訴えを提起することができる場合として、「①配偶者に不貞行為があったとき、②配偶者から悪意で遺棄されたとき、③配偶者の生死が３年以上明らかでないとき、④配偶者が強度の精神病にかかり、回復の見込みがないとき、⑤その他婚姻を継続し難い重大な事由があるとき」の５項目をあげています。

かなり多くの場合、離婚の事由⑤の具体的な内容として「性格の不一致」があげられますが、性格検査で測定して性格の不一致が確認されることなどはなく、恋愛が結婚の前提の場合、結婚前の恋愛感情がさまざまな理由で大きく変質すると、結婚そのものも維持できなくなるわけです。

近年離婚が増えているという印象が持たれていますが、**離婚率**を人口1,000人当たりの離婚件数という統計指標で調べると、1950年には1.01であったのが増えていき、2002年に2.30のピークに達したものの、以後はむしろ減少に転じて2022年は1.47です（厚生労働省の人口動態統計）。

なお、「④配偶者が強度の精神病にかかり、回復の見込みがないとき」という事由について補足しますと、重度の**統合失調症**などが離婚の対象にされやすいのですが、夫婦は互いに協力し扶助しなければならない（民法第752条）ということも法律で定められており、病気の配偶者を何もせずに見捨てることは許されず、今後の療養と生活等についてできるかぎりの具体的方策を講じ、前途の見込みがついたうえでなければ、離婚は簡単に認められないことが最高裁判所の判例となっています。

（7）成人期：2018年の民法第４条の改正により「年齢18歳をもって、成年とする」ことが規定され、2022年４月から施行されました。しかし、発達心理学でいう**成人**はこの意味ではなく、20代後半の青年期の終わりから次の老年期の始まりまでの時期を**成人期**と定義します。35年前後の大変長い期間であり、労働、家族、育児などに関して多くの課題をかかえた時期です。

なお、この時期と関連する言葉に**中年**があります。1998年の国民生活白書の『「中年」－その不安と希望』では中年世代を40～50代と定義していますが、法律用語として明確に定まっておらず、各種の国語辞典の定義もまちまちであり、学術用語というよりは日常語といった方がよいものです。

成人期は、さまざまな病気が気になる時期です。悪性新生物（がん）、脳血管疾患、心臓疾患という三大疾病（しっぺい）が成人の主要な死因であり、1957年に厚生省（当時）は成人病という命名をしましたが、1996年に厚生労働省は**生活習慣病**に名称を変更しました。食習慣、運動習慣、喫煙・飲酒等の生活習慣が発症と進行に関与する病気という意味です。

成人期は、家庭生活、職業生活、近隣生活においてさまざまな**ストレス**を受け、**心の健康**に特に留意する必要のある時期です。

ストレス学説は、オーストリア出身のカナダの内分泌（ないぶんぴつ）学者**ハンス・セリエ**（1907-1982）が1936年に発表した論文に始まりますが、その最初は身体の生理学的反応のことでした。

セリエは、感染性の細菌、毒性のある薬物、外傷、熱傷(やけど)など身体への侵害刺激を**ストレッサー**、それに伴う発熱、血圧上昇、副腎皮質肥大、リンパ腺肥大、胃潰瘍などの身体変化を**ストレス反応**と呼び、①有害刺激に対して生体がショックを受け生理的状態が乱れる**警告反応期**、②生体機能を整えてストレッサーに対処する**抵抗期**、③生体の適応機能が破綻(はたん)する**疲憊期**(ひはい)の順に進行することを明らかにしました。

心理学では、1950年代にストレス理論を**心の健康**に応用する考え方が広まりました。たとえば、自発的であれ強制されたものであれ、仕事にがんばりすぎることが強いストレッサーとなり、極度の疲労から睡眠障害や意欲喪失の状態になることを**バーンアウト**といい、**うつ病**の一種とされますが、心の適応機能がいったん破綻した状態です（☞188ページ）。

ストレスの原因となる要因に気づき、自身で対処する**セルフケア**も大切ですが、それだけでは解決できない職場での問題も多々あります。常時50人以上の労働者を使用する事業場に義務づけられている**ストレスチェック制度**を実施し、職場環境の改善をおこなうなど、事業者による**メンタルヘルスケア**を積極的に推進することが求められます。なお、**ストレスチェック**の実施は、医師以外にも所定の研修を修了した**公認心理師**も担当できます。

家庭では子どもを育て、職場では部下や後輩を育てる立場になることが多い成人期ですが、自身の学びの機会はむしろ少ない傾向にあります。

1965年にフランスの教育思想家**ポール・ラングラン**（1910–2003）は、国際連合教育科学文化機関（ユネスコ）の成人教育推進委員会に「永続教育」についての報告書を提出しました。それが**生涯教育**の始まりですが、現在では学びの主体を重視する意味で**生涯学習**の語が主に用いられています。成人期だけではありませんが、人は一生を通じて学び続ける姿勢が大切です。

（8）老年期：老化と死に直面する時期ですが、年齢区分としては65歳以上からを**老年期**と定義します。この時期には、**老人**と**高齢者**の２つの呼び方がありますが、その法的定義は法律によってまちまちになっています。

「高齢者の居住の安定確保に関する法律」第52条の規定では60歳以上。

「老人福祉法」第５条の４及び「高齢者虐待の防止、高齢者の養護者に対する支援等に関する法律（高齢者虐待防止法）」第２条では65歳以上。

「高齢者の医療の確保に関する法律」では、65歳の翌月から75歳の前月までは前期高齢者（第32条)、75歳以上は後期高齢者（第50条)。

「道路交通法」は、第108条の２において免許更新の際、加齢に伴って生ずる身体の機能の低下が自動車等の運転に影響を及ぼす可能性があることを理解させるための講習を70歳以上の免許更新時に義務づけています。また、同法第101条の４において75歳以上の免許更新時に運転技能検査や認知技能検査を受けなければならない場合について規定しています。

日本老年学会と日本老年医学会は、65～74歳は准高齢者、75～89歳を高齢者、90歳以上を超高齢者とする提言を2017年１月に発表しています。

「雇用対策法」第９条において、事業主は労働者の募集及び採用について「年齢にかかわりなく均等な機会を与えなければならない」こととされ、年齢制限の禁止が2007年から義務化されました。ただし、例外規定がいくつかあり、たとえば演劇などの子役の募集もそうですが、「60歳以上の高年齢者」に限定した募集は可とされます。

人類の**平均寿命**は、古来30歳前後が長く続きましたが、産業革命以後の先進工業諸国では平均寿命が延び、20世紀初頭には40～50歳であったのが、21世紀には80歳以上となりました。

先進工業諸国の人口動態の変化は**人口転換**という言葉であらわされ、多産多死から始まり、乳幼児死亡率の減少により多産少死で人口が増え、やがて少産少死で人口が減るとともに高齢者の人口割合が増加していきます。

日本人の平均寿命は、1947年の時点で男50.06歳、女53.96歳であり、「人間五十年」でした。その後、男性は1951年に60歳代、1971年に70歳代、2013年に80歳代に到達し、女性は1950年に60歳代、1960年に70歳代、1984年に80歳代に到達しました。65歳以上の高齢者が人口の７％を超える**高齢化社会**が1970年に、14％を超える**高齢社会**が1994年に、21％を超える**超高齢社会**が2007年にそれぞれ到来しています。外国ではイタリア、ドイツ、フランスなども21％を超えています。

高齢化する社会は、生活費、医療費、介護費などがかかる状態で長い期間を生きる**長命リスク**を伴います。健康上の問題で日常生活が制限されることなく生活できる期間と定義される**健康寿命**は、平均寿命と比べて、男性で約９年、女性で約12年短いとされます。

子どものための医学である小児科学は19世紀に成立しましたが、高齢者のための**老年医学**は20世紀になり、オーストリア生まれのアメリカの医師**イグナツ・ナッシャー**（1863–1944）が1909年に提唱したとされます。

高齢者に多い特徴的な病気は、高血圧・高コレステロール・狭心症など動脈硬化性疾患、糖尿病、骨がもろくなる骨粗鬆症、変形性関節症、**認知症**などがあり、薬剤の多剤使用などにも注意しなければなりません。

死因の面から見ますと、死亡数の多い順に悪性新生物（がん）、心疾患、肺炎であり、この３つの病気で高齢者の死因の約半分を占めます。

加齢に伴う能力の変化については、酸素消費能力とバランス能力の低下により身体－運動能力が低下します。知覚能力では、視力の老化（老眼）は40代から始まりますが、特に夜間視力と動体視力が低下していき、高音部から難聴が始まります。他方、味覚と触覚の老化進行は遅く、食事と風呂は老人の多くの楽しみです。認知能力については、反応時間の遅れ、短期記憶の低下、注意分割（ながら作業）能力の低下などが見られます。認知能力の低下は、高齢者の自動車の安全運転にとって重要な問題です。

ドイツの心理学者**パウル・バルテス**（1939–2006）は、**サクセスフル・エイジング**という考え方を提唱しました。人間は長い人生においてさまざまな**獲得と喪失**の問題に直面しますが、それに柔軟に対応する**可塑性**を持ち、高齢化の進行に伴い、記憶力の減退、夜間視力と聴力の低下、歩行困難など、認知と行動のさまざまな障害が生じてきても、**補償を伴う選択的最適化**によってそれに対応できるというものです。

たとえば、ある高名なピアニストは、高齢になってそれまでの演奏活動が難しくなったとき、演奏する曲目を絞って曲当たりの練習時間を多くするなど、できないことをできる範囲の行動でカバーして生涯現役であり続けました。

サクセスフル・エイジングの実現のためには、健康長寿、生活の質、社会的参加の３条件が重要とされます。

健康長寿については、栄養摂取と運動などによる病気の予防と**心の健康**の維持が重要です。**生活の質**（QOL）は、幅広い意味がありますが、老化が進行しても以前の生活条件をできるだけ維持できることが大切です。**社会的参加**は、高齢者就労、生涯学習、ボランティア活動などその姿は多様ですが、社会から孤立しないことです。

死は、年齢を問わず、どの年代でも迎える可能性がありますが、高齢になるほど死の可能性は高まります。

終活という言葉がありますが、自身の死を意識して、それまでの人生を振り返り、何をどのように残すかなど、最期の時を心安らかに迎えるためのさまざまな準備活動という意味です。

報道などにおいて「心肺停止の状態で病院に搬送」という表現がよく出てきますが、死亡の判断・宣告ができるのは基本的に医師のみですので、病院に着いて医師の判断を仰ぐまでは「心肺停止」としかいえないのです。

古来、死の判定基準は、①心臓の拍動停止、②呼吸の停止、③瞳孔の散大と対光反射消失の**死の三徴候**によるとされました。ただし、「墓地、埋葬等に関する法律」の第３条では、死亡後24時間を経過した後でなければ埋葬または火葬をおこなってはならないとされています。このことは、古代に行われていた殯（もがり）という葬送儀礼も同じ趣旨です。死者を本葬するまで、かなり長い期間にわたり遺体を仮安置し、死者の復活を願いつつも遺体の腐敗や白骨化など最終的な死を確認するものです。お通夜は、仏教では釈迦（しゃか）の入滅を悲しんだ故事に由来すると説きますが、期間のごく短い殯とみなすこともできます。

脳死は、わが国の法的な定義は「臓器の移植に関する法律」の第６条で「脳幹を含む全脳の機能が不可逆的に停止した状態」と定められ、臓器提供の可能性がある場合のみに関係するものです。脳死は、人工心肺装置と脳波計がない時代にはなかった概念です。

スイス生まれのアメリカの女性の精神科医**エリザベス・キューブラー＝ロス**（1926–2004）は、末期がん患者の聞き取りから、すべての人ではないが、典型的に見られる次のような**死の受容**の５段階を明らかにしました。

①否認と孤立：自分が死ぬことが認められず、まわりから孤立する段階。
②怒　り：なぜ死ななければならないのかという怒りを周囲に向ける段階。
③取　引：死なずに済むように、神にすがり、取引をしようとする段階。
④抑うつ：悲観と絶望から何もできなくなる段階。
⑤受　容：最終的に死に行くことを受け入れ、平穏に過ごす段階。

人が生まれ、成長し、やがては年老い、死んでいくことの意味は何かという問いは、答えのない問い、問うこと自体に意味のある問い、永遠の問い、というべきなのかもしれません。

自己理解の発達

自己理解は「自分自身のことの理解」なのだからよくわかるはずと考えがちですが、実は必ずしもそう簡単ではありません。

たとえば、他人の姿は全部見えますが、自分の体で自分に見えているのはどれくらいあるでしょうか。体の後ろ半分は見えませんし、肝心の顔は自分のものだけは見えないのです。現代人は鏡の中の自分の顔は見慣れていると思いますが、実はその顔は左右反転した顔です。写真に写った自分の顔に違和感がある場合がありますが、実はそちらが本当の自分の顔です。また、自分の声の録音を聞くと、やはり何か違和感がありますが、自分の声は耳からの**空気伝導**の音だけでなく、顔の内側から直接聴神経を介して脳に伝わる**骨伝導**の音も同時に聞いているからなのです。

鏡に映る自己像を自分自身と正しく認識する**鏡像自己認知**は、自己理解の始まりの一つです。鏡像自己認知の研究は、1970年に各種の動物を対象にして始まり、麻酔で眠らせた動物の顔の一部に無臭の赤い染料をぬり、目覚めてから鏡の自己像を見せたときに鏡の方でなく付着した染料に触れることを鏡像自己認知の成立と定義すると、チンパンジーには可能でしたが、マカクザルやアカゲザルでは見られないことが示されました。この方法は、鏡（ミラー）を用いるので**ミラー・テスト**、印をつけるので**マーク・テスト**、印に口紅（ルージュ）を使う場合には**ルージュ・テスト**と呼ばれています。

生後６～24か月の乳幼児を対象に、もちろん麻酔は使わずにこっそり鼻に染料につけておこなったミラー・テストの研究では、20～24か月でようやく鼻の染料に手で触れる反応が見られ、鏡の中の像が自分自身であることがわかり始めるのは２歳前後であることが示されました。

幼児期には、行為の結果が成功と失敗をもたらし、自分の能力と性格を少しずつ理解するとともに、さまざまな感情が生まれます。**エリクソン**の理論（☞Column07）では、１歳半～３歳の幼児前期に何でも自分でやりたがる自律性が育ちますが、失敗が重なると自己に対する**恥と疑念**が生まれます。

３～５歳の幼児後期には、積極性がはぐくまれますが、それを親や保育者から無視されると、悪いことをしているのではないかという**罪悪感**が生まれます。なお、幼児ができないこともできると思ってしまうのは、自分の認知についての認知である**メタ認知**（☞76ページ）が十分に発達していないからです。

児童期以後は、自分自身に向けられる意識としての**自己意識**が発達していきます。そのうち、自己の内面の思考や感情に向けられるものを**私的自己意識**、顔かたちや振る舞いなど他者から見られる自己の外面に向けられるものを**公的自己意識**と呼びます。

青年期は、自己意識が最も高まる時期とされ、「自分は誰なのか」「自分の目指す道は何か」「自分に生きる意味はあるのか」など、自分自身に向けてさまざまな問いかけがおこなわれます。

それは、自分自身の**アイデンティティ**をさぐる問いかけです。**エリクソン**は、その問いに答えが見つけだせない苦しい状態のことを**アイデンティティ・クライシス**と呼びました。そのことは、もちろん青年期だけの問題ではなく、成人期や老年期においてもあらわれるうるものです。

アメリカの心理学者**ジェームズ・マーシャ**（1937-）は、エリクソンの理論を発展させ、①アイデンティティ拡散、②早期完了、③モラトリアム、④アイデンティティ達成という４つの**アイデンティティ・ステイタス**を定義しました。マーシャは、アイデンティティの形成において、それを我がこととして正面から向き合う**コミットメント**（積極的関与）が重要と考えました。早期完了は、たとえば親の希望そのままに進路や結婚相手などを決めることですが、その場合でもコミットメントの存在が重要となります。

女性にとっての妊娠と出産は、自己と非自己の関係を考えるうえでとても重要です。卵子と精子の結合である受精は、女性側からすれば自己に非自己が入り込むことであり、妊娠中の母親は胎内に明確な非自己である胎児をかかえますが、出産は最終的に「異物」である胎児を胎外に出すことです。

しかし、多くの母親にとって胎児は、心理的には自己の一部であり、出産後も引き続き自己の一部と思えることが愛着と養育の動機づけとなります。

自己理解にとって重要なことは、自己の境界、あるいは自己と非自己の区別です。爪や髪は自己の一部ですが、切り離すと捨てることができるのは、その時点で非自己となったことを意味します。

しかし、事故や病気で切り離された自分の腕や手、あるいは脚や足は、別れるのがつらくて忍び難いだけでなく、なくなってもなお存在するように感じる**幻肢**（げんし）という現象が生ずることがあり、時にはもうないはずの四肢に痛みを感ずる**幻肢痛**という現象さえ見られることが知られています。

● 他者理解の発達

他者理解は、他者の心の内容や状態を推測して理解することであり、社会生活を営むうえで不可欠のスキルです。

具体的には、おこなってよいことといけないことを区別する道徳性、他者の喜びや悲しみを感じ取る共感性、困っている他者を助ける向（こう）社会性、他者と一緒に力を合わせて行動する協調性、他者の考えていることを正しく理解する他視点取得と心の理論、感情に走らないように自制する感情制御などのことがらが他者理解に含まれます。

道徳性の発達研究として、**ピアジェ**は「お母さんの手伝いをしていて誤って皿を10枚割った場合と、お母さんに黙ってお菓子を盗み食いしようとして皿を１枚割った場合のどちらがいけないか」という質問をおこないました。

その結果、年少の子どもたちは結果論だけで10枚も割る方がいけないと答えがちですが、年長になると結果論だけで判断せず、どういう目的でおこなったのかという動機論も考慮して答えることが明らかになりました。

アメリカの心理学者**ローレンス・コールバーグ**（1927–1987）は、ピアジェの研究を受けて、独自の道徳性発達の理論を展開しました。課題として、重病の妻の命を救う唯一の方法である高価な薬が買えないので、命は何ものにも代えがたいと薬局に盗みに入ったハインツという男の物語「**ハインツのジレンマ**」を聞かせ、その行動に対する賛否とその判断基準を求める研究から、以下の３水準６段階の道徳性の発達段階を提唱しました。

１．慣習以前の水準

第１段階：罰と服従への志向。賞せられるか罰せられるかのみで判断。

第２段階：道具主義的相対主義への志向。自己の欲求や利益を満たすかどうかで判断。

２．慣習的水準

第３段階：「よい子」への志向。他者に善行と認められる行為を実施。

第４段階：「法と秩序」の維持への志向。社会的権威を尊重して規則を順守。

３．脱慣習的水準

第５段階：社会契約的順法への志向。規則は自分たちのためにありいつでも変更可能と判断。

第６段階：普遍的倫理的原理への志向：良心に則（のっと）った行為かどうかで判断。

コールバーグの理論は、キリスト教的価値観に裏打ちされているようなので、その立場でない者にとってはわかりにくいのですが、特に、犯罪になるとはいえ妻の命を救う方法があるのにおこなわないのは「罪」であるということを理解しないと、この状況が「ジレンマ」とはとらえにくいでしょう。

共感性、向社会性、協調性は、相互に関係します。**共感性**（エンパシー）は、喜び、悲しみ、苦しみなど他者の感情状態を認知し、それに対応する感情を抱くことです。乳児期には、他の子どもが泣いていると、つられて一緒に泣く**感情伝染**が生じますが、それは共感性の原初形態とされます。

共感性は相手の感情は認知しますが、その感情に巻き込まれることではありません。共感性は、困って泣いている子どもがいれば、一緒に泣くのではなく、何か助けになる**援助行動**をとる**向社会性**につながるものです。

共感性から生ずる向社会性は、感情と行動が基本的に相手と同じ方向を向くものです。それに対して**協調性**は、感情や目指す目標が相手と同じでなくても、一緒に力を合わせることの方が重要と判断する場合に生じるものです。

他視点取得は、自分の視点とは異なる位置から見える様子を推測することですが、**ピアジェ**らの**3つ山問題**という幼児と児童を対象にした研究がよく知られています。この研究では、1メートル四方の台座に高さ20～30センチメートルの3つの山を配置し、子どもが座っている位置とは別のところ（右手や対面の位置など）に人形が置かれ、次の3つの課題が与えられます。

（1）人形の位置から見える風景を模型の山を用いて再構成する。

（2）人形の位置から見える風景の絵を10枚の絵の中から選択する。

（3）1枚の絵を示され、その風景が見える位置に人形を置く。

その結果、4歳未満の子どもは3課題とも質問の意味が理解できず、4～7歳児は自己視点と他者視点を区別しない視点の**自己中心性**が見られ、7～12歳児になってようやく他者視点からの見えを正しく推測することができるようになることが示されました。

心の理論とは、アメリカの心理学者**デイヴィッド・プレマック**（1925–2015）が1978年に提唱した概念で、自己や他者の行動に対して、その背後に心のはたらきを想定し、その目的・意図・知識・信念・思考・疑念などの内容を理解することです。

図3.4　誤った信念課題の図版

（服部敬子・画）

心の理論の発達的研究は、物語の登場人物の「思いちがい」を理解できるかどうかを調べる**誤った信念課題**を用いて1983年に開始されました。

オリジナルのオーストリアでの研究の物語は、マクシという名の男の子とその母親が登場する「マクシの課題」でしたが、２人の女の子が出てくる英語版の「サリーとアン課題」の名称の方がよく知られています。

図3.4は、筆者らが研究用に作成した誤った信念課題の日本語版の図版です。この絵を①から順番に１枚ずつ示しながら、次のようなストーリーを子どもたちに聞かせます。

①なつこさんがお人形であそんだ後、それをかごの中にしまってへやを出ていきました。

②なつこさんがいない間に、いずみさんがやってきて、かごからお人形を出してあそびました。

③いずみさんはお人形であそんだ後、それをはこにしまって出ていきました。

④なつこさんが、もう一度お人形であそぼうと思ってやって来ました。

〔質問〕なつこさんは、お人形がどこにあると思っていますか？

最初の人形の位置と現在の人形の位置を理解したうえで、なつこさんの心の中を推測する課題ですが、このような「ＡさんはＸと誤って思い込んでいる」というタイプの**一次の誤信念**の理解は、３歳児にはまだ難しく、４歳から６歳の間に理解が進むことが示されています。

児童期の９～10歳頃までに「Ａさんは、ＢさんがＸだと誤って思い込んでいる、と誤って思い込んでいる」という**二次の誤信念**の理解が進みます。このような理解は、小説の登場人物の複雑な心理を読み取るために不可欠です。

青年期以降の他者理解は、「心を読む」という意味の**マインドリーディング**という言葉も使われます。

自他の立場のちがいを認知し、他者の立場を考慮しながら行動する能力は、ポジティブな社会関係を形成するために不可欠であるだけでなく、他者の発言や行動の目的、意図、知識などを正確に推測する能力を身につけないと、時に悪意のある嘘や詐欺行為にだまされてしまいます。高齢者が特殊詐欺等の消費者被害にあわないためにも、マインドリーディングは重要です。

感情のおもむくままに行動しないよう自制する**感情制御**も重要な問題です。前出の**ミシェル**（☞17ページ）は、即時の欲求をがまんする**満足の遅延**の能力を調べるために、**マシュマロ・テスト**と呼ばれる実験法を考案し、幼児期から児童期にどのように発達していくかを調べました。

マシュマロ（または好きなお菓子）をすぐに１個もらうか、実験者が戻ってくるまでがまんする代わりに２個もらうかという選択条件を子どもに伝えて退席すると、子どもたちは、眼をそらしたり、歌を歌ったりして、気をそらせたりまぎらわせたりしようとしましたが、年少の子どもたちは結局がまんができず、お菓子を口にしてしまいました。

満足の遅延能力は、幼児期から児童期の中期にかけて発達していきますが、ミシェルらの約40年後の追跡研究の結果、子どものときに満足の遅延ができた子どもは、あまり問題のない青年期を過ごし、満足の遅延ができなかった子どもより大学進学適性検査の成績がずっと高いこと（2,400点満点で210点の差）などが示されたのです。

発達障害

発達には標準的な行動発現の順序と時期があるとする考え方から、**定型発達**と**非定型発達**という区別がおこなわれています。たとえば、言語発達は、多くの場合話し言葉から書き言葉の順に発達が進みますが、話し言葉の発達が遅れて書き言葉と同時になったり、むしろ逆順になったりする子どもたちも少数ながらいます。

非定型発達の多くは、精神医学的には**DSM-5-TR**（精神疾患の診断・統計マニュアル 第5版 改訂版；☞186ページ）において、**神経発達症群**として分類されていますが、一般的には**発達障害**と呼ばれています。

発達障害者の心理機能の適正な発達と円滑な社会生活の促進のための発達支援を目指す**発達障害者支援法**第2条では、発達障害は「自閉症、アスペルガー症候群その他の広汎性発達障害、学習障害、注意欠陥多動性障害その他これに類する脳機能の障害であってその症状が通常低年齢において発現するもの」と定義されていますが、この定義は、DSM-5の一つ前の版であるDSM-IVのものです。特に「注意欠陥」の語は現在では使われなくなり、「注意欠如」に名称変更がおこなわれました。

発達障害は、①知的能力障害、②コミュニケーション症、③自閉スペクトラム症、④注意欠如・多動症、⑤限局性学習症、⑥発達性協調運動症、⑦チック症の7つに大別され、一般的には、乳幼児から幼児期にかけて特徴的な症状を呈するものをいいますが、児童期、青年期あるいは成人期に至って問題が顕在化することもあります。発達障害は、本人の怠慢、家族によるしつけ、環境などが原因ではなく、基本的に脳の機能の障害から起こります。

①**知的能力障害**は、概念的領域、社会的領域、実用的領域における知的機能と適応機能の両面にわたる障害であり、その診断基準には知能検査の結果と適応機能の評価が用いられます。

②**コミュニケーション症**は、言語障害、語音障害、吃音（きつおん）、社会的（語用論的）コミュニケーション症などが含まれます。

③**自閉スペクトラム症**（**自閉症、ASD**）は、①社会的コミュニケーションと社会的対人関係の障害、②制限された反復性の行動・関心・活動という2つの特徴を有するものとされます。

④**注意欠如・多動症**（**ADHD**）は、一つのことに集中することが難しい不注意の状態と、じっとしておられずに動き回る多動性を特徴とします。

⑤**限局性学習症**（**SLD**）では、全般的な知的発達には遅れがなく、たとえば文字の読み取りができない**ディスレクシア**（**読字障害**）など、特定のタイプの学習のみに障害が見られるものです。

運動障害群として、体の動きや手先が不器用な⑥**発達性協調運動症**と、突発的で不規則な運動や音声が一定期間継続する⑦**チック症**などがあります。

3.2 教育心理学を学ぶ

教育は、家庭、学校、社会などにおいて、学習者が教育者（親、教師、上司など）の指導や援助を受けながら知識や技能を獲得し、人格形成の面でも成長していくものですが、**教育心理学**はその諸過程の心理学的法則を明らかにし、教育実践の改善に貢献することを目的とする心理学の分野です。

教育心理学と密接に関連するものとして**学校心理学**がありますが、学校教育に焦点を絞り、学校教師など関係者と連携しながら、児童・生徒が学習面や生活面において直面するさまざまな問題の解決を援助し、成長を促進することを目的とする点で、教育心理学よりもさらに実践性の強い学問分野です。

教育法規

公認心理師法第２条において、**公認心理師**が活躍する分野は「保健医療、福祉、教育その他の分野」と規定されているように、教育は大変重要です。

発達障害者支援法（2004年公布）で初めて法律用語になった「発達」とは異なり、法律用語としての「教育」の歴史は古くからのものです。

そもそも教育は、**日本国憲法**に次のように定められた国の重要事項です。

「第26条　すべて国民は、法律の定めるところにより、その能力に応じて、ひとしく教育を受ける権利を有する。

　２　すべて国民は、法律の定めるところにより、その保護する子女に普通教育を受けさせる義務を負ふ。義務教育は、これを無償とする。」

この条文に記されている「法律」の第一は、1947年に制定された**教育基本法**であり、第二次世界大戦後の新しい教育理念に基づき、教育が人格の完成と心身ともに健康な国民の育成を目標とすべきことをうたっています。

もう一つの重要な法律は、1947年に教育基本法と同時に公布された**学校教育法**であり、幼稚園、小学校、中学校、高等学校、特別支援学校、高等専門学校、大学などの学校種を規定しています。

さらに、一般に学校教師といわれる教育職員の免許に関する基準を定めるものとして、1949年に公布された**教育職員免許法**があります。

最初に述べたように、教育は広く社会でもおこなわれるものです。1949年に成立した**社会教育法**第２条は、**社会教育**を「学校の教育課程として行われる教育活動を除き、主として青少年及び成人に対して行われる組織的な教育活動（体育及びレクリエーションの活動を含む。）をいう」と定義しています。

教育心理学は、児童・生徒を対象とする場合は発達心理学とも密接な関係にありますが、教育心理学独自の問題としては、教授－学習、学力評価、知能測定、特別支援教育、学校病理、教師教育などの問題があります。以下、この順に見ていきます。

● 教授－学習

教授（ティーチング）という言葉は、少し古めかしい印象を与えますが、学校の中で教師が教材を用いて教え、学習者の学習を促進する行為をいいます。**学習**については、第２章で動物の学習研究を中心に説明しましたが、本章では学校教育法に定められた**学校**での児童・生徒の学習を取り上げます。

なお、**幼稚園**は、児童福祉施設である**保育所**とは異なり、学校に含まれますが、幼児の主体的活動と体験を重視し、必ずしも教授－学習という枠組みではない形で教育がおこなわれますので、ここでは取り上げません。

学校には当然のように**学級**（クラス）がありますが、その定義は国によって異なります。わが国の学級は、生活及び学業をともにする同一年齢で構成される集団という意味になります。異なる年齢集団には**学年**（グレード）単位で教育課程が構成されます。小学校までは男女共学ですが、中学校以上では男子のみ、女子のみの学級編成もおこなわれています。

他方、**飛び級制度**や**落第制度**のある国では、学級は必ずしも同一年齢で構成されるわけではありません。そういう制度がある国では、きょうだいが同学年、あるいは年齢と学年が逆転などということも起こりえます。

わが国でも過疎地では、児童または生徒の人数が少ないため、１学年で学級を編制できない場合に同一学級に２つ以上の学年を収容して編制する**複式学級**が編制されます。

また、**単位制高等学校**では、学年の区分がなく、生徒が興味・関心に応じて履修する科目を選択でき、修得単位数の合計が卒業に必要な単位数を満たせば卒業できる制度となっています。

図3.5　ソシオグラムの例

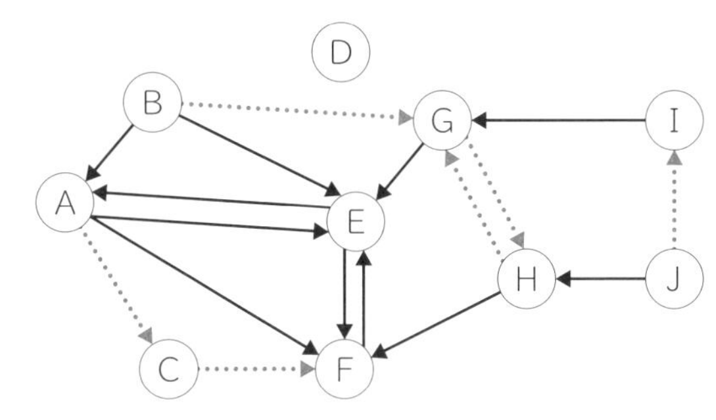

英字は個人、実線は親和、点線は拒否を示す。
人気のあるEを軸に、A－E－Fの連携ができ、Dは孤立している。

ルーマニア出身のアメリカの心理学者**ヤコブ・モレノ**（1889-1974）は、集団のメンバー間の親和と拒否の関係を質問紙法で調べる**ソシオメトリック・テスト**を開発しました。その結果は、メンバー間の関係を**ソシオグラム**（図3.5）にして、多くのメンバーから好かれる人気者や、集団にとけ込めない孤立者をわかりやすく示すことができます。かつてはこの方法で学級内の人間関係を分析する心理学の研究もありましたが、調査の実施自体がさまざまな悪影響をもたらす危険性があり、現在ではおこなわれていません。

文部科学省は、日本全国どこで学んでも一定の教育水準が保てるよう、中央教育審議会の議論をもとに**教育課程**（カリキュラム）の基準として**学習指導要領**を定め、それをもとに教科書と各学校の時間割が作られています。

このような教育体制のもとで伝統的におこなわれてきたのは、教師が一人で学級全体の児童・生徒に対して同一内容の授業をおこなう**一斉授業**です。定められた教育課程を計画的に進めるには適した方法ですが、中位の成績の児童・生徒に焦点を当てた授業方法なので、高学力の者からは「浮きこぼれ」、低学力の者からは「落ちこぼれ」を生み出すという問題点が指摘されてきました。

これに対する一つの解決策は、学級単位あるいは特定の科目単位で**能力別学級編成**あるいは**習熟度別学級編成**を実施する方法です。学級の内部に焦点を当てれば、同じような水準の学習者が集まっているので、効率的に授業をおこなうことが可能ですが、問題点として、児童・生徒の早期の選別、学力差の固定化、優越感や劣等感などの感情を抱かせる危険性が指摘されます。

近年、文部科学省は**アクティブ・ラーニング**の推進を推奨していますが、その内容は「教員による一方向的な講義形式の教育とは異なり、学修者の能動的な学修への参加を取り入れた教授・学習法の総称。学修者が能動的に学修することによって、認知的、倫理的、社会的能力、教養、知識、経験を含めた汎用的能力の育成を図る。発見学習、問題解決学習、体験学習、調査学習等が含まれるが、教室内でのグループ・ディスカッション、ディベート、グループ・ワーク等も有効なアクティブ・ラーニングの方法」とされます。

教室内でグループに分かれて話し合うことにより、主体的な知識の獲得とコミュニケーション能力の向上を目指す**小集団学習**は、大正期に提唱された**分団式動的教育法**や、1960年代から開始された**バズ学習**などがあり、まったく新しい方法というわけではありません。

発見学習は、アメリカの心理学者**ジェローム・ブルーナー**（☞58ページ）が1960年頃に理科教育の革新のために提案したもので、学習者自身が仮説を立て、実験などを通じて検証することを通じて、概念や法則を発見していくものです。わが国では、科学史研究者**板倉聖宣**（きよのぶ）（1930–2018）の**仮説実験授業**が発見学習と同じ方向を目指すものです。どちらの場合も、主体的学習の契機となる教材と発問を教師が事前に入念に準備しておくことが重要です。

学習者中心の発見学習に対して、一斉授業のように、教師主導で学習者に知識を伝達し、学習者がそれを吸収する方法は**受容学習**と呼ばれ、多くの知識を効率的に伝達するには有効な方法ですが、知識の機械的暗記を求めるのではなく、その意味づけをおこなえるようにすることが大切です。

そのような観点から、アメリカの心理学者**デイヴィッド・オーズベル**（1918–2008）は、授業の核となる知識を事前に学習者に与える**先行オーガナイザー**を活用する**有意味受容学習**を提唱しました。

一人の教師が大勢の学習者を教えるのでなく、複数の教師が大勢の学習者を教えるものを**ティーム・ティーチング**といいます。たとえば、英語などの科目でおこなわれる外国語指導助手（ALT）の活用は広く行われています。

さらに、一人の教師が一人の学習者を教える**個別指導**がありますが、実は19世紀の西欧で公教育が普及する以前には、貴族や裕福な家庭が**ガヴァネス**と呼ばれる教養ある女性の家庭教師を子弟の読み書き計算・音楽・絵画などの教育のために雇用しました。

19世紀の英文学には、**ガヴァネス**を主人公にした**シャーロット・ブロンテ**（1816–1855）の『ジェイン・エア』、その妹**アン・ブロンテ**（1820–1849）の『アグネス・グレイ』、**ウィリアム・サッカレー**（1811–1863）の『虚栄の市』、心理学者**ジェームズ**の弟でイギリスに帰化した**ヘンリー・ジェームズ**（1843–1916）の『ねじの回転』など多くの作品が生まれました。

映画『サウンド・オブ・ミュージック』（1965年、アメリカ映画）は、20世紀のオーストリア・ザルツブルクが舞台の物語ですが、主人公のマリアもガヴァネスとして活躍します。

高等教育における個別指導としては、イギリスのオックスフォード大学で15世紀頃に始まった**チューター制度**（チュートリアル）があります。同大学は、キリスト教の宗教者を育てる学校として始まり、独身の教師と学生が学寮（コレッジ）で寝食をともにして学ぶ中で、対話式の個別教育を確立しました。

オックスフォード大学から分かれて創設されたケンブリッジ大学も、個別指導方式の教育を取り入れましたが、スーパービジョンと呼んでいます。

さまざまな授業方法を見てきましたが、あらゆる年齢段階、すべての教科に通用する万能の方法などはなく、対象となる学習者の特性と教育目的に応じて、適切な方法を柔軟に活用することが大切です。

学力評価

学力は、主に学校教育を通じて身につける能力であり、教科ごとに評価されるものです。**学力検査**は、学年ごと教科ごとに児童・生徒のその時期の学力を測定し、異なる教科の成績の相対比較を可能にするために**学力偏差値**を算出します（☞25ページ）。

学力評価の方法を大別すると、相対評価と絶対評価に分かれます。

相対評価は、**集団準拠評価**ともいい、個々の学習者が属する集団のどの位置や順序にいるかを評価するものです。入学試験は、どのようなものであれ、入学定員がある以上、受験者に順位をつけて判定する相対評価になります。

絶対評価は、**目標準拠評価**ともいい、学習者が教育目標のどの段階まで到達しているかを評価するものです。その意味で**到達度評価**と呼ばれることもあります。評価の基準があらかじめ設定した教育目標ではなく、学習者が個人としてどのように変化したかを見る**個人内評価**という方法もあります。

学校でどのような評価をおこなうべきかについての文部省（2001年から科学技術庁を統合し文部科学省）の方針を歴史的にたどってみます。

1948年の学籍簿において、**正規分布**による**５段階相対評価**が導入され、５は７％、４は24％、３は 38％、２は24％、１は７％という原則が示されました。全員に５をつけるなどの教師の恣意を排除することには役立ちましたが、児童・生徒の努力が報われないという批判が長くおこなわれました。

1971年の指導要録改訂では「絶対評価を加味した相対評価」の方針が示され、５段階評価の配分比率を正規分布に合わせなくてもよいことになりました。

2001年の指導要録では「目標に準拠した評価（いわゆる絶対評価）」に方針が転換されました。2010年にはカッコ書きが取れ、「目標に準拠した評価」のみとなりました。

アメリカの心理学者**ベンジャミン・ブルーム**（1913–1999）は、診断的評価、形成的評価、総括的評価を軸とする**完全習得学習**（**マスタリー・ラーニング**）と呼ばれる学力評価の理論を提唱しました。

その手順として、学年、学期あるいは単元の開始に先立って学習者の学力水準の把握のために**診断的評価**を実施し、途中の学習指導の過程では小テストを繰り返し実施して完全習得を目指す**形成的評価**をおこないます。最後に、学年、学期あるいは単元の学習指導が終了した段階で**総括的評価**をおこないます。

近年、学習評価の方法として、評価水準である尺度と、尺度を満たした場合の特徴の記述で構成される**ルーブリック評価**がおこなわれる機会が増えています。ルーブリックの語源は「朱書き」という意味ですが、評価における達成基準と現状を学習者に明確に知らせる趣旨です。

各種の学修成果を示す成績資料や種々の活動記録などを長期にわたって自ら収集・保管しファイルにまとめたものを**学修ポートフォリオ**といいますが、大学入試の総合型選抜などにもその利用が進んでいます。

知能測定

知能を意味する英語は、イギリスの在野の哲学者**ハーバート・スペンサー**（1820–1903）が『倫理学原理』（1897年）の中で初めて用いたとされます。19世紀後半には、日本も含め欧米諸国では公教育が始まっていましたが、すべての子どもを学校に受け入れるという理想が行きづまっていました。

図3.6　ビネー式検査の実施・得点化のイメージ図

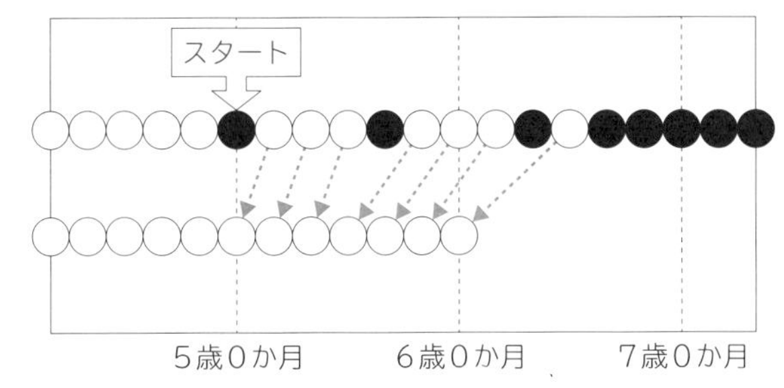

上段：5歳0か月相当の問題からスタートしたが、誤答だったので、年齢を下げて5問連続正答まで実施し、その後、年齢を上げて5問連続誤答になるまで実施したという例
下段：正答数だけを数えると、精神年齢6歳0か月に相当

そのような状況の中で、フランスの心理学者**アルフレッド・ビネー**（1857-1911）は、パリ市当局の依頼を受けて、フランスの心理学者**テオドール・シモン**（1873-1961）の協力を得て、幼児と児童の知能を個別に診断する**ビネー＝シモン知能尺度（ビネー検査）**を1905年に開発しました。

ビネー検査の特徴は、子どもたちの日常生活での適応をも重視するもので、子ども自身の名前、性別、貨幣の名称などを尋ねる問題なども含めました。

ビネーらは、多くの問題を実施し、得られた正解率によって易しい問題から難しい問題に並べ替え、年齢水準ごとの問題構成を行い、正解した問題数に応じて**精神年齢**で個人の知能水準をあらわす方法を開発しました。

ビネー検査の実施・得点化のイメージを図3.6に示しますが、**生活年齢**（実年齢）に応じて、個人ごとに与える問題とその順序が異なる柔軟な検査法であることも大きな特徴です。

その後、ドイツ出身のアメリカの心理学者**ウィリアム・シュテルン**（☞16ページ）は、「知能指数＝精神年齢÷生活年齢×100」とする**知能指数（IQ）**の概念を考案しました。100をかけるのは、整数にするためです。

ビネーの精神年齢の考え方は、生活年齢に比べて発達が何歳何か月進んでいるか、遅れているかという「差」を見るものですが、IQは生活年齢に対する精神年齢の「比」を見るものです。その意味はどこにあるのでしょうか。

たとえば、次のようなケースを考えてみましょう。

Ａさん：生活年齢は10歳、精神年齢は９歳

Ｂさん：生活年齢は５歳、精神年齢は４歳

どちらも１歳の遅れですが、どちらの遅れがより重いでしょうか。

Ａさん：IQ=9÷10×100＝90

Ｂさん：IQ=4÷5×100＝80

Ｂさんの遅れの方が重いことが、比を見るIQなら明らかになります。

アメリカの心理学者**ルイス・ターマン**（1877-1956）は、フランス語のビネー検査を英語に直して改良し、1916年に**スタンフォード＝ビネー知能検査**を開発しましたが、その中でIQが実用化されました。

ターマンは、知能検査の対象を優秀児にも拡大し、カリフォルニア州の高IQの子どもを対象とする長期の追跡研究もおこないました。この研究は、ターマンが亡くなった後もスタンフォード大学で継続的におこなわれています。

ところで、「IQ200の天才」といった表現を見かけることがありますが、その意味をよく理解しておく必要があります。

IQは「精神年齢÷生活年齢×100」ですから、年齢５歳で精神年齢10歳なら、確かにIQ＝10÷５×100＝200です。それでは、年齢50歳で精神年齢100歳ならどうでしょうか。IQ200というには、違和感があるでしょう。

ビネー検査は、そもそも学校に通う時期の子どもを測定の対象にしていますので、年齢とともに知能が発達することが前提であり、「精神年齢100歳」はありえません。その後、知能検査は成人対象の検査も開発されるようになりました。その場合の知能指数は、「精神年齢÷生活年齢×100」ではなく、**偏差IQ**を指標にします。偏差IQは、基本的に偏差値の考え方と同じですが、平均を100、標準偏差を15としてデータを変換するものです。計算上は、偏差IQ70未満も130以上も人数はそれぞれ集団全体の２％ほどになります。IQ200という数字が出るかどうかは、知能検査の設定次第です。

ビネー検査以後の知能研究の進展について見ていきますが、重要なことは、知能の**因子分析**が知能研究の進展に有用かつ不可欠であったという点です。

知能検査の問題には、言葉の知識、数の計算、図形処理、記憶など、同じ種類の問題が複数あり、それぞれをまとめたものを**下位検査**といいます。下位検査間の相関をまとめて相互の関係を見るのが因子分析の技法です。

図3.7　２つの因子説のモデル図

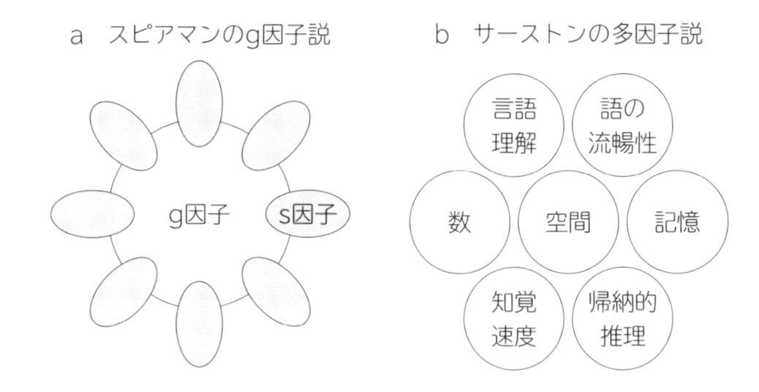

知能の因子分析研究の先駆けとなったのは、イギリスの心理学者**チャールズ・スピアマン**（1863–1945）の1904年の論文です。スピアマンの研究は、図3.7-aのモデル図のように、一般因子（g）と複数の特殊因子（s）を分ける**知能の２因子説**として知られています。その後、**スピアマンのgあるいはg因子**という語も使われるようになりました。

ただし、注意すべきことは、この論文の刊行はビネー検査が公表される１年前であり、分析の対象は当然知能検査の結果ではなく、９歳から13歳の学力検査（英語、フランス語、古典、数学、音楽、音高識別）の結果でした。

図3.7-bのモデル図は、アメリカの心理学者**ルイス・サーストン**（1887–1955）の1938年の論文で示された**知能の多因子説**です。因子分析の結果抽出された因子は、言語理解、語の流暢性、数、空間、記憶、知覚速度、帰納的推理の７因子でした。

ビネー検査のような**個別式知能検査**に対して、第一次世界大戦中のアメリカでは多くの兵士の一括選抜のために**陸軍式検査（アーミー・テスト）**と呼ばれる知能検査が開発され、**集団式知能検査**が発展していきました。

アメリカの心理学者**ジョイ・ギルフォード**（1897–1987）は、因子分析の研究の前提となる理論的なモデルとして**知性の構造モデル**を提唱しました。このモデルは、知能を４種類の内容（図形、記号、意味、行動）、５種類の操作（認知、記憶、収束的思考、拡散的思考、評価）、６種類の所産（単位、類、関係、体系、変換、含意）を４×５×６の立方体に分類するものですが、120すべての組合せが下位検査として実現しているわけではありません。

図3.8　多重知能理論のモデル

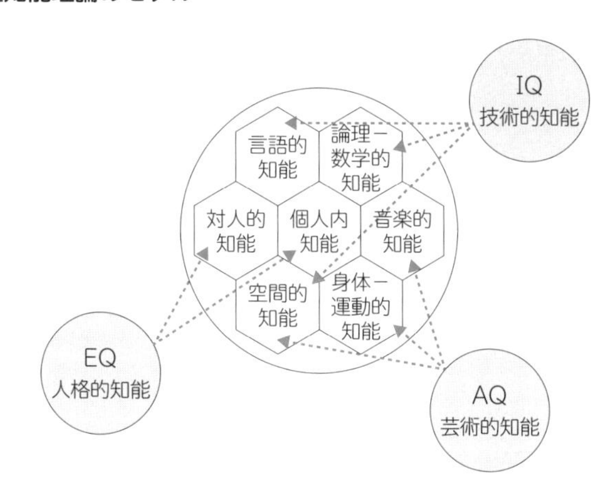

イギリス出身のアメリカの心理学者**レイモンド・キャッテル**（1905-1998）は、数や図形の処理など問題を速く正確に解く能力としての**流動性知能**と、語彙（ごい）や一般常識など教育の影響を受けて発達する**結晶性知能**の２つの因子を分けました。流動性知能は20歳前後で成績のピークに達しますが、結晶性知能はむしろ年齢とともに向上したり、老化によってもあまり低下したりしない能力であることがわかっています。

ルーマニア出身のアメリカの心理学者**デイヴィッド・ウェクスラー**（1896-1981）は、**言語性知能**と**動作性知能**を区別し、**臨床的アセスメント**に使える個別式知能検査として成人用のウェイス（Wechsler Adult Intelligence Scale; **WAIS**）、児童用のウィスク（Wechsler Intelligence Scale for Children; **WISC**）、幼児用のウィプシ（Wechsler Preschool and Primary Scale of Intelligence; **WPPSI**）の各検査を開発しました。

知能検査は、基本的に問題をできるだけ速く正確に解く能力を見るもので、いわば**学校知能**または**技術的知能**を測定するものです。これに対し、アメリカの心理学者**ハワード・ガードナー**（1943-）は、技術的知能（IQ）に加えて**芸術的知能**（AQ）や**人格的知能**（EQ）も知能に含めて考えようとする**多重知能理論**を1983年に提唱しました。具体的には、言語的知能、論理－数学的知能、空間的知能、音楽的知能、身体－運動的知能、個人内知能、対人的知能の７つの独立した知能があげられました（図3.8に筆者による整理）。

個人内知能と対人的知能は、**情動知能**としても研究されています。情動知能には、自己の情動状態の認識、自己の情動の適切な制御、他者の情動状態の理解、他者の情動に対する適切な働きかけなどの能力が含まれます。

特別支援教育と発達障害

さまざまな障害のある子どもたちに対する教育は、明治期以来「特殊教育」と呼ばれ、盲学校、聾(ろう)学校、養護学校などで教育がおこなわれてきました。ただし、養護学校の義務化が遅れたため、障害の程度によって就学猶予(ゆうよ)や就学免除の対応が1997年まで続きました(就学猶予・免除制度は現在も残っています)。特殊学級だけでなく、普通学級に在籍しながら受ける通級指導、通学が困難な家庭への訪問教育など制度の改善がはかられてきました。

かつて「特殊教育」が対象とした障害は、視覚障害、聴覚障害、知的障害、肢体不自由、病弱及び「その他の障害」に限定され、「その他の障害」の対象は情緒障害と言語障害の範囲にとどまっていました。

2006年の学校教育法の改正により、「特殊教育」は**特別支援教育**への名称変更が決まり、2007年に施行されました。特別支援教育では、子どもたち一人ひとりの教育的ニーズに応じて特別の教育的支援をおこなうという視点に立ち、視覚障害、聴覚障害、運動機能障害、知的障害などの器質的な障害に加え、学習障害(LD)、注意欠如・多動症(ADHD)、自閉スペクトラム症(ASD)などの**発達障害**も特別支援教育の対象になり、盲学校、聾学校、養護学校が**特別支援学校**に制度上一本化されました。ちなみに、前出の発達障害者支援法は、2004年に成立し、翌2005年に施行されました(☞126ページ)。

学習障害(learning disability, learning disorder; **LD**)は、基本的には全般的な知能発達の遅れはないものの、聞く、話す、読む、書く、計算する、推論するなどのいくつかの能力の習得と使用に著しい困難を示す状態をいいます。原因としては中枢神経系になんらかの機能障害があることが推察され、環境要因は直接の原因ではないとされます。

特に重要なのは、読字障害または難読症を意味する**ディスレクシア**です(☞126ページ)。視覚・聴覚などの感覚機能や運動機能の障害などはないにもかかわらず、文章を読むときに文字の読み飛ばしや読み誤りが生じ、学習に著しい困難が生ずるものです。

ディスレクシアは、イタリア語など発音と綴り（つづ）が比較的よく一致する言語では起こりにくく、英語など発音と綴りの関係が不規則な言語では起こりやすいとされます。

英語では、同じ綴りで発音が異なる単語が多く、たとえば、ghost、bighorn、enough、thoughのghの発音は［góust］、［bíghɔ̀ːn］、［inʌ́f］、［ðóu］ですので、順にg音、gh音、f音、無音になり、きわめて不規則です。

綴りでは、たとえば小文字のb、d、p、q間の区別が難しい子どもがいます。bとd、pとqは、幼児に時折見られる**鏡文字**（左右反転文字）の関係です。

英語の発音と読み書きに苦労するのは、日本人だけでなく、英語を母語とする子どもたちも同じなのです。

日本語では、ひらがなとカタカナは、綴りと発音が比較的一致していますが、たとえば、「ぼくは　やまへ　きしゃで　いった」を「ぼくは　やまへ　きしやで　いつた」と読む子どもがいます。

形が似ていて読み書きに誤りが生じやすいのは、ひらがなのあ／お、い／こ、く／へ、ぬ／め、る／ろ、カタカナのカ／ヤ、ク／ケ、シ／ツ、シ／ミ、ソ／ン、ソ／リ、チ／テ、ハ／リなどがあります。漢字になるともっと大変なのは言うまでもありません。

注意欠如・多動症（attention-deficit/hyperactivity disorder; **ADHD**）は、注意欠如（attention deficit）と多動性（hyperactivity）は本来別の状態ですが、一人の中で両方を示すケースも多いので一つにまとめられています。状態としては、不注意、多動性、衝動性の３つがあります。

不注意の例は、注意を持続することが困難である／外からの刺激によって容易に注意をそらされる／指示に従えずやり遂げることができない／活動を順序立てることが困難である／必要なものをよくなくす／ミスが目立つ、などです。

多動性の具体例は、手足をそわそわと動かし椅子に座っているときにもじもじする／座っていることを要求される状況で席を離れることが多い／走り回ったり高い所へ上がったりする／おしゃべりが目立つ、などです。

衝動性の具体例は、質問が終わる前に出し抜けに答えたりする／順番を待つことが困難である／人の邪魔をしたり介入したりする傾向がある、などです。

一つひとつの具体例は、誰しも当てはまるものがあるかもしれませんが、この多くが一人の中で当てはまるのがADHDです。

自閉スペクトラム症（autism spectrum disorder; **ASD**）は、一般には単に**自閉症**と呼ばれていますが、大学・大学院まで進学したり、科学や芸術などの分野で活躍したりする**高機能自閉症**と呼ばれる人から、発達の遅れで言葉も出ない重度の自閉症者まで、状態の範囲が大変幅広いので、専門用語としてはスペクトラム（連続体）という言葉をつけて呼ばれます。

自閉症の発生率は、診断年齢と診断基準の問題があるのですが、100人に１～２人で、男女比はおよそ４対１とされ、男性に多く見られます。

第１章で触れたように（☞30ページ）、自閉症の医学的研究の歴史は**カナー**が1943年に「早期幼児自閉症」と名づけた症例報告から始まります。また、翌1944年に**アスペルガー**がおこなったドイツ語の症例報告は、1980年代以後に**アスペルガー症候群**として広く認知されるようになりました。

自閉スペクトラム症の医学的診断基準は、①社会的コミュニケーション及び社会的相互作用の持続的障害と、②行動・関心・活動における固定的・反復的パターンの２点ですが、そのほか感覚刺激に対する過敏性またはその反対の鈍感性も特徴としてあらわれることがあります。

上記のような自閉症の症状は、青年期以後に多くが発症する**統合失調症**などとは異なり、発達のかなり初期から存在するもので、発達の途中から自閉症になるということはありません。

かつて自閉症の原因は母親の冷たい養育態度によるとする「冷蔵庫母親説」が欧米で広まり、責任を感じさせられた母親たちを苦しめた時期がありましたが、今ではまったく誤った説であることが明らかになっています。

その転機は、イギリスの精神医学者**マイケル・ラター**（1933–2021）が1968年に家族因説を含む環境因説を否定し、脳の器質的障害が原因とする**言語・認知障害説**を提唱したことに始まりました。

イギリスの心理学者**サイモン・バロン＝コーエン**（1958–）は、普通児がほぼ６歳までに正解する「心の理論」の誤った信念課題（☞124ページ）を平均11歳の高機能自閉症児に実施したところ、正解率が20％という結果を得て、**自閉症＝「心の理論」欠如仮説**を1985年に提唱しました。

この仮説は、自閉症児のかかえる対人的問題については説明しますが、狭い興味・関心や常同的行動など対人的でない場面でのさまざまな行動を説明していません。自閉症には、まだまだ解明を要する多くの問題があります。

● 学校病理現象への対策

学校で発生するさまざまな問題のうち、校内暴力、いじめ、不登校、学級崩壊、体罰などが、個人の心理的問題としてだけでなく、学校の教育体制ひいては教育制度にも関わる問題として語られるとき、**学校病理現象**という言葉がしばしば用いられます。

しかし、学校病理現象はわが国だけの問題ではなく、世界的な宿痾（しゅくあ）というべきものです。そのことは、問題の日本語に対応する英語があることからも確認できます；校内暴力（対人傷害）／school violence、校内暴力（器物破損）／school vandalism、いじめ／bullying、不登校／school refusal、学級崩壊／classroom collapse、体罰／corporal punishment。

わが国の学校で**校内暴力**が社会問題化したのは1970年代末から1980年代前半にかけてでした。生徒間の暴力といじめ、教師への暴力、酒・タバコ・シンナーなどの常用、机・椅子・窓ガラスの損壊などありえない状態でした。

社会問題化した校内暴力に対処するために、学校は警察力を導入し管理体制を強化するなどして、力による沈静化を図りました。その結果、暴力事件は減少していきましたが、負のエネルギーは内向し、問題は陰湿な**いじめ**、それに関連する**不登校**、教師による**体罰**などに変わっていきました。

学校病理の問題は低年齢化し、1990年代後半には小学校における**学級崩壊**が問題になりました。特に、小学校１年生の学級で授業が成り立ちにくい状況が「小１プロブレム」として報道されました。この現象を、校内暴力を起こした世代が親になる比率が高まったことに関連づける議論も起こりました。

いじめが原因と推定される児童・生徒の自殺事件が社会問題化したことを受けて、**いじめ防止対策推進法**が2013年に制定・施行されました。

同法第２条において、いじめは「児童等に対して、当該児童等が在籍する学校に在籍している等当該児童等と一定の人的関係にある他の児童等が行う心理的又は物理的な影響を与える行為（インターネットを通じて行われるものを含む。）であって、当該行為の対象となった児童等が心身の苦痛を感じているものをいう」と規定されています。この法律の「児童等」には、児童（小学生）と高等学校までの生徒の両方が含まれます。いじめをおこなうことも、いじめを認識しながら放置することも禁ずる法律であり、国、地方公共団体、学校設置者、学校教職員、保護者のいじめ防止の責務を定めています。

この法律の定義の中の「インターネットを通じて行われる」**ネットいじめ**は、2000年頃から社会的問題となっていますが、各種のソーシャル・ネットワーキング・サービス（social networking service; SNS）などを利用し、誹謗・中傷などのネガティブな情報発信や、誰かになりすまして悪質な行為をおこなうことです。スマートフォンなどにより、学校や職場だけでなく、自宅にまでいじめが侵入してくるので、より深刻になりがちです。

2004年の長崎県佐世保市女子児童殺害事件は、いじめとは性質が異なりますが、小学６年生の２人の女子児童の間のトラブルがインターネットにより拡大し、加害児が被害児を人のいない教室に誘い出し、背後からカッターナイフで切りつける殺人事件に発展していったもので、世間に衝撃を与えました。

学校病理現象の原因は、事例ごとに異なり、複雑多岐にわたりますが、学校教育の観点から見れば、基本的に子どもの**自尊心**（**セルフ・エスティーム**）を育てることに失敗しているのです。自尊心を育てるためには、自分の行為が望ましい結果を生み出しうる確信としての**自己効力感**の形成が重要です。

学校病理現象に直結する心理的要因は、子どもか大人かにかかわらず、何かあるとすぐに逆上する傾向の強い性格です。冷静に状況を判断し、自己観察と自己制御をおこなう**セルフモニタリング**のスキルの形成が重要です。

学校における児童・生徒、保護者、教職員がかかえる心理的問題に対応するために、**スクールカウンセリング制度**が1995年に導入され、地方公務員法に規定する非常勤嘱託員（特別職）として**スクールカウンセラー**が各学校に順次配置されるようになりました。

スクールカウンセラーの資格としては、**公認心理師**、臨床心理士、精神科医、児童・生徒の臨床心理に関して高度に専門的な知識・経験を有する大学教授や常勤の大学教員などとされ、そのほか「スクールカウンセラーに準ずる者」についての規定もあります。

スクールカウンセラーの職務は、児童・生徒への**カウンセリング**、保護者に対する助言・援助、教職員に対する助言・援助などです。このほか、教育関係者などへの**コンサルテーション**も重要な職務です。

傾聴を重視するカウンセリングとは異なり、コンサルテーションは、問題となるケースについての見方、取り扱い方、関わり方などを検討し、的確なコメントやアドバイスをおこなうなど、指示的な意味合いが強いものです。

長く教員中心で進んできた学校という場において、子どもの状況が多様化・複雑化する中で教員の専門性だけでは対応が困難になっており、多様な専門的知識と技能を持つスタッフを配置し、さまざまな業務を分担・連携してチームとして職務をになう体制を整備することが求められています。

このような考え方から、2015年に中央教育審議会答申「チームとしての学校の在り方と今後の改善方策について」が出され、いわゆる**チーム学校**の考え方が生まれました。**公認心理師**など心理職者もそのような枠組みの中で活躍することが期待されています。

第 4 章

社会・感情・性格を学ぶ

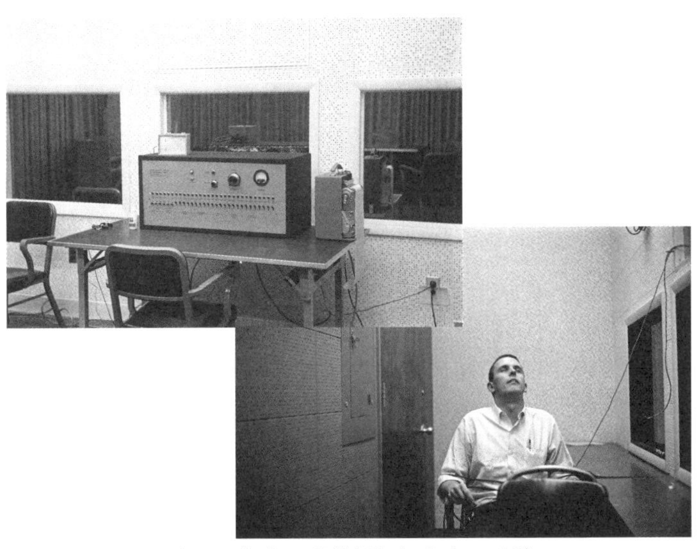

スタンリー・ミルグラムの権威への服従実験（☞Column08）

4.1 社会心理学を学ぶ

この章では、**④社会・感情・性格**科目の内容について、順に説明します。

社会心理学は、イギリスの心理学者**ウィリアム・マクドゥーガル**（1871-1938）が**『社会心理学入門』**を公刊した1908年に始まるとされます。

19世紀前半に始まった**社会学**が社会そのものの構造と機能に焦点を当て、歴史的視点も重視するのに対し、社会心理学は主に現代社会に生きる個人の心理に焦点を当て、心理学のさまざまな方法を用いて研究する点が異なりますが、研究テーマや社会調査の方法論などは両者に共通する部分もあります。

本書では、社会心理学の研究を対人認知、集団力学、社会と文化の３つのテーマに分けて見ていきます。

対人認知

対人認知はテーマが多いので、（1）他者から見た自己、（2）他者への態度、（3）コミュニケーション、（4）社会的影響、（5）対人認知の一貫性、（6）協同と競争の６つのサブテーマに分けます。

（1）他者から見た自己

第３章では、自己理解の発達と他者理解の発達について詳しく見ました。

自分自身に関する情報だけでは自己理解は十分にできず、他者から教えてもらったり、他者の様子を真似したり、他者の失敗を「他山の石」として学んだりして、自己理解は深まっていきます。

アメリカの心理学者**レオン・フェスティンガー**（1919-1989）は、1954年に**社会的比較理論**を提唱しました。正確で安定した自己評価を得るために、能力や意見が自己と類似した他者との比較がおこなわれ、そのことを通じて効果的な社会的行動が可能になるとする考え方です。

また、このような社会的比較をおこなうのは、正確な自己評価を求めるためだけでなく、自己をより好ましいものと考えたいとする**自己高揚動機**も関与するとされます。

自己と他者の関係から見た自己のあり方の古典的な説に**ジョハリの窓**があります。ともにアメリカの心理学者の**ジョゼフ・ラフト**（1916–2014）と**ハリントン・インガム**（1916–1995）が1955年に共同で発表したもので、２人の名前の最初のジョーハリがこの説の命名に使われていますが、次のような説です。

自己に関する事柄について、自己と他者のそれぞれが「知っている／知らない」で分類すると、自己も他者も知っている「開放」、自己のみ知っていて他者は知らない「秘密」、自己は知らないが他者は知っている「盲点」、自己も他者も知らない「未知」の４つの田の形の「窓」ができます。どの窓を広げたり狭めたりするかを考えることが、自己と他者との距離の取り方になります。

アメリカの心理学者**マーク・リアリー**（1954–）らは、**ソシオメーター理論**を1995年に提唱しました。他者からの評価を知るための心の中の計測器として**ソシオメーター**を仮定し、他者からの自己への評価が高いと感じると自尊心が高まり、評価が低いと感じると自尊心が傷つけられるとする理論です。

自己と他者との実際の空間的距離の取り方は、**パーソナル・スペース**と呼ばれます。腕を水平に真っすぐ伸ばした範囲が自己の領域であり、親しい人にはこの領域内に入ってきてほしいが、そうでない人は拒絶したい距離です。

アメリカの文化人類学者**エドワード・ホール**（1914–2009）は、1966年の主著**『かくれた次元』**において、対人距離があらわすパーソナル・スペースの意味を以下の４距離８相に分類しました。

密接距離：ごく親しい人に許される空間
　近接相（０～15cm）：抱きしめられる距離
　遠方相（15～45cm）：手で相手に触れるくらいの距離
個体距離：相手の表情が読み取れる空間
　近接相（45～75cm）：相手をつかまえられる距離
　遠方相（75～120cm）：両方が手を伸ばせば触れあう距離
社会距離：相手に手は届きづらいが、容易に会話ができる空間
　近接相（1.2～２m）：知らない人同士が会話や商談をする距離
　遠方相（２～3.5m）：公式な商談で用いられる距離
公共距離：複数の相手が見渡せる空間
　近接相（3.5～７m）：講演者と聴衆というような場合の距離
　遠方相（７m以上）：要職にある人物と面会する場合の距離

(2) 他者への態度

態度という言葉は、日常語で「まじめな態度」とか「態度が悪い」という場合には、表にあらわれた言葉や表情や姿勢を意味しますが、心理学の用語としては、個人の行動の背後にあると想定される比較的一貫した認知や感情のあり方を指します。

また、たとえば消費行動におけるブランド名や商品名、国政選挙や地方選挙の投票行動における支持政党のように、対象に対して反応する際の一定の傾向という意味でも態度が用いられます。

個人に対する態度は、**印象形成**の過程を通じて獲得されますが、その個人に対して関心や好意を引き起こす要因を**対人魅力**といいます。

具体的な要因としては、居住地や勤務先や所属学校・学級など物理的な距離の近さである**近接性の要因**や、直接対面したり映像で見かけたりする人物については顔や体型や服装などの**外見の要因**も重要な要素ですが、内面的な問題としては性格や趣味や考え方や価値観が似ているなどの**類似性の要因**、むしろ自分にはない能力や性格などの持ち主に魅力を感じる**相補性の要因**、相手に向けた発言・行動・感情などに対してなんらかの反応が返ってくるという期待感に裏付けられた**返報性の要因**などがあります。

初対面の**第一印象**も重要ですが、対象に繰り返し接触することにより好意度が高まるとする**単純接触効果**は、対人関係においてもかなり成り立ちます。

関心のある他者がどんな人か、何を考えている人かなどを知りたい場合は、自己に関する情報をある程度包み隠さずに伝えることも大切です。カナダの心理学者**シドニー・ジャラード**(1926–1974)は、そのことを**自己開示**という言葉であらわしました。ジャラードは、臨床治療場面のセラピストとクライエントの間の重要な関係として自己開示を考えましたが、それにとどまらず、さまざまな人間関係で自己開示が重要であることを主張しました。

自己に関する情報を他者に伝えることは重要ですが、どのような情報をどのように他者に伝えるか、そう伝えることによって他者からどのように見られるかといったことを考えながらおこなうことを**自己呈示**といいます。

自己呈示をおこなう際、有能さや高い実績などを誇り自己をよく見せようとするのは自己宣伝、相手に力を行使できることを示そうとすることは威嚇、相手の同情を引くように弱みを見せようとすることは哀願です。

他者へのポジティブな態度としては好意、共感性、ハロー効果など、他者へのネガティブな態度としては偏見、ステレオタイプ、エスノセントリズム、スティグマ、シャーデンフロイデなどがあります。

好意が心理学の専門用語であるかどうかは微妙ですが、前ページの対人魅力のところで触れた**返報性**は好意についても当てはまり、好意に対しては好意が返ってくる可能性が高くなります。

反対に、平気で嘘をついたり意図的に約束を守らなかったりすることは、好意の返報性を毀損（きそん）する**悪意**に基づく行為とみなされます。

共感性は、他者の情動状態を認知することにより、その情動状態を共有することであり、良好な人間関係を形成し維持するには不可欠のスキルです。

サイコパシーは、精神医学の診断用語ではありませんが、病的に共感性を欠如した冷酷なパーソナリティです。そのようなパーソナリティの持ち主とみなされた人を**サイコパス**といいます。

身体面であれ精神面であれ、他者が大変すばらしい顕著な特徴を持っていると思うと、全体的に素晴らしい人と認知することを**ハロー効果**といいます。英語の「ハロー（halo)」は、キリスト像や聖人像の頭の後ろに描かれる光輪のことで、**後光効果**または**光背（こうはい）効果**とも訳されています。

他者へのネガティブな態度である**偏見**についての研究は、アメリカの心理学者**ゴードン・オルポート**（1897–1967）が1954年に刊行した**『偏見の心理』**が出発点とされます。偏見の定義は、実際の経験以前に、あるいは経験に基づかずに、人や事物に対して非好意的感情を抱くことです。態度としての偏見は、行動としての**差別**につながりやすい傾向にあります。

日本国憲法第14条は、「すべて国民は、法の下に平等であって、人種、信条、性別、社会的身分又は門地（もんち）により、政治的、経済的又は社会的関係において、差別されない」とうたっています。「門地」は今では聞き慣れない言葉ですが、家柄のことをいいます。このほか、年齢、病気、障害なども差別の対象になってはならないものです。

偏見は、人や事物に対して型にはまった固定的な見方をしますが、このようなことをアメリカのジャーナリストの**ウォルター・リップマン**（1889–1974）は、印刷用語（紙型に鉛の合金を流し込んで作った原版を用いる技術で「型にはまったもの」が印刷される）を借りて**ステレオタイプ**と呼びました。

ステレオタイプを避けるのが難しいことを示す有名なクイズがあります。

「父親とその息子が交通事故にあい、重傷を負って病院に搬送されました。担当の外科医は男の子を見て「私の息子だ」と言いました。この外科医と男の子とはどういう関係でしょうか？」答えはこのページの下に記します。

偏見の中には、自己が所属する人種や民族が他人種や他民族より優れていると考える**エスノセントリズム**（自民族中心主義）というものもあります。

アメリカの女性の文化人類学者**ルース・ベネディクト**（1887–1948）は、日本人論の原点とされる著書**『菊と刀』**（1946年）で知られていますが、ナチスのユダヤ人迫害を念頭に**『レイシズム』**を1942年に公刊しました。**レイシズム**とは、この世界には優れた人種と劣った人種があり、優れた人種は劣った人種を支配してよいと独断的に信奉することにより人種差別を正当化するもので、そのことがさまざまな戦争、紛争、迫害などの背景要因になっています。

カナダ出身のアメリカの社会学者**アーヴィング・ゴッフマン**（1922–1982）は、差別されやすい人の特徴の一つに**スティグマ**をあげました。この言葉の本来の意味は、キリストが十字架上で磔刑（たっけい）にされたときにつけられた傷跡が信者から聖痕（せいこん）としてあがめられたもののことですが、後に奴隷や犯罪者にその印として押しつけられる烙印（らくいん）という意味に転じました。

スティグマとなるものは、身体的特徴であれ、病気や障害であれ、習慣や性癖であれ、その社会や集団で嫌悪と忌避の対象となるものすべてであり、一度スティグマをつけられると消すことが難しいものです。

たとえば、2019年に発生した新型コロナウイルス（COVID–19）の初期の感染者が、入院中だけでなく完治後も、スティグマのように扱われる事例があったのは記憶に新しいところです。

身体的、精神的、経済的に不利な立場にあるとき、自身よりも優位な立場にある人には嫉妬（しっと）する気持ちが生じがちです。ドイツ語の**シャーデンフロイデ**は、心理学の専門用語になっていますが、中国語の表現では他人の災禍を楽しむという意味の「幸災楽禍（こうさいらくか）」に対応し、日本語では対応する熟語はありませんが、「他人の不幸は蜜の味」という意味に相当します。

外科医＝男性と考えるジェンダー・ステレオタイプを持っていると、余計な答えを考えてしまいますが、外科医は男の子の「母親」だったのです。

(3) コミュニケーション

ここまでは他者との関係を自己の内部の心理状態として見てきましたが、ここからは自己と他者との直接のコミュニケーションについて見ていきます。

英語の**コミュニケーション**は、ラテン語の「ともにする」という意味の動詞「コムニカーレ(*communicare*)」を語源とし「伝達」のほか「通信」「報道」「交通」などいくつかの意味を持つ言葉です。

言葉を用いて情報を伝える**言語的コミュニケーション**においては、講演や発表のようなかしこまった場であれ、特に目的のない気楽なお茶飲み話であれ、事実を正確に伝える**リポート・トーク**(report talk)と聞き手との心のつながりを大切にする**ラポート・トーク**(rapport talk)という2通りの話し方があり、両者をうまく織り交ぜることが多くの場合有効な話し方になります。

対面的コミュニケーションでは、話し手も聞き手も、相手の眼を見る**アイコンタクト**や、身ぶりと手ぶりを交える**ジェスチャー**など、**非言語的コミュニケーション**の役割も重要です。

カナダのコミュニケーション学者の**マーシャル・マクルーハン**(1911-1980)は、「メディアはメッセージである」という有名な言葉を残しています。**メディア**の歴史は、新聞・雑誌、映画、ラジオ、テレビ、インターネットのように発展してきましたが、どの時代にどのメディアを用いて発信するかも**メッセージ**なのです。たとえば、テレビが世の中に出回り始めた頃、映画俳優はテレビ出演を忌避しましたが、テレビこそが時代の先端と考える人にとっては、テレビへの出演は「進歩的」というメッセージになりました。

コミュニケーションは、1対1の直接の関係で成立した後も、**社会的ネットワーク**の中で伝わっていくことがあります。その代表が日常語ではうわさ話といわれている**流言**(りゅうげん)です。

ゴードン・オルポート(☞147ページ)は、流言の流布(るふ)量(R)は話題の重要性(i)と状況のあいまいさ(a)に比例する(R~i×a)という定式化をおこないました。災害時など社会不安が強い状況では、流言は広まりやすくなります。もう一つ重要なことは、流言は親しい人同士の間を伝わっていきやすいという点であり、社会的ネットワークの中で流言は拡散していきます。

なお、**デマ**は、「でまかせ」ではなく、ドイツ語の「デマゴギー」の略で、自然発生的な流言とは異なり、意図的に流される悪意のある偽情報のことです。

アメリカの心理学者**スタンリー・ミルグラム**（1933–1984）が1967年におこなったいわゆる**スモールワールド実験**は、一見巨大に見える社会的ネットワークの緊密性について調べるものです。その最初の研究では、アメリカ中西部のカンザス州から東部のマサチューセッツ州にいる神学校の学生の妻（氏名と特徴が知らされる）に手紙を送るのに「知人に依頼する」という方法を繰り返して何人でつながるかを調べるものであり、途中で協力を拒否されたりして届かない手紙も多かったのですが、届いた手紙については平均5.83人を介したので**六次の隔たり**と呼ばれています。現在では、インターネットを通じて、世界はますますスモールワールドになっています。

（4）社会的影響

社会的影響は、コミュニケーションの方向と強さを示すベクトルのようなものであり、親→子、教師→生徒、上司→部下、売り手→買い手などの方向の社会的影響が日常的に見られます。社会的影響の情報の送り手が行使するのは、指導、説得、賞罰、圧力、懐柔などであり、受け手の側に生ずるのは、応諾（おうだく）、同調、服従、無視、反発、抵抗などです。この中で社会心理学の研究で重要なものとして、説得、同調、服従の３つを以下に取り上げます。

説得は、情報の送り手が受け手の思考と行動などを変えようとするものであり、理性への訴え、感情への訴え、強制力への訴えなど、さまざまな方法がおこなわれます。

説得が政治的意図を持つ場合を**プロパガンダ**、商業的意図を持つ場合を**広告**、行政的意図などを持つ場合を**広報**、宗教的意図を持つ場合を**教化**といいます。**宣伝**は、商業的意図だけでなくさまざまな意図でおこなわれるものです。

アメリカの心理学者**カール・ホヴランド**（1912–1961）は、第二次世界大戦中、米陸軍省の情報・教育部門に所属し、戦意高揚映画が戦争に対する兵士の**態度変容**につながるかどうかについて研究しました。

その結果、好戦的なプロパガンダ映画は、直後には兵士の態度を変えませんが、数週間後には兵士の態度を好戦的な方向に変えることが見いだされました。ホヴランドは、その解釈として、情報源の記憶は時間の経過とともに薄れていき、情報源の信憑性（しんぴょうせい）の高低は時間がたつと効果が減少していくが、情報の内容の効果は時間とともにあらわれてくるという**スリーパー効果**を提唱しました。

説得において受け手の承諾の可能性を高める送り手の情報提示テクニックを**承諾要請技法**といい、次の３タイプが代表的とされます。

フット・イン・ザ・ドア法は、最初に小さな要請をしておいて、それが受け入れられれば、要求内容を大きくしていくものです。山田真哉（しんや）著『さおだけ屋はなぜ潰れないのか？』（2005年）という本が以前話題になりましたが、「２本で千円の竿竹（さおだけ）」では商売は成り立たないので、実際には１本３千円のステンレス製の方を売りつけるとか、その家の外壁の補修工事の注文を取るなどで収益をあげるので潰れないようです。

ドア・イン・ザ・フェイス法は、小さな要求の承諾を得るために、拒否されることを承知の上で大きな要求をおこなうものです。結婚式やお葬式の商品は価格交渉をしない人が多いとされますが、最初に高額で立派なセットを勧められ、さすがにそこまでは無理と思わせて、より購入しやすいものの、当初予算よりも高額のセットにおさまるということがあるようです。

ロー・ボール法は、承諾しやすい低い要求という意味ですが、それをいったん受け入れてしまうと、後から追加の要求が出てきて、もはや断れない状況になっているというものです。レーザープリンターは、本体価格を買いやすい値段に抑えていますが、購入後のトナーなど消耗品や補修費で利益を出すビジネスモデルにしていることがあげられます。

強圧的で不当な説得法として、マインドコントロールと洗脳があります。

マインドコントロールは、思考や感情をコントロールし、意思決定をおこなう際に特定の結論に誘導するもので、カルト宗教への帰依（きえ）や、犯罪への協力の誘導などに使われています。

1974年にアメリカで生じた**パトリシア・ハースト事件**は、新聞王ウィリアム・ランドルフ・ハーストの19歳の孫娘が過激派団体に誘拐（ゆうかい）された２か月後にライフル銃を持って銀行強盗に加担したことで全米を驚かせました。

洗脳は、身体を拘束して拷問（ごうもん）などの物理的暴力や眠らせないなど精神的圧迫による強制力を用いて、思想や主義を根本的に変えさせることをいいます。

このようなことはもちろん犯罪であり、具体的には刑法第223条に「生命、身体、自由、名誉若しくは財産に対し害を加える旨を告知して脅迫し、又は暴行を用いて、人に義務のないことを行わせ、又は権利の行使を妨害した者は、三年以下の懲役に処する」と記された強要罪に該当します。

同調は、他者の意見や行動を取り入れること、集団の場合は全体または下位集団の方針にしたがって自己の意見を定めたり行動したりすることです。同調は、自主的におこなうこともあれば、まわりからの**同調圧力**を受けておこなうこともあります。

ポーランド出身のアメリカの心理学者**ソロモン・アッシュ**（1907–1996）は、1951年に次のような同調圧力の研究を報告しました。８人一組の実験ですが、実験参加者は実は１人だけであり、他の７人は本当は実験協力者という場面でおこなわれました。

図4.1

課題（図4.1）は、カードに長さの異なる３本の線分A、B、Cが縦に並んでいて、別のカードの１本の線分と同じものをA、B、Cから選ぶもので、ほとんどまちがえようないものです。しかし、他の７人がわざと誤った答えを言うと、それにつられて実験参加者の誤答が頻出したのでした。

集団内部の同調性の高さは、協調性につながるよい面もあり、集団の魅力が高い場合はメンバーを自発的に集団にとどめようとする力としての**凝集性**（ぎょうしゅうせい）を高めるものになります。

他方、同調性の高さが自由な発言を阻害し、異論を出すと「空気が読めない」という拒否反応が返ってくるとすれば、集団の発展性にとってはむしろマイナスになりかねません。

人間関係において地位の上－下や力の強－弱がある場合に、上の者から下の者に対して、あるいは強い者が弱い者に対して、権威や権力に基づいて行使する命令などに下位者や弱者が従うことを**服従**といいます。

前出の**ミルグラム**が1963年に発表した服従の研究は大変有名になり、**ミルグラム実験**と呼ばれています（☞Column08）。ちなみに、ミルグラムは、上記のアッシュの弟子です。

アメリカの心理学者**フィリップ・ジンバルドー**（1933–）は、1971年に**スタンフォード監獄実験**と後に呼ばれる研究をおこない、役割が生み出す権威と権力が暴走する危険性を実験的に示しました（☞Column09）。

ジンバルドーは、イタリア系移民の子としてニューヨークのスラム街に生まれ育ち、偏見と差別を受けた経験が研究の動機の背景にあるとされます。

Column
08

ミルグラムの権威への服従実験

スタンリー・ミルグラムが1963年に発表した**権威への服従**研究は有名になり、**ミルグラム実験**と呼ばれています。

ユダヤ人を両親に持つミルグラムは、ナチス・ドイツの軍人としてユダヤ人のホロコースト（大量虐殺）を指揮し、第二次世界大戦後に潜伏していたアルゼンチンで拘束され、イスラエルで死刑判決を受けたアドルフ・アイヒマンの裁判（1961年）に触発され、一見「普通の男」が上司の命令に忠実に従い最も残虐な所業をおこなうに至る心理的メカニズムを解明するために、次のような権威への服従実験をおこないました（☞第４章扉写真）。

新聞広告を通じて「記憶に関する実験」に応じた実験参加者（20～50歳の男性）がイェール大学の心理学実験室に個別に集められ、偽のくじを引いて「教師役」となり、「生徒役」になった別の男性（実は実験協力者）とインターフォンを通じて隣室の声のみが聞こえる状況に置かれました。

教師役は、対になる単語リストを読み上げた後、単語の一方を言い、対応する単語を４つから答えさせます。生徒役が答えをまちがえると、罰として「電気ショック」を与えるのですが、１問まちがえるごとに60ボルトずつ電圧の強さを上げていくよう指示されました。電気ショックのスイッチは、15ボルトから450ボルトまでの９段階ですが、その装置にはボルト数とショックの程度が表示され、７段階の375ボルトで「危険で苛烈（かれつ）な衝撃」、８段階の435ボルトと９段階の450ボルトでは表示はない状態でした。しかし、電気は実際には流されず、生徒役がボルト数に対応して苦痛の演技をしました。

電圧を上げるにつれ、生徒役は不快感をつぶやく状態から、うめき声をあげ、６段階目で苦悶（くもん）の金切り声をあげ、７段階目で壁を叩いて実験中止を求め、８段階目で壁を叩いて実験をやめると言い、９段階目では無反応になりました。

実験参加者は、何度も実験を途中でやめると申し出ますが、研究者姿の指示役は、実験を中止するまでに４度まで必ず続けるように伝えました。

実験の結果、実験参加者40人中26人が最大電圧の450ボルトまで続け、権威への服従の状態を示しました。実験参加者が偽のくじと偽の電圧と演技という事実を知らされないことや、実験参加者の後悔など事後の心理的悪影響について、研究倫理上の批判も受けましたが、歴史的に重要な研究です。

Column

09

ジンバルドーのスタンフォード監獄実験

フィリップ・ジンバルドーは、1971年に勤務校のスタンフォード大学を舞台に、後に**スタンフォード監獄実験**と呼ばれる研究をおこないました。

新聞広告により「監獄生活の心理学的研究、1～2週間、報酬1日15ドル」という触れ込みで集めた大学生75人を面接などで24人に絞り、看守役9人（交代要員3人）と受刑者役9人（交代要員3人）にグループ分けしました。

ジンバルドーが勤務していたスタンフォード大学の地下室に模擬刑務所が作られ、囚人の収容室、看守の詰め所などがしつらえられました。

受刑者役は、事前に予告なく自宅で「逮捕」され、実際の警察のパトロールカーで「刑務所」に移送され、指紋採取と写真撮影の後、囚人服を着せられ、足に鎖をつけて収監され、名前ではなく囚人番号で呼ばれました。

看守役は、制服、警棒、サングラスを身に着け、勝手に罰則を決めて囚人役に守らせるよう強制しました。

2日目に囚人役の反抗が始まりました。反抗した囚人役は、服を脱がされ、ベッドのマットレスが取り去られ、あるいは狭い場所に監禁され、トイレはバケツを使うように強制されました。このような状態に耐えかねた囚人役の一人は、実験の中止を求めましたが、聞き入れられませんでした。

3日目に精神錯乱の状態を示した囚人役が実験から離脱しましたが、後に精神錯乱は状況から逃れるための演技だったことが判明しました。

4日目に別の囚人役が苦しみ始めたので、牧師が呼ばれましたが、話すことは拒否され、医者を呼ぶように求められました。

5日目に予定していた囚人役の家族の訪問がありましたが、状況を見た家族は弁護士に連絡することを検討し始めました。

後にジンバルドーの妻となる同僚の心理学者が現場を訪れ、状況に驚いて実験を中止するように勧告し、ジンバルドーはその勧告を受け入れました。

6日目に、実験参加者に2週間分の報酬が支払われて実験は終了しました。

批判の多いスタンフォード監獄実験ですが、後にジンバルドーは、イラク戦争の捕虜たちがアメリカ軍の収容施設で虐待されたアブグレイブ刑務所事件（2004年）を批判し、普通の人が悪魔に変わることをキリスト教の堕天使ルシファーになぞらえて**ルシファー効果**と呼びました。

図4.2　**ハイダーのP–O–Xモデル（a）とニューカムのA–B–Xモデル（b）**

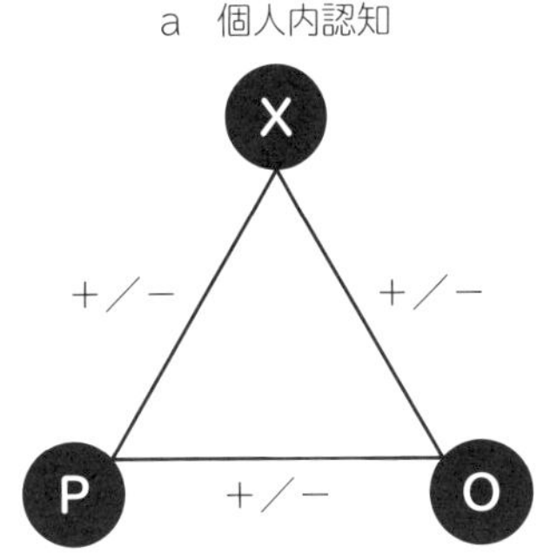

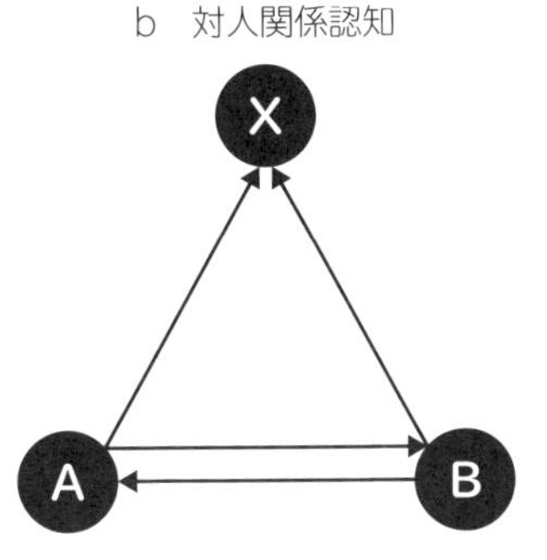

（5）対人認知の一貫性

心の中の矛盾が解消できないと、もやもやした感情が残り、それを解消しようとする認知のはたらきが生じます。社会的比較理論で取り上げた**フェスティンガー**が1957年に提唱した**認知的不協和理論**は、矛盾する認知をかかえた状態を音楽用語の不協和という言葉で説明し、不協和が存在すると不快なので、不協和になりそうな情報は目や耳にしないようにしたり、不協和な情報が入ってきたら無視または軽視したりするような心のはたらきがあることを示しました。

たとえば、たばこを吸う人は、喫煙と肺がんの関係を示す医学情報に対して、たばこをやめるという行動よりも、喫煙者でも長生きする人やタバコを吸わないのに短命な人の例を考えて不協和を解消しようとします。あるいは、「たばこ」と「肺がん」の文字が同時に見えたら、その文書は読まないようにするのも、不協和を避ける方法です。

オーストリア出身のアメリカの心理学者**フリッツ・ハイダー**（1896–1988）は、対人認知において一貫性を求める心のはたらきを認知のバランスとインバランスという言葉を用い、1958年に**バランス理論**を提唱しました。

ハイダーの提案した**P–O–Xモデル**（図4.2–a）において、Pは人（自己）、Oは他者、Xは人でも物でも事でもよく、この三者間の感情関係を＋と−であらわすとき、３つの積がプラスならバランス、マイナスならインバランスです。

たとえば、「私（P）の恋人（O）はたばこ（X）を好むが、私（P）はたばこ（X）が嫌い」という場合、PとOは＋、OとXも＋ですが、PとXは−なので、３つの積はマイナスでインバランスです。

インバランスの状態は不安定なので、バランスの状態に向かう傾向にあり、この例では以下のどれかの方向に向かう可能性があります。

私（P）は、恋人（O）にたばこ（X）を吸うのをやめさせる。

私（P）は、自分では吸わないものの、たばこ（X）を容認する。

私（P）は、たばこをやめない恋人（O）が嫌になり別れる。

図4.2-bは、アメリカの心理学者**セオドア・ニューカム**（1903-1984）が1953年に提唱した**A-B-Xモデル**です。P-O-XモデルがPという個人から見た認知の状態であるのに対し、AとBは別の個人の間のコミュニケーション関係を示しています。Xは人でも物でも事でもかまいませんが、AとBの間でXに対する態度に非対称性（不一致）があると、対称性（一致）に向かう変化が生じるとするものです。

（6）協同と競争

対人関係には、他者の存在が自己の行動にプラスの影響を与える場合も、マイナスの影響を与える場合もあります。中でも、同じ目標に向かって力を合わせて進む**協同**と、目標に到達する順位や勝ち負けを争う**競争**の関係は対照的です。ここでは、社会的促進、社会的抑制、向社会的行動、社会的手抜き、傍観者効果、囚人のジレンマについて順に見ていきます。

アメリカの心理学者**フロイド・オルポート**（1890-1978）は、偏見や流言の研究で取り上げたゴードン・オルポートの実兄ですが、他者の存在が課題の成績に与える影響についての先行研究を整理し、単純な課題においては複数人で課題をおこなう方が一人でおこなうよりも成績が良くなることを**社会的促進**、複雑な課題においては複数人でおこなう方が一人でおこなうよりも成績が悪くなることを**社会的抑制**と呼ぶことを1924年に提唱しました。

ポーランド出身のアメリカの心理学者**ロバート・ザイアンス**（1923-2008）らは、1969年にメスのゴキブリを用いた実験をおこないました。ゴールまでまっすぐにコースを走る走路課題とコースが入り組んだ迷路課題を用意し、ゴキブリが単独で走る場合と他のゴキブリが「見ている」条件で走る場合とでゴールまでに要する時間を比較したところ、単純な走路課題では社会的促進が生じることが確認され、複雑な迷路課題ではむしろ社会的抑制が生じることが確認されました。

社会の中でおこなう個人の行動は、向社会的行動、非社会的行動、反社会的行動の３種類に分類されます。

向社会的行動は、他者の利益のために自発的におこなう行動であり、援助行動、分配行動、寄付行動などがあります。代表的なものは各種のボランティア活動ですが、駅で困っている人の手助けなど小さな親切まで含まれます。

非社会的行動は、社会の中にいながら社会から離れて自分の内に閉じこもろうとする行為や行動です。不登校、ひきこもり、言葉を話さない緘黙などが含められます。

反社会的行動は、いじめや暴力行為など社会規範や法律に反する行動です。

共同で力仕事をするときの個人の力は、単独でおこなうときの力よりも小さくなることを**社会的手抜き**といいます。

フランスの農業機械学者**マクシミリアン・ランジェルマン**（1861–1931）は、綱引き、荷車引き、石臼挽きなどの力仕事において、１人の力の量を100%とすると、２人では93%、３人では85%、４人では77%、５人では70%、６人では63%、７人では56%、８人では49%と、どんどん低下することを発見しました。この現象は、研究者の名前を英語読みして**リンゲルマン効果**と呼ばれています。

援助行動は、事故や事件や急病など緊急の援助が必要とされる人がいる場合に見られますが、そのような場合に、自己以外の他者の存在を認知すると援助行動が抑制されることをアメリカの心理学者**ビブ・ラタネ**（1937–）は**傍観者効果**と呼びました。

ラタネの研究の契機となったのは、1964年３月の午前３時過ぎ、ニューヨークに住む28歳の女性が車で帰宅時に駐車場で暴漢に襲われ、大声で助けを求めたのに、その声を聞いた近所の住人38人のうちの誰も警察に通報せずに刺殺された**キティ・ジェノヴィーズ事件**でした。

ラタネらは、援助すべき緊急事態であっても、傍観者の数が多くなるほど責任の分散が生じ、傍観者効果が起こりやすくなることを実験的に示しました。

実験の一つでは、実験参加者が相手（実は実験協力者）とある話題について討論するように求められますが、途中で相手はてんかん発作の演技をします。実験参加者が部屋を出て助けを呼びに行く援助行動の発生は、実験参加者が１人の場合は「発作」から２分以内に85%が援助活動をおこないましたが、他に４人の実験参加者がいる場合には31%に減りました。

一般に、競争とは**希少資源**の獲得をめぐる争いということができます。希少資源という言葉は経済学の用語で、少しわかりにくいかもしれませんが、オリンピックの金メダルも、６人で走る徒競走の１位も、１つしかない希少なものであることには変わりがありません。一人で参加するゲームでは、競争のみがあり、協同する相手はありません。他方、チームで参加するゲームでは、他のチームとは競争関係にありますが、チーム内では協同が不可欠です。しかし、チーム内でも常時出場するレギュラー・メンバーは希少資源なので、それを目指した競争があります。学校の中でも、会社の中でも、協同と競争のバランスをうまく取ることが多くの人にとって重要な課題となっています。

他者と協同すべきか競争すべきかについて葛藤状況に置かれたときの行動を調べる方法として、**囚人のジレンマ**という研究用ゲームがあります。

オリジナルのゲームの設定は、犯罪行為について自白すれば刑を軽くするという司法取引が可能なアメリカの法律に基づくものですが、ある共犯事件について２人の囚人（厳密には容疑者）が別々に取り調べられ、２人とも黙秘ならともに２年の刑、自白と黙秘に分かれれば自白者は司法取引により無罪ですが黙秘者は10年の刑、２人とも自白ならともに５年の刑という条件設定です。

たがいに信頼関係があれば、両者とも黙秘（共栄関係）をつらぬけばよいのですが、相手が自白をすると自分だけが罪が重くなると疑心暗鬼におちいれば、両方とも自白（共貧関係）になります。信頼関係が大変重要なのです。

● 集団力学

ゲシュタルト心理学派の**レヴィン**（☞15ページ）は、アメリカに移住後、マサチューセッツ工科大学で**グループダイナミックス**研究を創始しました。

グループ・ダイナミックスを日本語に訳すと**集団力学**になりますが、集団が個人を越えた特徴を持つことを前提に、集団目標、集団構造、集団規範、集団決定、リーダーシップなどを研究テーマとするものです。

ここまで「集団」という言葉を何度か使ってきましたが、**集団**の厳密な意味での定義は、①集団が目指す共通の**集団目標**があること、②集団の**成員**（メンバー）の条件が定まっていること、③成員の間に地位と役割があること、④成員が守るべき**集団規範**があること、⑤成員の間に持続的コミュニケーションがあること、などの条件をおおむね満たすことです。

人間の集まりでも集団ではないものとして、たとえばコンサートやスポーツ・イベントなどに集まった参加者のように、偶然一時的に集まった人びとのことは、心理学では**群衆**と呼びます。群衆は、時に熱狂的でひいきのチームを応援するときには大きな集合力になりますが、思い通りにいかないことが生ずると、乱暴な行動に出るような困ったことも起こりえます。

集団は定義上その成員が定まっているので、成員が所属し同一視の対象となる**内集団**と、それ以外の**外集団**に分かれます。

外集団やその成員に対してよりも、内集団やその成員に対して、より好意的な認知と感情を持ち、それに基づく行動を示すことを**内集団びいき**といいます。所属する集団が民族単位の場合で、**外集団蔑視**を伴う場合は、前出の**エスノセントリズム**（自民族中心主義）になります（☞148ページ）。

成員の間で共有されている行動基準を**集団規範**といいます。集団規範を共有することによって、他の成員の行動の予測可能性が高まり、成員間のコミュニケーションが取りやすくなります。

集団規範は、明文化された規則というよりも、暗黙の了解という色彩が強いものです。たとえば、旧日本帝国海軍では「５分前」という暗黙のルールがありました。共同作業の開始の５分前には準備が整っていなければならず、特に乗船の５分前に必ず集合しないと、敵前逃亡にも等しいとみなされ、昇格の可能性が絶たれるほどでした。しかし、そのことを明文化した文書はなかったとされます。

他方、実際には、成員全員が集団規範を守るはずもありません。**フロイド・オルポート**（☞156ページ）は、集団規範の逸脱の程度に関して**Ｊカーブ仮説**を1934年に提唱しました。たとえば、一時停止など交通規則を守る程度や、会社の始業時間や教会のミサの開始時間に到着する時刻などについて、横軸に順守／逸脱の程度、縦軸に人数を描くと、大多数は順守の範囲に入りますが、逸脱する者は必ずいます。しかし、逸脱の程度がひどくなると、その人数は少なくなります。このグラフの形がＪの字に似るというものです。

集団が集団として機能しなくなると、集団規範も守られなくなり、ついには崩壊状態になりますが、フランスの社会学者**エミール・デュルケーム**（1858–1917）は1893年にそのような状態を**アノミー**と名づけ、アメリカの社会学者**ロバート・マートン**（1910–2003）はそれを**逸脱行動論**に発展させました。

図4.3　三隅二不二のPM理論

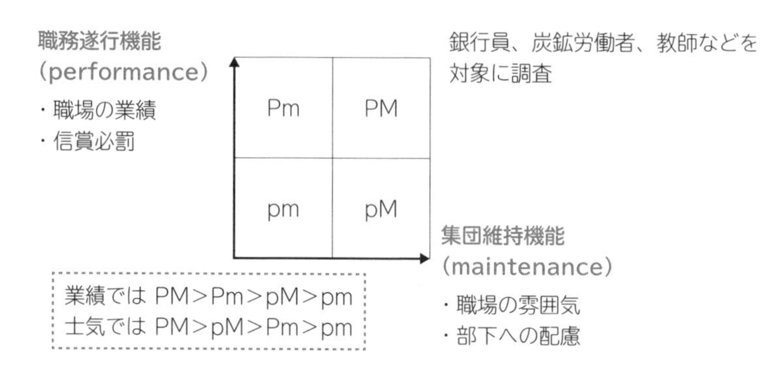

小さな集団であれば、指導者がいなくてもやっていけるかもしれませんが、組織として大きくなると、全体を統括する**リーダー**が必要となります。音楽の世界では、室内楽のカルテット（四重奏）などでは指揮者は不要ですが、オーケストラが編成されるようになると、19世紀に専門の指揮者が登場してリーダーの役割を果たすようになりました。

リーダーとしてふさわしい条件を検討する**リーダーシップ**の理論は、アレクサンドロス大王や皇帝ナポレオンなど、歴史的に活躍した「偉人」の高い資質と能力を追究する**偉人論**から始まり、リーダー個人の知能、気質、性格、意思決定方法、人間関係などを分析する**特性論**に進み、さらに集団が置かれた状況に必要な指導者の特性を分析する**状況論**へと発展してきました。

リーダーとしての資質と役割は、オーケストラの指揮者と国を導く政治家では当然まったく異なります。また、たとえば唐の第二代皇帝の太宗（たいそう）は側近たちに「創業と守成（しゅせい）といずれか難（かた）き」と尋ね、父の李淵（りえん）のような建国の指導者と、平和で安定した国を目指す自身との立場のちがいを説きました。

このように、集団の目的や置かれた状況には多様性があるので、特性論だけではリーダーシップを説明できず、時代や状況が求めるリーダー像を探る状況論へと発展するのは当然であったといえます。

わが国の研究では、心理学者の**三隅二不二**（みすみじゅうじ）（1924-2002）は、組織の目的を達成する職務遂行機能（P機能）と組織の人間関係をまとめる集団維持機能（M機能）の二次元からリーダーシップをとらえる**PM理論**を1960年代に提唱しました（図4.3）。

三隅は、銀行などいくつかの組織で調査し、各集団のフォロワー（従業員など）から見たリーダー（職長など）のP機能とM機能を調べ、平均値より上位を大文字（P、M）、下位を小文字（p、m）であらわしてPM、Pm、pM、pmの４つの型に分類し、組織の業績及びフォロワーの士気との関係を見たところ、業績ではPM＞Pm＞pM＞pm、士気ではPM＞pM＞Pm＞pmという結果を得ました。すなわち、PM型が最も望ましいリーダーであり、pm型はリーダーとしてあまりふさわしくないことがわかりました。

ここで重要なことは、PやMは個人の属性ではなく、集団の機能ですので、一人のリーダーがPとMの両方の機能を果たす必要はなく、たとえば選手に慕われるM型の監督と選手を厳しく指導するP型の鬼コーチの組合せのように、集団全体としてP機能をになう者とM機能をになう者がいれば、その集団を維持・発展させることができるのです。

リーダーが集団を引っ張っていくといっても、大きな集団ではすべてをリーダーが一人でおこなうわけにはいかないので、問題を提示して解決法を検討させる諮問機関を設けるのが通例です。そのような機関では、討議に基づく集団的問題解決がおこなわれます。

集団的問題解決では、まず何が問題であり、その重要性はどのようなものかの共通理解から出発し、複数の解決案について、それぞれどれくらいよい結果が期待できるか、反対に悪い結果が生じる可能性はないかなどの検討が進み、多数派意見と少数派意見の調整の後、解決案が決定されます。

集団的問題解決でアイディアを生成するためにしばしば用いられる方法として、ブレーンストーミングとKJ法があります。

ブレーンストーミングは、アメリカの広告会社重役**アレグサンダー・オズボーン**（1888–1966）が1938年頃に考案したもので、自由な雰囲気でアイディアを出し合い、途中での批判は避け、産出された多くのアイディアを結合し発展させるというものです。

KJ法は、文化人類学者の**川喜田二郎**（1920–2009）がチベット探検などフィールドワークの資料の整理法をチームの討議の方法に使うことを1967年に提唱したもので、氏名のイニシャルが方法名に用いられています。KJ法では、カード（または附箋）１枚に１つのアイディアを書いて広げた後、内容が近いカードをまとめて複数のカテゴリーに整理していく手順がとられます。

集団的問題解決は、諸刃の剣であり、いつもよいアイディアを生成するわけではなく、悲惨な結果を招くアイディアにたどり着くこともあります。

日本語でも英語でも、集団的問題解決の得失を述べたことわざがあります。

「三人寄れば文殊（もんじゅ）の知恵」対「船頭多くして船山に登る」

“Two heads are better than one.” vs. “Too many cooks spoil the broth.”

アメリカの心理学者**アーヴィング・ジャニス**（1918–1990）は、**ホヴランド**（☞150ページ）と説得の研究をおこなった後、1982年に**『集団思考』**という本を書きました。

集団思考は、集団浅慮（せんりょ）と言いかえてもよく、アメリカの大統領がエリート補佐官たちの衆知を集めて検討したにもかかわらず悲惨な結果を招いた歴史的事例として、日本軍を過少評価したハワイの真珠湾攻撃、中国の参戦を軽視した朝鮮戦争、キューバ侵攻に失敗したピッグス湾事件、無謀にも戦線を拡大したベトナム戦争など、集団思考による誤った政策決定過程が分析されました。

社会と文化

第１章において、**ヴント**が1879年に心理学実験室を開設したことが現代心理学の始まりとしましたが、ヴントは実験心理学の研究だけでなく、晩年のおおよそ20年をかけて**『民族心理学』**全10巻を書き、言語、芸術、神話、宗教、社会、法律、文化、歴史などを幅広く検討したことにも触れました（☞44ページ）。

個人の心理に加えて、構造としての社会と機能としての文化もまた、心理学の大きなテーマです。このことを考える参考として、社会と文化の問題を直接に研究してきた**人類学**の発展の歴史から考えてみましょう。

人類学は、自然人類学、社会人類学、文化人類学の３系統に大別されます。

自然人類学は、人類誕生から現在にいたる地球上の全人類を対象とする研究分野であり、遺伝学、考古学、進化論、霊長類学、人口学などをベースにしながら、生物としての人間の集団について広範囲に研究します。日本の大学では、主に理学部において教育・研究がおこなわれています。

社会人類学は、イギリスの**アルフレッド・ラドクリフ＝ブラウン**（1881–1955）らにより体系化された人間の社会関係の分析に重点を置く学問分野であり、家族、親族、共同体などの社会組織、政治・経済組織、宗教的儀礼などを研究対象とするものです。

ポーランドに生まれイギリスで活躍した社会人類学者**ブロニスワフ・マリノフスキー**（1884–1942）の出発点の一つは、実は**ヴント**に民族心理学を学んだことにあります。その後、当時イギリスの植民地であった南太平洋のトロブリアンド諸島に移住し、現地の人びとと交流して実地調査をおこない、その社会と文化の実態を参加観察する**フィールドワーク**の方法を確立し、その記録である**エスノグラフィー**（民族誌）にまとめました。

イギリスとフランスでは昔から社会人類学が盛んですが、この両国は世界中に植民地を持っていた時期があり、現地の民族についてよく知る必要があったことが大きな理由と考えられます。

フランスの社会人類学者**クロード・レヴィ＝ストロース**（1908–2009）は、ブラジルなどで実地調査をおこない、現地の人びとが数少ない材料を生かして創造的に物を作ることを**ブリコラージュ**と呼び、その背後にある**野生の思考**を分析しました。

他方アメリカでは、植民地や旧植民地に住む民族の社会構造や社会関係の研究から離れるポストコロニアリズム（脱植民地主義）に移行し、都市社会のさまざまな生活者の文化を幅広いテーマで研究する**文化人類学**が発展しました。

ドイツに生まれアメリカで活躍した**フランツ・ボアズ**（1858–1942）は、文化人類学の創始者の一人であり、すべての文化が対等であるとする**文化相対主義**を提唱しました。

自然人類学の「生物としての人類」、社会人類学の「民族固有の社会構造」という大きな研究の柱に対して、現在の文化人類学の研究の柱は個人の**ナラティブ**（語り）の分析に基づく**ライフ・ヒストリー**研究といえます。

フィールドワークは３つの人類学に共通の重要な研究上の特色ですが、文化人類学の具体的な研究方法は自然観察、参加観察、面接（インタビュー）、質問紙調査、映像記録などであり、心理学が重視する実験法、検査法、統計法などはほとんどおこなわれていません。他方、世界各地の地域研究とその土地の歴史研究は、人類学においてより活発に行われてきました。

ここであらためて「文化」の定義を考えますと、人類学の場合に限らず多様な意味のある言葉ですが、**文明**が物質を基盤とするのに対して、**文化**は精神を基盤とし、言語、宗教、法律、科学、芸術など、ある地域に住む民族などの集団に広く見られる価値の総体ととらえることができるでしょう。

文化差を心理学的に研究する分野として、比較文化心理学と文化心理学は、その名称も複数の文化の人びとを研究対象とする点でもよく似ていますが、基本的な考え方は異なります。

比較文化心理学は欧米の文化で研究された心のメカニズムがそれ以外のさまざまな文化でも同様に見られるかを研究するものであるのに対し、**文化心理学**はそれぞれの文化の特徴が認知及び行動とどのように相互作用するかを研究するものです。

オランダの心理学者**ヘルト・ホフステッド**（1928–2020）がアメリカのITグローバル企業のIBM社勤務時に収集し、1980年から30年以上にわたって分析結果を順次公表した国際比較調査は、その研究規模の大きさと後の研究への影響力の点から、比較文化心理学研究の代表例といわれています。

ホフステッドは、世界中に事業展開するIBM社の66か国ではたらく従業員117,000人に対する質問紙調査のデータをもとに**因子分析**をおこない、①権力格差、②不確実性回避、③個人主義－集団主義、④男性性－女性性、⑤長期志向－短期志向、⑥抑制的－充足的の６因子を抽出しました。各因子の具体的内容の説明は省略しますが、多様な国民の文化的特徴を同じ「ものさし」で測っている点が注意すべき点です。

旧ソビエト連邦に生まれアメリカで育った心理学者**ユリー・ブロンフェンブレンナー**（1917–2005）は、しつけと教育に関するアメリカとソ連のちがいを分析し、発達に関する生態学的システム理論を提唱して文化的環境の重要性を主張したので、文化心理学の源流の研究者の一人といえます。

ブロンフェンブレンナーの**生態学的システム理論**は、図式的には個人のまわりに以下の４つのシステムが同心円の入れ子状に配置されるモデルです。

①マイクロシステムは、一番内側の同心円に位置し、家族、友達、学校、教会、病院など、個人を直接に取り巻くものです。

②メゾシステムは、二番目の同心円に位置し、マイクロシステムの要素間の関係や、次のエクソシステムとの連携を扱います。

③エクソシステムは、三番目の同心円に位置し、近隣、警察、社会奉仕、マスメディア、産業などからなります。

④マクロシステムは、一番外側の同心円に位置し、社会階層や民族の要素を含めた文化のシステムです。

図4.4　ミシガン・フィッシュ・テスト

コンピュータのモニターに20秒間、２回提示され、直後に自由再生テスト。その後、提示したアイテム45個と新しいアイテム45個を３種の背景で再認テスト。

アメリカの心理学者**ヘーゼル・マーカス**（1949–）とミシガン大学教授の**北山忍**（1957–）は、文化によって自己のとらえ方が異なると考える**文化的自己観**の共同研究を1991年に発表しました。アメリカの文化では自己と他者を明確に区別し、自己を他者からは独立した独自の特性を持つ存在とする**相互独立的自己観**を持つのに対し、アジアの文化では自己と他者との相互のつながりを重視し、調和のとれた協調関係を求める**相互依存的自己観**を持ち、この自己観のちがいが認知、感情、動機づけなどの本質的ちがいを生み出すという主張です。この研究は、文化によるちがいを内面的、心理的な側面で論じており、その後の文化心理学の研究に大きな影響を与えました。

カナダ・アルバータ大学教授の**増田貴彦**（1970–）は、ミシガン大学在籍時にアメリカの心理学者**リチャード・ニスベット**（1941–）とともに**ミシガン・フィッシュ・テスト**（図4.4）を考案し、認知様式の日米の文化差を調べて2001年に結果を公表しました。図4.4のような動画を見せた後、何があったかを答えてもらうと、日本人は「池の絵」のように画像全体の様子から答えましたが、アメリカ人は「３匹の魚の絵」のように中心の部分から答えました。その後、画像の一部分を見せて、あったかなかったかを答えてもらったところ、アメリカ人は３匹の魚については正しく答えましたが、それ以外の生き物などについては成績が下がりました。他方、日本人は魚だけでなくカエルやカタツムリ、水草などについても正解率が高かったのです。

この増田とニスベットの研究は、知覚、記憶、認知のような最も基礎的な心理過程においても、文化による大きなちがいが存在することを示す一連の研究動向に属しています。ニスベットは、西洋人の分析的思考と東洋人の全体的思考のちがいが歴史的に形成されてきたものと論じています。

ニスベットの訳書『木を見る西洋人　森を見る東洋人』(2003年)と増田の著書『ボスだけを見る欧米人　みんなの顔まで見る日本人』(2010年)のタイトルは、東西の認知のしかたのちがいをうまくとらえています。

他方、西洋／東洋や、アメリカ人／日本人という大きなくくりで論ずることに対する批判もあります。アジアには西アジア(中近東)までが含まれ、東アジアだけでも日本、中国、韓国、北朝鮮では文化が同じとはいえない部分が多々あります。地域や宗教などのちがいを考慮し、文化をより細かく見ることによって、文化相対主義が発展していくことでしょう。

4.2 感情心理学を学ぶ

感情心理学は、**感情**と**認知**や行動との相互関係を研究する心理学の分野です。感情は、楽しいというプラスの感情の場合も、怒りというマイナスの感情の場合も、表情をはじめとする身体の変化につながることが多いので、感情の生理学的しくみを知っておくことも大切です。感情には、対象や状況に対する主体の価値づけという側面があります。ここで対象には、自己自身も他者も含まれます。プラスに価値づけがおこなわれるとその対象や状況を受容し接近しますが、マイナスに価値づけがおこなわれると拒否や回避の行動を引き起こします。この意味で感情は行動への**動機づけ**となりうるものです。

● 感情の定義と種類

感情(フィーリング)には、喜怒哀楽など身体的に表出されやすい一過性の感情である**情動**(エモーション)と、明るい－暗い、はれやか－ゆううつなど、強くはないけれど比較的長期間にわたって持続する感情である**気分**(ムード)が区別されます。

図4.5　ラッセルの感情の円環モデル

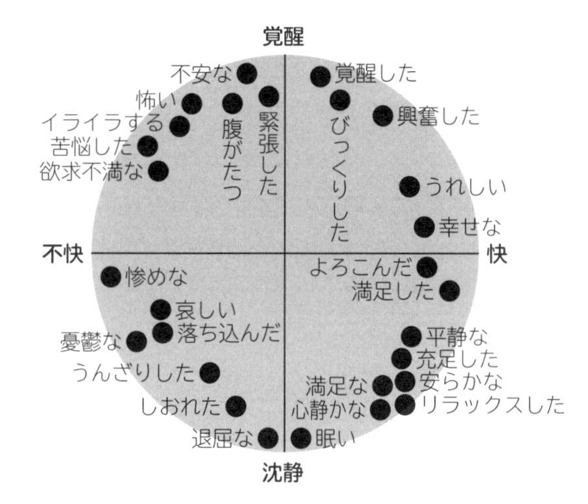

なお、**情緒**という言葉は「京情緒」のように落ち着きのある懐かしさの意味でも使われますので、「エモーション」に対応する訳語としては「情動」の方がよく使われます。

アメリカの心理学者**ジェームズ・ラッセル**（1947–）は、1980年に**感情の円環モデル**を提唱しました（図4.5）。このモデルは図の●で示された28の感情語を８タイプに分類する実験の結果として示されたもので、⊕の形の水平軸は快－不快次元、垂直軸は覚醒（かくせい）－沈静次元であり、この２軸を直径とする円周上またはその近くにさまざまな感情語が位置するモデルです。しかし、たとえば「懐かしい」「頼もしい」「くやしい」「うらやましい」などはこの図に含められていません。後にラッセルは、快－不快次元と覚醒度の高－低の次元の中でさまざまな感情を想定する**コア・アフェクト・モデル**を提唱しました。

アメリカの心理学者**ポール・エクマン**（☞17ページ）は幸福、怒り、悲しみ、嫌悪、驚き、恐怖の６感情を**基本感情**とし、表情をつくる筋肉の動作の分析を前提とした**顔動作記述システム**（facial action coding system; FACS）を考案して研究を行いました。たとえば、パプアニューギニア高地の原始社会に暮らし西欧人と接触する機会のない人びとが、西欧文化の人の表情を写した写真から基本表情を正しく読み取れたことから、表情の認知は文化依存的ではなく、人類に普遍的で生得的基盤を持つことを主張しました。

ディズニー／ピクサー映画『インサイド・ヘッド』（2015年）は、11歳の少女ライリーの頭の中のヨロコビ、カナシミ、イカリ、ムカムカ、ビビリの5感情が繰り広げる冒険物語ですが、エクマンの理論に基づく設定です。

エクマンらは、自己の情動表出の適切性をコントロールするルールのことを**表示規則**と呼びました。たとえば、ほしくないプレゼントをもらっても喜びを示す強調化、ゲームに勝利してもみんなの前では喜びを抑える最小化、批判されても平然としている中立化、怒りを感じる場面でも笑顔を見せる代用などが表示規則の例です。表示規則は、子どものときのさまざまな経験を通して学習され獲得されます。

複合感情

感情はエクマンのいう基本感情だけでなく、共感、賞賛、羨望（せんぼう）、嫉妬など、他者との関わりから生ずるポジティブなものもネガティブなものも含め、さまざまな複雑な感情がありますが、**ユング**は、複合感情という意味の**コンプレックス**を重視しました（☞51ページ）。

日本語のコンプレックスは、**アドラー**（☞51ページ）の理論に近い形で劣等感あるいはその裏返しの優越感という意味で使われますが、ユングは無意識の複合的な感情をコンプレックスと呼び、研究の初期の段階で開発した**言語連想検査**を用いて精神科の患者に100の刺激語に対する連想反応を求め、不吉な言葉や性的な言葉ではない一見普通の言葉に対して、反応時間の遅れ、言いよどみ、言いまちがい、感情的な反応などから、患者のコンプレックスの内容を分析しました。

なお、**フロイト, S.** の**エディプス・コンプレックス**とユングの**エレクトラ・コンプレックス**は大変有名ですが、その詳しい説明と、両者の解釈のちがいについて、Column10とColumn11に示します。

感情の生理学的基礎

第1章でも述べた**ダーウィン**の**『人及び動物の表情について』**（1872年）は、表情の一般原理、動物の表情、人間の表情の三部からなり、幼児、精神病者、さまざまな種族の人びと、芸術作品などについて、多くの絵と写真を用いて、人間の表情とその理解について論じました（☞58ページ）。

Column 10

フロイトのエディプス・コンプレックス

ジークムント・フロイトは、ギリシア神話のエディプス王の物語から、男児が父親と対決し母親と性的に結びつこうとする複合感情を**エディプス・コンプレックス**と呼びました。エディプス王の物語は、古代ギリシアの詩人**ソポクレス**（紀元前496–406頃）の戯曲『オイディプス王』の次のような話です。

ギリシア神話では、神のお告げであるデルポイの神殿の神託がきわめて重要な意味を持ちます。テーベの王ライオスと王妃イオカステは、生まれてきたばかりの男児について、「この子は父を殺し、母との間に子をなす」というおぞましい神託を受け、部下に遠くへ連れて行って殺すように命じました。家来は赤子を殺すにしのびず、放置して帰って「殺しました」と報告しました。

隣国のコリント王と王妃は、偶然泣いている赤子を見つけ、子のいない夫妻の実子として育てました。青年になった**エディプス**は、自分がコリント王夫妻の子でないといううわさを耳にし、神託を求めたところ、「おまえは父を殺し、母との間に子をなす」というお告げを得ました。エディプスは、そのようなことが起こらないようにと、コリントを出奔（しゅっぽん）しました。

ある日エディプスが狭い崖路（がけみち）を歩いていると、向こうから馬車に乗ってやってきた老人と大げんかになり、老人を馬車ごと谷底に突き落として殺してしまいました。

エディプスがテーベの町に入ると、すっかり荒廃していて、住民にその理由を聞くと、スフィンクスという怪物が荒らし回っているということでした。エディプスが対決し、見事スフィンクスを退治すると、先王亡き後の王位につくことになり、王妃のイオカステと結婚して女児をなしました。

しかし、再びテーベの町が荒れ始めたので、神託を求めると「先王を殺した犯人がつかまらないからだ」というお告げを得ました。エディプスは、部下に四方八方手をつくして調べさせると、崖で突き落とした老人は父であり、母と結婚して子をなしてしまったことを知ります。母は自殺し、エディプスはわが目をつぶして、娘に手を引かれ放浪の旅に出て話は終わります。

フロイトにとって、この物語の一番重要な点は、エディプスがそうとは知らず、いわば**無意識**のうちに父を殺し、母と結婚した点にあります。なお、フロイト自身が強権的な父に反発し、母親と親密であったともいわれます。

Column

11

ユングのエレクトラ・コンプレックス

カール・ユングは、エディプス・コンプレックスとは男女が逆のケースとして、娘の母親への敵対心と父親への親和性をギリシア神話のトロイ戦争のエピソードから、**エレクトラ・コンプレックス**と呼びました。

トロイ戦争の物語の発端は、「最も美しい女神」に与えられる黄金のりんごをめぐって３人の女神が争い、審判役のトロイ（現在のトルコにあった国）の王子パリスが「最も美しい女を与えること」を約束したアフロディテ（ヴィーナス）を選び、ほうびとしてスパルタ王メネラオスの妃ヘレネーを奪い去るというできごとでした。

メネラオスの兄のミケーネ王アガメムノンは、パリスにヘレネーの引き渡しを拒否されたので、ヘレネー奪還とトロイ懲罰のため、ギリシアの連合軍を指揮してトロイに攻め込みました。アキレスの活躍と死などがあり、トロイの木馬の奸計(かんけい)によるギリシア軍の勝利で戦争は終わりますが、多くの後日譚(たん)が生まれました。有名なオデッセウスの10年間の諸国漂流物語の陰に、**エレクトラ**とその弟オレステスの凄惨(せいさん)な物語がありました。

アガメムノン王のトロイへの出陣後、王妃クリュタイムネストラは、先夫がアガメムノン王に事実上謀殺されたことを恨み、先夫の弟アイギストスと密通し、アガメムノン王がトロイ戦争の勝利で凱旋(がいせん)帰国した夜にアイギストスと２人して王を風呂場で殺してしまいました。

王女エレクトラと王子オレステスは、あやうく難を逃れて身を潜(ひそ)めましたが、デルポイの神託に従い、父の仇(かたき)を討つことにしました。二人は力を合わせてまずアイギストスを殺し、追い詰められたクリュタイムネストラは自身の胸をはだけて乳房をオレステスに示し、これでお前を育てたと言って命乞いをしますが、エレクトラはオレステスに命じて母を殺させました。

ユングは、娘の母親に対する敵対心と父親への親密な感情をエレクトラ・コンプレックスとして**フロイト**に提示しましたが、フロイトはこの提案を受け入れず、娘の場合もエディプス・コンプレックスと呼びました。

フロイトにとっては、エレクトラの物語には性的欲求の要素がないことが不満の原因であり、ユングにとってはフロイトの汎性(はんせい)説に賛同できず、このちがいはユングがフロイトから離反する原因の一つとなりました。

フランスの神経学者**ギヨーム・デュシェンヌ**（1806–1875）は、デュシェンヌ型筋ジストロフィーなどの研究で名前を残しましたが、電気生理学の研究もおこない、顔の筋肉に電気で収縮を引き起こし、奇妙な表情を発生させて写真を撮影しました。**ダーウィン**はその奇妙な表情写真も引用しました。なお、エクマンは、デュシェンヌの表情研究を高く評価しています。

情動が生ずる生理学的しくみの説明として、これまで情動の末梢起源説（ジェームズ＝ランゲ説）、情動の中枢起源説（キャノン＝バード説）、情動の２要因説（シャクター＝シンガー説）、ソマティック・マーカー仮説などが提唱されてきました。

アメリカ心理学の父**ジェームズ**（☞45ページ）は、「情動とは何か」という1884年の論文の中で「常識では、財産を失って悲しんで泣き、クマに出会って恐れて逃げ、馬鹿にされて怒ってなぐると言います。ここで擁護すべき仮説は、この順序はまちがいだということです。（中略）より理にかなった言い方は、泣くから悲しく、なぐるから腹立ち、震えるから怖いのです」と、まさに常識を180度転換する考え方を示しました。

身体変化の認知が主観的な情動経験を生じさせるとするというジェームズの考え方は、**情動の末梢起源説**と呼ばれるようになりました。ジェームズとは独立に、デンマークの医師**カルル・ランゲ**（1834–1900）は、1885年の「情動について」という論文の中で血管の生理学的変化が情動の認知に先立つことを主張しましたので、末梢起源説は両者の名前を合わせて**ジェームズ＝ランゲ説**とも呼ばれるようになりました。

ジェームズとランゲはともに生理学者でしたが、その時代の生理学全体の知識は未熟でした。アメリカの生理学者**ウォルター・キャノン**（1871–1945）と弟子の**フィリップ・バード**（1898–1977）は、生理学的に正確な情動理解を進めようとして実験を重ねました。

同じ身体反応が状況によって別の情動反応を引き起こすことや、ネコの交感神経系を切断しても情動反応は起こりますが、脳の**視床・視床下部**を除去したネコが情動反応を示さなくなるという実験結果などから、キャノンは視床及び視床下部が情動刺激の情報を大脳に伝達することによって情動が生ずるとする**情動の中枢起源説**を提唱しました（1927年）。これは、**キャノン＝バード説**と呼ばれています。

アメリカの心理学者**スタンリー・シャクター**（1922–1997）と**ジェローム・シンガー**（1934–2010）は、情動における認知的要因の重要性を主張する研究をおこないました。情動の成立には、身体反応とその原因となるものの認知の両方が不可欠であり、生理的状態の認知的要因と、「喜び」「怒り」など情動の認知的ラベルの要因とが相互作用するとする**情動の２要因説**が唱えられ、研究者の名前をとって**シャクター＝シンガー説**とも呼ばれています。

シャクターとシンガーが情動の二要因説を証明するために1962年におこなった実験は、**統制群法**（☞21ページ）を用いた次のような少し複雑な手続きでおこなわれました。

研究参加者には「ビタミン剤の視力向上効果の検証のため」という偽りの説明をして参加してもらいます。実験群ではエピネフリン（日本語ではアドレナリン）の注射、統制群では生理的食塩水の注射を受けましたが、注射液の内容はビタミン剤としか知らされません。実験群ではすぐに心拍数と呼吸数が上昇するなどの身体変化が生じますが、統制群では身体変化は生じません。なお、身体変化を感じなかった実験群の参加者はデータ分析から除外されました。

注射の後、実験協力者が演技で楽しそうにしている状況か、怒りを示す状況のどちらかに置かれました。その結果、実験群では誘導された状況に対応して、楽しい感情または怒りの感情が報告されました。

実際の実験手続きにはもう少し複雑な条件もありましたが、情動は身体反応とその原因の認知の両方が不可欠と説明する情動の２要因説を支持する結果が得られたのです。

ポルトガル出身のアメリカの神経科学者**アントニオ・ダマシオ**（1944–）が1991年に提唱した**ソマティック・マーカー仮説**は、情動のしくみというよりは、意思決定において情動が「身体の印」という意味の**ソマティック・マーカー**となって重要な信号を提供し、その処理に際して脳の前頭部にある**腹内側前頭前野**（ふくないそくぜんとうぜんや）が重要な役割を果たすとするものです。

この説の根拠の一つとして、腹内側前頭前野を損傷した患者は、ダマシオがアイオワ大学に勤務していたときに共同開発した**アイオワ・ギャンブル課題**においてリスクを気にしない反応を示したことがあげられます。この課題では、コンピュータの画面に横並びに提示されるＡ、Ｂ、Ｃ、Ｄのカードから１回に１枚ずつ引きますが、賞金がもらえるカードと罰金を払うカードがあります。

ＡとＢのカードは賞金も罰金も高く結果的に損をします。ＣとＤのカードは賞金が低いが罰金も低く結果的に得をします。多くの人は、カードを何度も引いているうちに高い罰金を経験したカードは「危ない」「怖い」と感じて避けるようになり、ＣかＤのカードに選択を集中していきます。しかし、腹内側前頭前野を損傷した患者は、１回の賞金額が多いＡかＢを選び続け、高い罰金を経験しても怖さを感じないようなのです。

「怖い」という感情は、適応にとって必要なものです。**キャノン**（☞171ページ）は、1915年に**闘争－逃走反応**という概念を提唱しました。動物は、捕食者など外敵に出会ったとき、瞬時に「戦うか逃げるか（fight or flight）」の判断をおこなわないと餌食（えじき）にされてしまいます。

動物園でライオンがエサやりなどで慣れているはずの飼育員を襲って重傷を負わせる事件がときどき報道されます。ライオンやトラのような肉食動物は、眼に見えない広い「逃走の範囲」と狭い「闘争の範囲」を持っていて、相手が逃走の範囲であれば攻撃しませんが、闘争の範囲に入られると身を護（まも）るためにやむなく攻撃するという行動パターンを持っています。その範囲は眼に見えないので、襲われた飼育員は普段通り逃走の範囲にいるつもりが、闘争の範囲に踏み込んでしまったのかもしれません。

さて、人間の場合、闘争－逃走反応は**交感神経系**のはたらきを活性化させることによって、血圧、心拍、呼吸の値が高くなり、瞳孔（どうこう）は拡大し、身体の必要なところに血液を送るために顔は青ざめます。筋肉の緊張が高まり、身体が震えることもありますが、怖い場合だけではなく、攻撃態勢に入ったときは「武者振るい」になります。このように、闘争と逃走は、生理学的には同じ身体反応を生じさせます。

さらに重要なことは、人間の場合、闘争－逃走反応は現実の脅威だけでなく想像上の脅威に対しても生じるということです。たとえば、戦争からの帰還兵が起こしやすい症状として、戦場の悪夢のような体験の記憶がよみがえって闘争－逃走反応を引き起こし、闘争反応としては銃の乱射事件、逃走反応としては引きこもりにつながることがあります。

情動の脳内機構については、動物の脳の特定部位を破壊または電気刺激して情動の変化を調べる実験研究あるいは脳画像計測研究、脳損傷患者の情動の症状を調べる臨床研究などから解明が進められてきました。

研究の結果、大脳辺縁系の中のアーモンド形をして左右対になっている**扁桃体**（へんとう）が情動の発現にとって重要な役割をになっていること、また扁桃体と密接に連絡する**視床下部**が情動変化に伴う自律神経系の反応に関与していること、扁桃体との間で情報のやりとりをする**島皮質**（とうひしつ）も特にその前部が情動情報の処理に関わることなどが明らかになっています。

● 気分の影響

ここまで情動について述べてきましたが、もう一つの感情である**気分**（ムード）について、それが認知や行動にどのような影響を及ぼすかを見ておきます。

前述のように、強くはないけれど比較的長期間にわたって持続する感情を気分といいますが、情動のようにかなり明確な外から見てわかる身体変化ではないので、研究の対象になりにくい面があり、気分の誘導と測定の方法について工夫がおこなわれてきました。

気分の誘導の方法としては、自己に関わる60文を読む**ヴェルテン法**、文章を読んでその場面を想像するイメージ法、成功または失敗しやすい課題を与える方法、音楽の一部を聞かせる方法、映画の一部を視聴させる方法などが用いられてきました。なお、ヴェルテン法の名称は1968年に提唱した研究者（Velten, E.）の姓によります。

いずれの方法も、研究の目的に応じて、高揚感など快の気分を誘導するために用いる場合と、ゆううつ感など不快な気分に誘導するために用いる場合があります。

不快な気分に誘導する場合、誘導したことが自尊心の低下、あるいは身体の不調につながるような方法は倫理上問題があります。誘導による問題が生じていないか、途中の状態をモニターしつつ、適切に対処しなければなりません。

また、どのような気分であれ、研究者の思う方向に誘導できたとしても、長期間にわたってその状態を持続させるのは困難です。

気分の測定方法としては、一般的には研究内容に応じた質問紙が作成されますが、一例として1990年に作成された**UWIST気分形容詞チェックリスト**（UMACL）というものがあります。UWISTは、作成者の所属するイギリスのウェールズ大学科学技術研究所の略称です。UMACLの日本語版は、日本語版UWIST気分チェックリスト（JUMACL）として市販されています。

気分が認知に及ぼす影響の研究は、記憶心理学の分野で発展してきました。アメリカの心理学者**ゴードン・バウアー**（1932–2020）は、記憶研究の大家として知られていますが、1981年に「気分と記憶」という論文を書き、**気分一致効果**を提唱しました。

たとえば、幸せな気分のときに幸せな思い出が想起されやすいことを**気分状態依存記憶**といいますが、単語リストの想起や、日記に記録された個人的体験や幼少期の経験の想起において気分状態依存記憶が生ずることが示されました。また、記憶するときの気分と記憶する内容の気分が一致しているときに想起されやすい現象は**気分一致記憶**と呼ばれています。

バウアーは、気分一致効果は**連想ネットワークモデル**で説明できると考えました。記憶は、その関連要素が網の目のように結びついています。たとえば、リンゴは、皮の赤い色やおいしい味に結びつきますが、アダムとイヴの楽園追放の原因や、白雪姫がだまされて食べた毒リンゴにも結びつきます。

このような連想の広がりを**活性化拡散**といいますが、気分も連想ネットワーク上の活性化拡散の作用を受けますので、たとえばある気分が同じ気分の過去のできごとに結びつくことになります。快気分のネットワークで活性化拡散が生ずれば、楽しい思い出が連鎖的に想起されますが、不快気分のネットワークで活性化拡散が起こると、失敗したできごとの思い出やそのときの苦しい体験を想起させます。

フロイト, S. は、自己の存在を脅かす不快な経験は、意識から無意識に追いやる**抑圧**のはたらきによって忘却が生じるという説明をしました（☞50ページ）。これに対しバウアーは、経験内容の快－不快だけでは想起量の差はなく、誘導された想起時の快－不快の気分に対応して、快または不快な過去経験の想起が多くなることを実験によって示しました。

気分は「気分がいい」「気分が悪い」という程度であれば、誰でも日常的に感じることで何の問題もありません。しかし、それが気分障害となると本人に大きな苦しみをもたらし、まわりの人にも大きな影響を与えます。

精神医学では、以前はうつ病と双極性障害を合わせて**気分障害**と呼んでいましたが、最近ではそれぞれが独立した精神疾患とみなしています。**うつ病**は、**大うつ病性障害**ともいい、持続的な抑うつ気分、興味や喜びの喪失、倦怠（けんたい）感のほか、不眠、食欲低下などの身体症状も生じます。

ジェームズは、ハーヴァード大学の医学生のときにアマゾン川流域の探検隊に加わりましたが、疲労とさまざまな病気からうつ病にかかり、苦しい期間を過ごしました。うつ病とそこからの回復の経験は、ジェームズが医学から哲学と心理学に転じたことと無関係ではないでしょう。そして、自身の娘もうつ状態になったと聞き、次のような手紙を送り、うつ病の説明をしています。

「ひどい悲しみの波が何度も押し寄せ、しばしば何日も続きます。そして、自分自身への不満、他人へのいらだち、状況への怒り、石のような無感動などなどが一緒になって憂うつな状態を生み出します。今はそのように苦しくても、憂うつは私たちの天啓のために遣わされているのです。」（筆者訳）

「天啓」というキリスト教的な宗教用語はともかく、うつ病体験者ならではの実感のこもった説明といえるでしょう。

双極性障害は、かつて**躁鬱病**（そううつ）と呼ばれ、躁（はしゃぐ）状態と鬱（ふさぐ）状態が循環する障害です。ただし、循環といっても規則正しく交互に代わるわけではなく、個人ごとにさまざまなあらわれ方をします。躁病とうつ病を繰り返すものを**双極Ⅰ型**、軽い躁病とうつ病を繰り返すものを**双極Ⅱ型**に分けていますが、実際にはさまざまなパターンがあるということです。

双極性障害で知られている著名人にアメリカの小説家**アーネスト・ヘミングウェイ**（1899–1961）がいます。新聞記者からスタートし、さまざまな立場で第一次世界大戦、スペイン内戦、第二次世界大戦の戦場におもむき、『武器よさらば』や『誰（た）がために鐘は鳴る』などの戦争小説を書く一方、平時には闘牛愛好家として『日はまた昇る』、アフリカ・ケニアでの狩猟三昧（ざんまい）により『キリマンジャロの雪』などの作品を残し、大型カジキ釣りの経験を生かした『老人と海』が評価されて1954年10月にノーベル文学賞を受賞しました。

この経歴が示すように、表面的にはヘミングウェイは冒険心が強く行動的でワイルドな作家でしたが、ノーベル賞受賞の1954年１月にアフリカで２度続けて飛行機事故にあって脳損傷などの重傷を負ってから双極性障害を発症し、上機嫌と不機嫌が交錯する長い闘病生活の中で執筆が思い通りに進まず、61歳の時に銃で自死しました。

気分障害のさまざまな事例は、ゆるやかで静かな川の流れが突然急流になったり、滝のように真っ逆さまに落ちていったりするさまにも似て、気分が長期的に人間の心理に重要な影響を与えることを示しています。

4.3 パーソナリティ心理学を学ぶ

心理学検定の科目名では「性格」の語が用いられていますが、本章では性格心理学よりも内容的に幅広い**パーソナリティ心理学**について説明します。

ちなみに、日本パーソナリティ心理学会は、1992年に日本性格心理学会として発足しましたが、2003年に現在の名称に変更しています。

パーソナリティは、仮面を意味するラテン語の「ペルソナ」を語源とし、外から見たその人らしさという意味もありますが、個人としての認知・感情・行動の連続性や一貫性をあらわす言葉です。パーソナリティは**人格**とも訳されますが、「人格者」「人格破綻者」のような優劣の価値基準を含めないために、主としてパーソナリティの語を使うようになっています。

気質と性格と社会的性格

パーソナリティと関連する用語に、気質、性格、社会的性格があります。

気質（テンペラメント）は、「職人気質」のように「かたぎ」と読むときは、その職業に特有の思考や行動をいいますが、心理学では「きしつ」と読み、かなり生得的に規定された生理学的な基盤に基づく感情面の個性をあらわします。たとえば、「よく泣く赤ちゃん」と「おとなしい赤ちゃん」のちがいは、その置かれている物理的環境や社会的環境に大きなちがいがないとすれば、気質の差によるものと考えます。

気質の構成要素としては、活動性、反応性、情動性、社交性の４種類を分類する考え方もありますが、実際はもう少し複雑なものです。

性格（キャラクター）は、環境との相互作用により獲得し形成されるものとしての個人の認知・感情・行動のスタイルをいいます。生得的な気質は簡単には変わりませんが、性格は変わろうとする努力によって変えることができますし、環境の変化によって性格が激変することはごく普通のことです。

性格を意味する英語の「キャラクター」は、ギリシア語の「刻印」に由来し、性格は「刻み込まれた特徴」という意味ですので、自身でもさらに深く自身の特長を刻み込んでいくことができるものです。

性格の測定には、さまざまな性格検査が開発されました。具体的には、後に詳しく見ることにします。

社会的性格（ソーシャル・キャラクター）は、個人がある民族・国民・階級・職業など一定の社会集団に長期間所属することによって形成される、その社会集団の成員に比較的に共通して見られる認知・感情・行動の様式です。

たとえば、大学卒業後10年ほどたって同窓会で集まったとき、公務員になった人、民間企業に進んだ人、大学の研究者になった人では、学生のときの行動パターンと何かちがっていることに気づくとすれば、職業集団の社会的性格が刻み込まれた結果であることが大きいかもしれません。場合によっては、就職した地域の県民性などの影響を受けるということもあるでしょう。そういったものが社会的性格です。

● パーソナリティの理論

パーソナリティという言葉自体は、歴史的には新しいものですが、個人を構成する心の要素については、すでに古代ギリシア哲学の頃から考えられてきました。中でもギリシアの哲人**プラトン**（紀元前427-347）は、著書『国家』の中で理知（ロゴス）、気概（テュモス）、欲望（エピテュメーテース）を区分する**魂の三分説**を提案しました（☞39ページ）。

プラトンの魂の三分説は、たとえばデンマーク生まれのドイツの哲学者**ヨハネス・テーテンス**（1736-1807）の**知情意の三分法**など、後世の哲学者に継承されました。

ちなみに、**夏目漱石**（1867-1916）の小説『草枕』（1906年）の冒頭の有名な一節「山路（やまみち）を登りながら、こう考えた。智に働けば角が立つ。情に棹（さお）させば流される。意地を通せば窮屈（きゅうくつ）だ。とかくに人の世は住みにくい」も西欧の思想に明るい漱石らしく、知情意の三分法に従って書いています。

心理学もまた基本的に知情意の三分法の考え方を受け継いでいますので、個人のパーソナリティは、知能と感情と意志が一体となって発達し、その人らしい個性が形成されていくと考えます。

パーソナリティの理論は、類型論から特性論へと歴史的に発展しました。

類型論は、パーソナリティをごく少数の典型的なタイプに分類する考え方です。1921年に、別々の観点から３つの類型論が提案されました。

ドイツの精神科医**エルンスト・クレッチマー**（1888–1964）は、精神病者の**気質**と体型の関連性を調べ、細長型の体型はまじめで静かで非社交的な分裂気質、肥満型の体型は親切で社交的でユーモアを好む循環気質、闘士型の体型はきちょうめんで粘り強いが時に興奮しやすい粘着気質、と３タイプに類型化する研究を**『体型と性格』**と題して1921年に公刊しました。

ユングは、1921年の著書**『心理学的タイプ』**において、意識が心の中の主観的な動機と観念に向かう**内向性**、外的環境の中の客観的な動機と観念に向かう**外向性**を区分しましたが（☞51ページ）、単なる二分法ではなく、意識の合理的機能としての思考と感情、意識の非合理的機能としての感覚と直感を分け、それと内向性－外向性を掛け合わせた８類型について、その人物像の特徴を詳細に検討し、さらに無意識との関係を整理しました。

ドイツの哲学者で心理学者の**エドゥアルト・シュプランガー**（1882–1963）は、1921年（最初の草稿は1914年）の著書**『生の諸類型』**において、個人がどのような対象に価値を置くかによって、①真理を追究する理論型、②経済合理性を追求する経済型、③美の感覚を追求する審美型、④神への信仰を追求する宗教型、⑤福祉への奉仕を追求する社会型、⑥高い地位への上昇を追求する権力型の６類型を分類しました。

一般的に類型論は、説明としてシンプルでわかりやすく、確かに類型にぴったり当てはまる人もあり、その場合は納得しやすいですが、多くの人はどの類型にも当てはまらない中間型になる傾向があります。

個人を少数の類型に無理に当てはめるのではなく、もう少していねいに個人ごとに安定して一貫した性格特性を見ていこうとするのが**特性論**です。

特性論の考え方を最初に提案したのは、**ゴードン・オルポート**（☞147ページ）であり、1936年のこととされます。オルポートらは、辞典などから性格に関連する単語を約18,000語集め、そこから4,500語ほどに絞り込み、さらにその性格特性語としての重要度を３段階に分けました。

キャッテル（☞136ページ）は、オルポートの収集した4,500語を171語に絞り込み、さらにそれを**因子分析**にかけて16因子を抽出しました（1945年）。その内容はさらに精選され、1949年に**16PF人格検査**という名のパーソナリティ検査として刊行されました。なお、PFは「パーソナリティ・ファクター」という英語の頭文字を取ったものです。

特性論は、個人のパーソナリティ特性が状況を超えてある程度一貫していることを前提としますが、**ミシェル**（☞17ページ）は1968年の著書『パーソナリティとアセスメント』の中でパーソナリティ特性の要因と状況要因の相関が低いというデータを示して特性の一貫性に対する疑問を提出し、多くのパーソナリティ研究者を巻き込む**一貫性論争**が起こりました。

この論争は、状況を越えた人間の特性の一貫性を主張する**特性論**と、特性は状況により変動すると主張する**状況論**との議論であり、**人間－状況論争**ともいわれます。

論争の結果、特性論と状況論の相互理解が深まり、パーソナリティは人間の特性要因と人間が置かれる状況要因との相互作用により生ずるという**相互作用論**に収斂（しゅうれん）していきました。これは、行動が個人と環境の関数とする**レヴィンの公式B＝f（P，E）**への回帰と見ることもできます（☞15ページ）。

パーソナリティ検査

パーソナリティ理論の発展は、**パーソナリティ検査**の開発と両輪になって進んできました。以下では**質問紙法**による検査のみを扱い、種類の少ない作業検査法及び主に臨床場面で使用される投影法による検査については第１章を参照してください。また、検査によっては実施の手引きや検査用紙が市販されていますが、その場合は具体的な検査項目の内容は引用できません。

最初のパーソナリティ検査が何かについては、いくつか説がありますが、第一次世界大戦の砲弾（シェル）が飛び交う戦場やそこからの帰還後に、**シェル・ショック**あるいは**戦争神経症**と呼ばれる心身の病に苦しむ兵士が大量に出現したことへの対応として、招集時に兵士としての適性を調べるスクリーニング検査の開発が求められました。

それに応じたアメリカの心理学者**ロバート・ウッドワース**（1869-1962）が作成したウッドワース・パーソナル・データ・シートが後のパーソナリティ検査の作成に大きな影響を与えたとされます。なお、この検査が完成したのは大戦終了後の1919年でした。

その後、いくつかの気質検査や性格検査が開発されましたが、大きな転機は1942年に公刊されたミネソタ多面人格目録（MMPI）及び前出のキャッテルにより1949年に公刊された16PF人格検査でした。

ミネソタ多面人格目録（**MMPI**）は、ミネソタ大学に勤務していた心理学者の**スターク・ハサウェイ**（1903-1984）と神経内科医の**ジョン・マッキンリー**（1891-1950）が当初はミネソタ大学病院の精神科で使用する目的で心理検査の開発を1937年頃から始め、1942年にミネソタ大学出版局から公刊しました。

最初のMMPIは妥当性４尺度と臨床診断10尺度、合計550項目の質問に対して「当てはまる」か「当てはまらない」かを２件法で回答するものでした。その後もミネソタ大学で改訂が続けられ、2020年からはMMPI-３が最新版となり、52尺度、335項目から構成されます。

モーズレイ人格目録（**MPI**）は、ロンドンのモーズレイ病院に勤務していた**アイゼンク**（☞52ページ）が1952年頃から構想し、1959年に公刊したパーソナリティ検査であり、外向性－内向性尺度24項目と神経症的傾向尺度24項目に虚偽尺度20項目などを加えて全80項目のそれぞれに対して「はい」「？」「いいえ」の３件法で回答を求めるものです。

わが国では、京都大学教授(当時)の心理学者**矢田部達郎**（1893-1958）らによって開発され、1957年に公刊された**矢田部ギルフォード性格検査**（**YG性格検査**）があります。この検査は、12尺度各10問、計120問の質問項目からなり、「はい」「？」「いいえ」の３件法で回答を求めます。なお、アメリカの心理学者**ジョイ・ギルフォード**（☞135ページ）のパーソナリティ研究をベースにしているので、矢田部とギルフォードの両方の名を冠する検査名になっています。

アメリカの精神医学者**ロバート・クロニンジャー**（1944-）らは、1993年に**気質性格検査**（**TCI**）を公刊しました。気質は新奇性追求、損害回避、報酬依存、固執の４次元、性格は自己志向、協調性、自己超越の３次元からなりますので、**７次元モデル**ともいわれています。

気質の次元分類については、脳内の**神経伝達物質**との関連が想定され、新奇性追求は**ドーパミン**、損害回避は**セロトニン**、報酬依存は**ノルアドレナリン**の分泌と代謝に関係しているとされます。1999年には改訂版のTCI-R検査も公刊されました。

これまでさまざまなパーソナリティ検査が開発され、研究や臨床の場で活用されてきましたが、そのような研究成果に基づいて開発され、一種の定番になっているのがパーソナリティの**５因子モデル**、あるいは通称**ビッグ・ファイブ**です。

図4.6　**ビッグ・ファイブ日本語短縮版の項目**

- **外向性**：無口な、社交的、話好き、外向的、陽気な
- **誠実性**：いい加減な、ルーズな、成り行きまかせ、怠惰な、計画性のある、軽率な、几帳面な
- **情緒不安定性**：不安になりやすい、心配性、弱気になる、緊張しやすい、憂鬱な
- **開放性**：多才の、進歩的 、独創的な、頭の回転の速い、興味の広い、好奇心が強い
- **調和性**：短気、怒りっぽい、温和な、寛大な、自己中心的、親切な

※下線は逆転項目

ゴードン・オルポートが始めた性格関連語を分類する方法は、**語彙(ごい)アプローチ**と呼ばれますが、**キャッテル**からは精選した単語を**因子分析**にかけて分類する研究方法になりました。しかし、キャッテルが**16PF人格検査**として抽出した16因子はまだ分類カテゴリー数が多く、さらなる分析が必要と考える研究者が少なくありませんでした。

多くの研究者が検討を続けましたが、アメリカの心理学者**ルイス・ゴールドバーグ**（1932–）は５因子が妥当とする論文を1981年に公刊しました。その５因子の内容は、その後の外向性、誠実性、情緒不安定性、開放性、調和性の５つに相当するものでした。

その後、項目内容と項目数はさまざまですが、特性を５因子とする検査が次々に開発され、総称として**５因子モデル**と呼ばれるようになりました。

中でも、アメリカの心理学者**ポール・コスタ**（1942–）と**ロバート・マックレー**（1949–）が1985年に公表した**NEO–PI**と、1992年のその改訂版の**NEO–PI–R**は代表的な**ビッグ・ファイブ**の検査とされます。

ビッグ・ファイブの日本語短縮版29項目の内容を図4.6に示します。下線は逆転項目であることを示していますので、「無口な」なら「多弁な」のように反対の意味に理解してください。「開放性（Openness to experience）」は、原語も意味がわかりにくいとされますが、内容的には知的であることを示します。

第 5 章

臨床・障害を学ぶ

クラーク大学の1909年の講演会記念写真（☞46ページ）
前列左からジークムント・フロイト、スタンリー・ホール、カール・ユング

5.1 臨床心理学を学ぶ

臨床心理学の誕生から公認心理師へ

この章では、⑤**臨床・障害**科目の内容について、順に説明します。

臨床の意味は「ベッドサイドにいること」、すなわち病床に臥す病人の傍らにつきそうことです。現代人にとって「病床の傍らにいる人」は医師や看護師を意味しますが、歴史的には必ずしもそうではありませんでした。

スペイン出身の画家**パブロ・ピカソ**（1881–1973）は、弱冠15歳の時に『科学と慈愛』という作品を発表して名声を博しました。その絵は、西洋絵画の伝統に則った写実画として描かれ、死の床に横たわる女性の脈をとるのは医師＝科学、幼子を腕にかかえて傍らに立つのは尼僧＝慈愛という構図で、病床で臨終に立ち会うのもかつては宗教者の重要な仕事でした。

第１章の「精神医学の誕生と発展」で述べたように、精神医学は19世紀になって発展しましたが、臨床心理学はアメリカの心理学者**ライトナー・ウィットマー**（1867–1956）がドイツの**ヴント**に学んで1892年に心理学の博士号を取得した後、1896年にペンシルベニア大学に「心理学的クリニック」を設置し、1907年に創刊した専門誌『心理学的クリニック』の巻頭論文「臨床心理学」において、医学用語の「臨床」を心理学に転用して**臨床心理学**という名称を使用したことに始まります。

ウィットマーが実際に臨床実践の対象としたのは、今日でいう**発達障害**の子どもたちであり、文章がうまく書けない**ディスレクシア**の子どもたちを指導して大学に進学させたりしましたので、**学校心理学**の祖でもありました。

アメリカにおける臨床心理学の基盤は、1949年にコロラド州ボウルダーのコロラド大学で開催された会議において、大学院博士課程における臨床心理学教育の達成目標が**科学者－実践家モデル**（サイエンティスト・プラクティショナー・モデル）として策定され、**ボウルダー・モデル**とも呼ばれています。

その原案は、アメリカの心理学者で統合失調症研究の専門家**デイヴィッド・シャコウ**（1901–1981）が中心となって策定されました。

公認心理師は、その最高学歴が大学院修士課程修了ですので、博士課程修了（博士号取得）を前提とする科学者－実践家モデルをそのまま適用することはできませんが、科学者マインドを持った実践家という目標は公認心理師養成教育でも必要とされています。

科学者－実践家モデルとならぶもう一つの重要な考え方は、**世界保健機関**（WHO）が1946年に採択した**WHO憲章**において「健康とは、完全な肉体的、精神的及び社会的福祉の状態」と定義しましたが、心の健康の面でも、生物学的要因と心理学的要因と社会的要因の３つを考慮に入れる**生物心理社会モデル**（バイオサイコソーシャルモデル）が不可欠とするものです。

生物心理社会モデルは、アメリカの精神科医**ジョージ・エンゲル**（1913–1999）が1977年に科学誌『サイエンス』に掲載した論文の中で提唱したものですが、薬物療法一本やりの生物医学モデルを修正することがその目的でした。

公認心理師など心理職の専門家と**精神科医**の職務のちがいを確認するため、精神科医の職務内容を厚生労働省のjob tag「精神科医」のウェブページから以下に要点を引用します。

（1）統合失調症、うつ病、ストレス障害、不眠症、拒食症、自閉症、認知症、アルコールや薬物の依存症などの治療を行う。
（2）患者と話し合って悩みを聞き、相談にのる。
（3）心理検査などを用いて、患者の状態を明らかにする。
（4）認知行動療法、行動療法、認知療法など、患者に合わせた心理療法を組み合わせて治療を行う。
（5）薬を用いた薬物療法も行う。診断書を書くこともある。
（6）看護師、カウンセラー、精神保健福祉士、地域の社会福祉関係者などと連携し、患者の家族とも協力をしながら、患者の治療を行う。

公認心理師法第２条では、公認心理師はアセスメント、心理支援、関係者支援、心の健康教育の４行為をおこなうことを業とする者と規定されています。上記のうち、診察、医学的治療、薬物療法、診断書などは医師でないとおこなえませんが、（2）患者の相談にのることと、（4）認知行動療法、行動療法、認知療法などの心理療法をおこなうことは**心理支援**、（3）心理検査などを用いて患者の状態を明らかにすることは**アセスメント**、（6）患者の家族とも協力をしながら患者の心理支援をおこなうことは**関係者支援**に当たります。

精神疾患の諸相

臨床心理学が取り組んでいるのは、**心の病**や心の不調に悩み苦しむ人への心理支援のあり方の研究とその臨床実践です。心の病は、医学では**精神疾患**といいますが、その多様な内容を以下に確認しておきます。

精神疾患の種類と定義は、**アメリカ精神医学会**が検討をおこない**診断・統計マニュアル（DSM）**として1952年以来５度にわたって公表してきました。その最新版である第５版の改訂版の日本語訳が『DSM−5−TR　精神疾患の診断・統計マニュアル』（医学書院）として2023年６月に刊行されましたが、1,024ページの大変分厚い本です。しかも改訂のたびに疾患の定義と名称が少しずつ変わっていきますので、専門家でも理解してついていくのが大変でしょう。

精神疾患の定義と名称の変更は、過去の文献との連続性がわかりにくくなるという意味でも難しい問題をはらんでいます。たとえば、**アスペルガー症候群**は第４版（DSM−IV）で広く知られるようになりましたが、第５版（DSM−５）では独立した診断名でなくなりました。第４版では自閉症の上位概念であった広汎性発達障害の用語は第５版では消えてなくなりました。

精神疾患用語の日本語訳に固有の問題として、「病」「症」「障害」がどのように区別されるのかが大変わかりにくいことがあります。

たとえば「アルツハイマー病は認知症の種類の一つで記憶障害や見当識（けんとうしき）障害を生じさせます」というような表現がおこなわれます。しかし、認知症が上位概念でその下にアルツハイマー病などがあるという関係ではありません。「病」は発症の身体部位が明確で病理学的根拠があるものという定義もありますが、**うつ病**はその定義にはまったく当てはまりません。**認知症**の症状に記憶障害などがあるから「症」が「障害」の上位概念かというと、**自閉スペクトラム症**は**神経発達障害**の一類型です。

第５版の改訂版（**DSM−5−TR**）では、それまでの「…障害」と「…性障害」は「…症」に、また「…症／…障害」と併記されていた多くの症状名も「…症」に一本化されました。ただし、「睡眠・覚醒（かくせい）障害群」などでは「障害」の語は残っています。

以上のように、精神疾患の日本語の名称はまだ過渡期にあるようですので、本書では、DSM−５−TRの日本語訳そのままでなく、慣用的に使われてきた名称のもとで以下の説明をおこないます。

厚生労働省は、1953年から3年に一度、医師が診断した傷病名に基づいて「患者調査」をおこなっています。調査対象となる傷病は、**世界保健機関**（WHO）の「疾病及び関連保健問題の国際統計分類（**ICD**）」に基づいて分類されますが、精神疾患についても疾患別の外来患者数と入院患者数の統計を公開しています。2020年の調査結果を外来患者数と入院患者数の合計が多い順にまとめると以下のようになります（単位：万人）。

外来	入院	精神疾患分類
169.3	2.8	気分［感情］障害（躁うつ病を含む）
123.7	0.6	神経症性障害、ストレス関連障害及び身体表現性障害
73.7	14.3	統合失調症、統合失調症型障害及び妄想性障害
78.9	1.6	その他の精神及び行動の障害
74.3	5.1	認知症（アルツハイマー病）
41.3	0.7	てんかん
18.6	2.5	認知症（血管性など）
8.7	0.1	精神作用物質使用による精神及び行動の障害

この2020年のデータを18年前の2002年のデータと比べると、外来患者数は約2.6倍に増加しており、特に「認知症（アルツハイマー病）」は約10倍になりました。他方、入院患者数は0.8倍に減少しています。

本章では、主な精神疾患として、（1）統合失調症、（2）うつ病と双極性障害、（3）認知症、（4）神経症性障害等、（5）てんかん、（6）高次脳機能障害、（7）パーソナリティ障害、（8）依存症について、厚生労働省及び日本精神神経学会のホームページの記事などを参考に要点を以下にまとめます。

（1）統合失調症：ありえないことを強い確信を持って信ずる**妄想**、存在しない感覚を経験する**幻覚**（幻視や幻聴など）が**統合失調症**の症状としてよく知られていますが、そのような**陽性症状**のほかに、意欲が低下し引きこもりのようになる**陰性症状**があります。自分自身の異常や病気を認識する**病識**を欠くことが多いとされます。脳内の神経伝達物質の**ドーパミン**過剰が原因とする説が有力視され、抗精神病薬による薬物療法がおこなわれます。

第１章で述べたように、日本精神神経学会は、1937年から使われてきた「精神分裂病」を「統合失調症」に変更することを2002年に決定しました。

（2）うつ病と双極性障害：気分障害のうつ病と双極性障害については、第４章で詳しく説明しましたが、少し補足します。**双極性障害**において躁病とうつ病を繰り返すものを双極Ⅰ型、軽い躁病とうつ病を繰り返すものを双極Ⅱ型に分類することを指摘しましたが、後者の場合、躁状態が確認できないと、うつ病との診断上の区別が難しくなります。ちがいは、双極性障害は発症年齢が比較的若く、食欲と睡眠が不安定で、少食と過食、不眠と過眠の波が生じますが、**うつ病**は食欲不振と不眠と体重減少に大きく傾きます。

うつ病ときわめて近い症状に、ドイツ出身のアメリカの心理学者**ハーバート・フロイデンバーガー**（1926–1999）が1974年に提唱した**バーンアウト**（**燃え尽き症候群**）があります。ストレスの強い仕事にがんばりすぎた結果、やる気の喪失、頭痛、不眠、感情不安定などの状態が生じるもので、特に対人サービス業の労働者に見られやすいとされます。バーンアウトは、医学的には精神疾患の用語ではなく、心理学の概念とみなされています。

（3）認知症：2004年に厚生労働省内の検討会において、それまでの「痴呆」という用語に代わって「認知症」が用いられることになりました。**認知症**は、いったん正常に発達した知的機能が持続的に低下し、社会生活に支障をきたすようになった状態と定義されます。認知症の原因は数多くありますが、次の４つの原因疾患で認知症患者の多くが占められます。

アルツハイマー型認知症は、脳内に**アミロイドβ**と呼ばれるたんぱく質がゴミのようにたまって脳神経を傷つけ、脳全体が萎縮することにより、短期記憶の障害、日時や場所がわからなくなる**見当識障害**、計画的作業に困難が生ずる**実行機能障害**、言葉がわからなくなったり言えなくなったりする**失語**、日常動作ができなくなる**失行**などの症状が進行します。

レビー小体型認知症は、**レビー小体**という変性細胞が原因で生じ、**幻視**や妄想、手が震え筋肉がこわばり動作が遅くなるなどの**パーキンソン症状**、めまいや立ちくらみなどの自律神経系の障害などが症状の特徴です

脳血管性認知症は、脳出血や脳梗塞などにより脳細胞が壊れ、まだら状の認知症だけでなく、運動障害や言語障害を伴う場合があります。

前頭側頭型認知症は、神経変性により前頭葉や側頭葉が萎縮し、言語能力の低下、**感情鈍麻**、抑制能力の低下、社会性の欠如などが生じます。

なお、第１章では、アルツハイマー型認知症を報告した**アルツハイマー**、レビー小体を脳内に発見した**レビー**、認知症の簡便な診断法の**長谷川式認知症スケール**（☞26ページ）にも触れましたので、確認しておいてください。

（4）神経症性障害等：前記の患者調査で２番目に多かった「神経症性障害、ストレス関連障害及び身体表現性障害」を見ていきます。この分類に入るのは、脳や身体の異変によるものでなく、ストレスなど負の経験を介したことにより生ずる心の問題である**心因性**の疾患群になります。**フロイト, S.** が治療の対象とした**神経症**と**ヒステリー**の病名は、DSM-IVからは除外されましたが、「神経症性」という言葉は残されました。

現実にはなんら危険のない状況にいるのに、高所、広場、暗闇、視線、自身の赤面、特定の動物などに対して極端な恐れを感じるのが**恐怖症**です。

これといった理由がないのに、突然心臓が激しく打つ動悸（どうき）、息切れや息苦しさ、発汗などの身体症状が発作的に繰り返される症状を**パニック障害**といいます。フロイトはこの状態を**不安神経症**と名づけましたが、これはフロイト自身がかかえていた問題でもあったとされます。

不合理と知りつつ、些細（ささい）なことについての考えが頭から離れなかったり、たとえば戸じまりを何度も確認すること（儀式行為）により、なかなか外出できなかったりなど、特定の思考や行為から離れないのが**強迫性障害**です。なお、「強迫」は強く迫られるという意味で脅（おど）される「脅迫」ではありません。

戦場での戦闘、犯罪被害、悲惨な事故など、生死に関わるようなできごとを体験したことが**心的外傷（トラウマ）**として残り、体験の記憶が鮮明によみがえる**フラッシュバック**を起こしたり、そのようなできごとに少しでも関係するものを強く忌避したり、陰うつな気分が続いたりすることを**心的外傷後ストレス障害（PTSD）**といいます。「トラウマ」はギリシア語の「傷」という意味ですが、**ジャネー**がこの言葉を精神医学に導入しました（☞50ページ）。

ジャネーは、**解離**という症状を報告したことでも知られています。強いストレスにより、意識、知覚、記憶、思考、感情などさまざまな心の機能が切り離され、自己の連続性が失われる症状を引き起こすと、**解離性障害**になります。意識や記憶の解離は、自分がおこなったことがわからなくなります。**解離性同一症**は、いわゆる**多重人格**の精神医学用語です。

身体表現性障害は、いかにも内容がわかりにくいので、DSM-5では**身体症状症**に病名変更がおこなわれましたが、めまい、痛み、しびれなど体の異常を感じるのに、病院に行っても検査と診察の結果に異常は見つからないと言われ、承服できずに次々と病院を変えて診察を受ける状態です。もちろん、実際に隠れた病気がある場合は、このかぎりでありません。

（5）てんかん：日本てんかん学会は、**てんかん**の定義を「脳の過剰な電気活動による発作を主徴とする慢性の疾患で、脳神経系の疾患のなかでは頻度が高く、日本に約100万人の患者がいるといわれています」としています。

てんかんは心の病ではなく、脳の過剰な電気活動であるため、**脳波計**で波形の異常が見つかれば診断がつきやすくなります。意識消失発作や全身けいれん発作が起こると、状況によっては危険であるだけでなく、自身にもまわりにも病気であることがわかりやすいものです。そのため、昔からよく知られた病気であり、イタリア・ルネサンス三大巨匠の一人の**ラファエロ・サンティ**（1483-1520）の没年の最後の作品とされる『キリストの変容』には、てんかんの意識消失発作で倒れかけている少年が描かれています。

（6）高次脳機能障害：国立障害者リハビリテーションセンターは、**脳機能障害**を「脳損傷に起因する認知障害全般を指し、この中にはいわゆる巣症状としての失語・失行・失認のほか記憶障害、注意障害、遂行機能障害、社会的行動障害などが含まれる」と定義しています。なお、巣症状は局所的症状のことであり、**遂行機能**は医学用語で、心理学では**実行機能**といいます。

原因となる脳損傷は、たとえば交通事故での頭部への受傷や、脳出血などの脳血管障害です。脳損傷にいたる事実関係と、CTやMRIなどの**脳画像診断**で病変の存在が確認されれば、**高次脳機能障害**と診断されます。さらに詳細な診断は、知能検査、言語検査、注意検査、実行機能検査のほか、**前頭葉機能検査**など**神経心理学的検査**でおこなわれます。

事故で前頭前野を損傷した高次脳機能障害の最初の症例報告は、アメリカの**フィニアス・ゲージ**（1823-1860）という鉄道工事の技術者です（図5.1）。ゲージは、1848年に岩の爆破作業をしていたとき、岩に穴をあけて火薬などを詰め、鉄棒でつついて整えていると、突然爆発して鉄棒が飛び出しました。

図5.1　フィニアス・ゲージと事故の原因となった鉄の棒

鉄棒は、ゲージの左頬（ほお）から入り、左眼の後ろを通り、頭頂部から抜けて25メートルほど先まで飛んだとされます。激しい脳損傷と左眼の失明にもかかわらず、ゲージは奇跡的に死なずに済み、会話もでき、荷車に乗って自宅に戻ったとのことです。

しかし、事故前のゲージは勤勉で責任感があり、部下からも慕われていましたが、事故後はパーソナリティが激変し、気まぐれ、礼儀知らず、暴言をはくなど、友人や知人からは「もはやゲージでなくなった」と言われ、職を転々とし、12年後に亡くなりました。

（7）パーソナリティ障害：DSM−5の**パーソナリティ障害**の基本的な定義は、その人の属する文化から期待されるものから著しく偏った内的体験及び行動の持続的様式が認知、感情、対人関係、衝動制御のうちの２つ以上であらわれること、とされます。パーソナリティ障害は、奇妙で風変わりなＡ群、演技的感情的で移り気なＢ群、不安で内向的なＣ群に大別され、さらにその中も以下のように複数のタイプに分けられます。

Ａ群には、他者への疑念や不信を持つ妄想性パーソナリティ障害、非社交的で孤立しがちなシゾイドパーソナリティ障害、思考があいまいで感情が狭く孤立しがちな統合失調型パーソナリティ障害が区別されます。

B群には、他者の権利を平気で侵害し、攻撃的行動に走りがちな反社会性パーソナリティ障害、感情や対人関係が不安定な境界性パーソナリティ障害、他者の注目や関心を集める派手な外見や大げさな行動の演技性パーソナリティ障害、傲慢(ごうまん)で尊大な自己愛性パーソナリティ障害があります。

C群には、失敗を恐れて強い刺激をもたらす状況を避ける回避性パーソナリティ障害、他者に過度に依存する依存性パーソナリティ障害、きちょうめん、完全主義、細部にこだわる強迫性パーソナリティ障害があります。

（8）依存症：「意志を破壊する病」ともいわれる**依存症**ですが、やめたいのにやめられない状態に、本人だけでなく、あるいは本人よりもむしろ、まわりの近親者などが苦しめられます。

依存の対象には、モノとコトがあります。モノへの依存の対象は、麻薬や睡眠薬などの薬物のほか、アルコールやニコチンやシンナーなど薬物でないものも含まれるので**物質依存症**といわれます。コトへの依存は、パチンコ、スロット、競馬などのギャンブルや、インターネットゲームなどがあり、**行為依存症**といわれます。

依存の対象は、物質依存であれ行為依存であれ、脳の報酬系を活性化させるものです。**報酬系**とは、中脳の腹側被蓋野(ふくそくひがいや)から大脳辺縁系の側坐核(そくざかく)を経て前頭前皮質に至る神経系であり、神経伝達物質の**ドーパミン**と**β-エンドルフィン**が快感情に関与するとされます。

依存薬物・物質の減量や中断によりさまざまな身体的症状や精神的症状が生じることを**禁断症状**あるいは**離脱症状**といいます。身体的症状では、手の震え、発汗、食欲不振、不眠などの症状が見られます。精神的症状では、感情不安定、意欲低下、うつ状態、幻覚、妄想などがあらわれます。

以上、さまざまな精神疾患について見てきましたが、**心の健康**にとって基本的に重要なのは、食べる問題（摂食障害）と眠る問題（睡眠障害）です。

摂食障害では、食べられない方を**アノレクシア・ネルボーザ**といい、その訳語は神経性やせ症、神経性食欲不振症、神経性食思(しょくし)不振症などがあります。患者は若い女性が多く、低体重と無月経になりやすいとされ、原因の一つに自身の**ボディ・イメージ**に対する強迫観念が関係しています。精神疾患の中でも致死率が高く、死因は低栄養、心疾患、感染症などです。

食べ過ぎる方は**ブリミア・ネルボーザ**で神経性過食症または神経性大食症です。食後に吐いたり下剤で出したりして、実は体重過多でない人も少なくありません。

睡眠障害には、不眠症、過眠症、睡眠時随伴症などがあります。**ナルコレプシー**は、日中に睡魔に襲われる過眠症です。**睡眠時随伴症**には、悪夢障害、悲鳴や叫び声をあげて目覚める夜驚症（やきょうしょう）、夢遊病などがあります。

以上にまとめた**精神疾患**は、物語や映画でさまざまに取り上げられてきました。Column12にその一部を紹介します。

心理療法の理論と技法

心理療法は心理学の用語であり、精神医学では**精神療法**の用語が使われていますが、英語では同じく「サイコセラピー」です。精神科の医師は、患者の症状に応じて、薬物療法と精神療法の中から適切な治療法を選択します。**薬物療法**で投与する薬剤としては、抗うつ薬、抗精神病薬、気分安定薬、抗認知症薬、睡眠薬、抗てんかん薬など疾患に応じて多くの種類があります。

他方、**公認心理師**など心理職者がおこなうのは心理療法のみです。公認心理師法第42条２項には、「公認心理師は、その業務を行うに当たって心理に関する支援を要する者に当該支援に係る主治の医師があるときは、その指示を受けなければならない」とあり、医療機関を受診して主治医がいることがわかっている患者には、相応の適切な対応が求められます。

精神療法では「医師対患者」の関係ですが、心理療法では「**セラピスト**対**クライエント**」の関係になります。心理療法の対象となる症状はクライエントの数だけあり、それに対応する心理療法もセラピストの数だけある、というのは極端ですが、**心の病**はそれほど個別性が強いものです。

したがって、唯一正しいとか、どんな症状にも適応可能な万能の理論や技法というものはありません。しかし、心の病の個別性が強いといっても、主要な心理療法の基本的な考え方を知っておくことはセラピストにとって不可欠です。

第１章では、**精神分析**の系統、**人間性心理学**の系統、**認知行動療法**の系統などの歴史についてまとめました（☞Column13）。それぞれの系統は、実際にはさらにさまざまな理論に細かく分かれ、理論や技法も大なり小なり修正されたりしています。いったいなぜこういうことが起こるのでしょうか。

Column

12

映画に描かれた精神疾患

精神疾患は、映画製作にたずさわる人にとっても大きな関心事です。精神疾患の患者が主人公または重要な登場人物の映画作品を以下に紹介します。

統合失調症：『ビューティフル・マインド』（2001年、アメリカ映画）は、ノーベル経済学賞を受賞した実在の数学者**ジョン・ナッシュ**（1928–2015）をラッセル・クロウが演じました。統合失調症になったナッシュの妄想を主観映像と客観映像を織り交ぜた巧みな編集で描いています。

うつ病：『ツレがうつになりまして。』（2011年、日本映画）は、漫画を原作とし、うつ病になった会社員の夫（堺雅人）を支える漫画家の妻（宮﨑あおい）の夫婦愛の物語ですが、夫は仕事の上の**バーンアウト**でうつ病になったので、「ガンバらないぞ！」がこの映画のキーワードです。

認知症：『ファーザー』（2020年、英・仏・米合作映画）は、認知症が悪化する高齢の父（アンソニー・ホプキンス）と見守る娘（オリヴィア・コールマン）の物語です。幻覚症状を伴う認知症者に周囲の様子がどのように見えるかを、映画鑑賞者の混乱を誘いつつ、巧みに表現しています。また、『ぺコロスの母に会いに行く』（2013年、日本映画）では、ぺコロス（玉ねぎ）頭の初老の男性（岩松了）が高齢の認知症の母（赤木春恵）の介護に苦心します。

心的外傷後ストレス障害：『アメリカン・スナイパー』（2014年、アメリカ映画）は、イラク戦争で優秀な狙撃兵として活躍した実在のスナイパー（ブラッドリー・クーパー）が復員後に**PTSD**に苦しむ姿を描いています。アメリカの銃社会の成り立ちとその病弊をあますことなく伝えています。

解離性同一症：『サイコ』（1960年、アメリカ映画）は、アルフレッド・ヒッチコック監督の代表作の一つで、ストーリーは示しませんが、タイトルが暗示するように**多重人格**を描いた初期の作品です

アルコール依存症：『酒とバラの日々』（1962年、アメリカ映画）は、楽しげなタイトルとはうらはらに、アルコール依存症の夫婦をシリアスに描いたこのテーマの古典的作品です。また、『男が女を愛する時』（1994年、アメリカ映画）は、夫（アンディ・ガルシア）がパイロットの激務で留守がちのため、さびしさでキッチンドランカーになる妻（メグ・ライアン）の夫婦再生の物語です。

Column
13

さまざまな精神療法

●精神力動的療法：精神病を脳の器質的障害ではなく、心の中の複数の機能（特に意識と無意識）のダイナミックな相互関係から精神症状を見る立場。

シャルコー：ヒステリー患者の治療に**催眠療法**を導入し、その治療場面を医師に公開してジャネーやフロイトらに影響を与えました。

ジャネー：**トラウマ**と**解離**の関係を**下意識**（かいしき）の概念を用いて検討しました。

フロイト, S.：**抑圧**されて無意識となっている欲動を自覚させることが治療につながると考え、**自由連想法**や**夢分析**など**精神分析**の技法を開発しました。

クライン：母子間の関係に焦点を当てた**対象関係論**を体系化しました。

アンナ・フロイト：子どもの治療のために**遊戯療法**を開発しました。クラインとフロイト, A. は、医師ではない**分析家**として活躍する道を開拓しました。

ユング：無意識を人類に普遍的な**集合的無意識**に拡張し、**分析心理学**を提唱し、**コンプレックス**を明らかにする技法として**言語連想法**を用いました。

アドラー：無意識を重視する理論から離れ、身体的劣等感を強みに変える力を重視する**個人心理学**を提唱し、**アドラー心理学**と呼ばれています。

●人間性心理学：人間の心の肯定的側面を重視する立場。

マズロー：**欲求の階層性**を考え、**自己実現の欲求**を最上位に置きました。

ロジャーズ：**非指示的カウンセリング**を用いた**来談者中心療法**を創始しました。対象者を患者ではなく**来談者**（**クライエント**）と呼び、**共感的理解**を重視しました。

●認知行動療法：行動科学と認知科学に基づく治療理論を構築する立場。

アイゼンク：心の病を誤った思考や行動の学習ととらえ、**学習解除**による治療を提案し、検査法に**モーズレイ人格目録**（**MPI**）を開発しました。

ウォルピ：**系統的脱感作法**（けいとうてきだつかんさほう）によるリラクセーション技法を開発しました。

ベック：**思考記録表**を作成し、歪（ゆが）んだ認知の修正技法を開発しました。

●日本の療法：日本人に多い神経性疾患の治療を目指す立場。

森田正馬（まさたけ）：「あるがまま」の境地を重視する**森田療法**を創始しました。

吉本伊信（いしん）：**身調べ**と呼ばれる自己洞察法から**内観法**を創始しました。

●芸術療法：音楽、演劇、絵画など、芸術作品を創造・鑑賞する活動により治療をおこなう立場。**河合隼雄**（はやお）（1928–2007）が広めた**箱庭療法**や**中井久夫**（1934–2022）が考案した**風景構成法**などの**表現療法**も含められます。

第一に、対象となる**精神疾患**のちがいによって心理療法の理論と技法が異なるということがあります。たとえば、**ユング**の**フロイト, S.** からの離反は、フロイトが**神経症**の患者を主な対象としたのに対し、ユングは**統合失調症**の患者と向き合っていたということが原因の一つとされます。フロイトにとって**無意識**は個人的なものですが、ユングは人類や民族に普遍的な**集合的無意識**を重視しました。統合失調症の患者が語る**妄想**は、合理的に理解ができない突拍子(とっぴょうし)もないものに思えます。しかし、ユングは、患者の妄想と同じような話が世界の神話や物語の中に登場することに着目しました。

第二に、心理療法の対象者の年齢も重要であり、大人と子どもでは当然適用する理論と技法はちがってきます。たとえば、**クライン**は子どもに対しても精神分析をおこないましたが、**アンナ・フロイト**は子どもには精神分析は適さないと考え、**プレイセラピー**（遊戯療法）を導入しました。

第三に、重要な病気の種類は、時代とともに変化します。厚生労働省の死因統計によると、1950年には①結核、②脳血管疾患、③肺炎・気管支炎でしたが、抗生物質の治療法の確立により結核はおさまり、他方生活習慣の変化を受けて悪性新生物（がんなど）と心疾患が増えていきました。高齢者に多い老衰死は別として悪性新生物、心疾患、脳血管疾患が三大死因とされます。

同じことは精神疾患にも当てはまり、時代とともに重要な症状は変わっていきます。フロイトが神経症の患者を主な対象としたのは「ヴィクトリア朝文化」の影響が強い時代であったという指摘がしばしばおこなわれます。イギリスではヴィクトリア女王（在位1837–1901）の時代に産業が発展し、都市化が進行し、議会政治がおこなわれ、義務教育制度の進展がありましたが、他方でさまざまな社会的抑圧が強く、特に性に関することには強いタブーがありました。そのことはフロイトが診療所を開いたオーストリア・ウィーンでも同じ状況であり、社会的抑圧が強いため、性的なことは意識すること自体がはばかられ、言いたいことが無意識の世界に追いやられることが神経症の原因であるとフロイトは考えました。

第四に、患者または**クライエント**の社会階層のちがいがあります。わが国では1961年から国民皆保険が実施され、たいていの病気はお金の心配なしに病院に行って治療を受けられますが、そのようなことは歴史的にも、現在の世界全体を見渡しても、ごく少数派です。

フロイトの**精神分析**を長期間定期的に受けるためには、時間的にも経済的にも余裕がなければならないので、患者は裕福で知的にもすぐれた人が多かったようです。アメリカでは、精神分析のできる主治医を持つことが裕福な人びとやエリートたちのステータスであった時期もありました。

これに対して、フロイトと同じくウィーンで活躍した**アドラー**は、大観覧車で有名なプラーター公園の遊園地の近くで診療所を開き、患者は遊園地ではたらくサーカス団員などいわゆる一般庶民でした。

家族の心の健康

家族（ファミリー）という言葉は、かつては使用人までをも含めた時代があり、「家の子」とは家来や従者のことでした。近代家族は、婚姻で結ばれた夫婦、血縁で結ばれた親子ときょうだい（兄弟姉妹）、民法で結ばれた養親と養子の範囲でほぼ成立します。

家族同士は、日常的に生活をともにし、結びつきが強いだけに、夫婦間や親子間の葛藤やいさかいがこじれると大変やっかいであり、そこに暴力までが介在すると、**家族の病理**として子どもから大人までを不幸に落とし入れ、長く苦しめることになります。

夫婦間のトラブルは、「警察は刑事事件でなければ民事不介入の原則により家族の問題には関与しない」と言っていた時代が終わり、2001年に通称**DV防止法**（正式名称：配偶者からの暴力の防止及び被害者の保護等に関する法律）が成立し、**夫婦間暴力**の防止と被害者の保護が法制化されました。

DVは英語の**ドメスティック・バイオレンス**の略称です。なお、**家庭内暴力**は、本来は夫婦間と親子間の両方の暴力をあらわす言葉ですが、多くの場合は子から親への暴力に限定して使われています。

次に、親子間のトラブルとしては、親から子への暴力である**児童虐待**が最近大きな社会的問題となっています。厚生労働省は、児童虐待を次のように４種類に分類しています。

身体的虐待：殴る、蹴る、叩く、投げ落とす、激しく揺さぶる、やけどを負わせる、溺れさせる、首を絞(し)める、縄などにより一室に拘束するなど。

性的虐待：子どもへの性的行為、性的行為を見せる、性器を触るまたは触らせる、ポルノグラフィの被写体にするなど。

ネグレクト：家に閉じ込める、食事を与えない、ひどく不潔のままにする、自動車の中に放置する、重い病気になっても病院に連れて行かないなど（保護・養育の放棄）。

心理的虐待：言葉による脅し、無視、きょうだい間での差別的扱い、子どもの目の前で家族に対して暴力をふるう（DV）、きょうだいに虐待行為をおこなうなど。

このような家族の病理を考える場合、個人の問題をその個人だけに焦点化せず、家族全体のありかたから検討する**家族システム論**の考え方が重要であるとされ、そのような観点から**家族療法**がおこなわれています。

● 職場の心の健康

職場における労働者の安全と健康の重要性は言うまでもありませんが、現実には職場の物理的環境の問題に加えて、さまざまな心理的環境の問題があります。厚生労働省がおこなう労働安全衛生調査（実態調査）の結果において、職場で多くの人が感じる**ストレス**は人間関係の要因であり、特に過重労働とハラスメントの問題の深刻さが明らかになっています。

法定の基準を大幅に超える長時間の残業や深夜に及ぶ業務などの**過重労働**が続くと、睡眠時間の減少や睡眠の不調により、脳血管疾患や心臓疾患の発症リスクが高まり、**うつ病**を発症しやすくなります。強制された仕事でなくても、過重労働は**バーンアウト**（燃え尽き症候群）を生じさせる危険性が高まります。その結果による死亡は、自死の場合も含めて**過労死**になります。その対策として、2014年に過労死等防止対策推進法が制定されました。

職場の人間関係を悪くする原因に各種の**ハラスメント**があります。以下は、厚生労働省のハラスメントの定義です。

パワー・ハラスメントは、同じ職場ではたらく者に対して、職務上の地位や人間関係などの職場内での優位性を背景に、業務の適正な範囲を超えて、精神的・身体的苦痛を与えたり、職場環境を悪化させたりする行為をいいます。

セクシャル・ハラスメントは、（1）職場において、労働者の意に反する性的な言動が行われ、それを拒否したことで解雇、降格、減給などの不利益を受けること（対価型セクシャル・ハラスメント）、及び、（2）職場の環境が不快なものとなったため、労働者が就業するうえで見過ごすことができない程度の支障が生じること（環境型セクシャル・ハラスメント）をいいます。

セクシャル・ハラスメントでは、男女ともに、加害者にも被害者にもなりうるものです。

上司や同僚からの妊娠・出産等に関する言動により、妊娠・出産等をした女性労働者の就業環境を害することは、**マタニティ・ハラスメント**になります。

労働安全衛生法施行令では、職場の安全衛生管理体制が事業場の規模ごとに細かに定められています。常時50人以上の労働者を使用する事業場では、産業医、安全管理者、衛生管理者を置くこと、常時300人以上になると安全管理者と衛生管理者を指揮する総括安全衛生管理者をも置くことが定められています。

労働安全衛生法第66条に、事業者は労働者に対し医師、保健師その他の厚生労働省令で定める者による「心理的な負担の程度を把握するための検査」をおこなわなければならないという規定があり、**ストレスチェック制度**といわれます。2018年８月から、**公認心理師**も所定の研修の修了を前提にストレスチェック検査を担当できることになりました。

以上、家庭と職場の心の健康について見てきましたが、学校での心の健康については第３章で説明しています。公認心理師など心理職者は、保健医療分野では医師や看護師と連携した**チーム医療**、教育分野では学校の教職員や専門スタッフと連携した**チーム学校**、産業・労働分野では人事担当者や産業医との連携など、どの分野でも**多職種連携**ということが重要になっています。自身の専門性だけでなく、他職種のことについてもよく知っておくことが大切です。

病跡学

病跡学（びょうせき）は、ドイツの神経内科医**パウル・メビウス**（1853–1907）が1907年の論文の中で使用して広まった用語であり、傑出した人物の生涯を精神医学あるいは心理学の観点から研究し、その人物の活動における心の病や苦しみの意義を明らかにしようとする学問です。ちなみに、メビウスの祖父は図5.2のような「メビウスの輪」を考えた数学者です。

図5.2

フロイト, S. は、メビウスの神経症を心因性とする理論を評価し、著名人の伝記と作品をケーススタディとして考察するメビウスの病跡学の方法についても、自身で同様のことをおこないました。メビウスは、友人の**クレペリン**（☞49ページ）の精神疾患の体系化の研究にも貢献したとされます。

メビウスの病跡学の研究対象は、ゲーテ、ルソー、ショーペンハウアー、ニーチェなどの哲学者でしたが、その後の病跡学の研究対象は、画家、音楽家、文学者、政治家などさまざまな分野の偉人や天才に拡張されました。

画家で最も注目度が高いのは、オランダの画家**フィンセント・ファン・ゴッホ**（1853–1890）でしょう。ゴッホの作品の独特の形象と配色は**幻覚**や**妄想**の印象を与えますし、フランスの画家**ポール・ゴーギャン**（1848–1903）との共同生活破綻（はたん）後の耳切り事件や自死による最期は異常性を感じさせます。

ゴッホが**精神疾患**をかかえていたとして、その診断に関しては、統合失調症、双極性障害、てんかん、境界性パーソナリティ障害、アルコール依存症など、精神疾患の諸相の項（☞186ページ）で紹介した多くの疾患名がさまざまな研究者によってあげられています。絵具による鉛中毒もあったといわれています。

はっきりしているのは、ゴッホが亡くなる前に南仏プロヴァンス地方の修道院病院に入院して**てんかん**の治療を受けたことと、度数の強いアブサンという酒により**アルコール依存症**であったことですが、妄想があっても統合失調症ではなく、**双極性障害**であったと考える研究者が多いようです。

ノルウェーの画家**エドヴァルド・ムンク**（1863–1944）は、『叫び』で大変有名です。この絵は、赤色の空の下に恐怖の表情の人物がゆらゆらとした筆致で描かれ、明らかに**統合失調症**の特徴を示しているとされます。ムンクは、1893年に少なくとも４枚の『叫び』を描き、翌年にはタイトルも雰囲気も不穏な『不安』と『絶望』という絵を描いています。アルコール依存症があり、1908年から翌年にかけて精神病院に入院して治療を受けました。

ムンクは、５歳の時に母親が結核で亡くなり、13歳の時に姉も結核で亡くし、幼くして死の恐怖と**強迫観念**にとりつかれました。しかし、実際には長命で80歳まで生き、政府から勲章を授与され、画家として大きな成功をおさめました。

音楽家の例として、フランスの作曲家**モーリス・ラヴェル**（1875–1937）を取り上げます。ラヴェルは、６歳頃にピアノを始め、12歳で作曲を習い、パリ音楽院で学んだ後、作曲家として大成功を収めましたが、1928年のアメリカへの演奏旅行の前後から神経変性疾患により**記憶障害**と**失語症**の症状が出始め、その後は４曲しか作れませんでした。そのうちの一つが代表作『ボレロ』です。ラヴェルは、1932年にタクシー乗車中に交通事故にあい、脳に損傷を受け、作曲もピアノ演奏も指揮も十分にできなくなり、苦しい晩年になりました。

5.2 障害心理学を学ぶ

障害心理学という言葉は、むしろ目にすることが少ないかもしれません。伝統的に「障害児心理学」はよく使われてきましたが、公認心理師養成の学部科目では「障害者（児）心理学」という科目名になり、対応する教科書の表題は『障害者・障害児心理学』が多いようです。「障害者（児）」は、厚生労働省が用いる表現で、障害児は18歳未満の者をいいます。

障害の国際基準

イギリスの**フローレンス・ナイチンゲール**（1820–1910）は、近代看護学の理論と実践で知られていますが、医療統計学の進歩にも大いに貢献し、1860年の国際統計会議において医療データの統計を整備するように提案しました。それを受けて各国で病気と死因の分類法が研究され、1900年に国際比較が可能になるよう国際死因分類が制定されました。

その後、定期的に改訂がおこなわれ、改訂第6版からは**世界保健機関**（WHO）が作成に関わり、**国際疾病分類**（**ICD**）となり、現在は2019年に採択された第11版（**ICD–11**）です。国際疾病分類はすべての病気の分類基準ですが、精神医学分野の病気については**DSM**（☞186ページ）とも連携して作成しています。

世界保健機関は、障害に関する国際的な分類として、国際分類の補助となる**国際障害分類**（**ICIDH**）を1980年に発表しました。これは、「疾病」などによって生じた「機能障害」が生活上の制約となる「能力障害」を引き起こし、その結果として「社会的不利（ハンディキャップ）」をもたらすというモデルに基づくものです。

その後2001年に、国際障害分類の改訂版の**国際生活機能分類**（**ICF**）が採択されました。国際障害分類では障害のマイナス面を強調しているように受け取られかねないので、**生活機能**というプラス面から見るように視点を転換し、「疾病」は「健康状態」に、「機能障害」は「心身機能・構造」に、「能力障害」は「活動」に、「社会的不利」は「参加」に変更され、背景因子として「個人因子」と「環境因子」が追加されました。

障害者の権利に関する条約（**障害者権利条約**）は、2006年に国連総会で採択され、わが国は国内法を整備した後、2014年に条約を締結して効力が発生しました。この条約は、「全ての障害者によるあらゆる人権及び基本的自由の完全かつ平等な享有（きょうゆう）を促進し、保護し、及び確保すること並びに障害者の固有の尊厳の尊重を促進することを目的とする」（第１条）ものです。

この条約の第２条において、合理的配慮とユニバーサルデザインの定義が記され、その考え方が広まっていきました。

合理的配慮は、「障害者が他の者との平等を基礎として全ての人権及び基本的自由を享有し、又は行使することを確保するための必要かつ適当な変更及び調整であって、特定の場合において必要とされるものであり、かつ、均衡を失した又は過度の負担を課さないものをいう」と定義されています。

ユニバーサルデザインは、「調整又は特別な設計を必要とすることなく、最大限可能な範囲で全ての人が使用することのできる製品、環境、計画及びサービスの設計をいう」と定義されます。アメリカの建築家**ロナルド・メイス**（1941-1998）が子どもの頃ウイルス感染症の**ポリオ**にかかり、日常的に車いすを使用する立場から構想し、1985年に公に提唱したものです。

障害に関する国内法規

精神疾患の場合とは異なり、障害に関しては国内の法規が数多くあります。基本的な法規の要点をColumn14にまとめておきます。

児童福祉法では、**障害児**は満18歳未満の者で、身体障害児、知的障害児、精神障害児に分類されます。**障害者**が18歳以上であることは、**障害者総合支援法**に明記されています。障害者も身体障害、知的障害、精神障害に分類されることは、**障害者基本法**に記されています。

身体障害の分類は、**身体障害者福祉法**の別表に①視覚障害、②聴覚又は平衡機能の障害、③音声機能、言語機能又はそしゃく機能の障害、④肢体不自由、⑤内部障害（心臓、腎（じん）臓、呼吸器の機能障害）があがっています。

知的障害の定義は、**知的障害者福祉法**には明記されていませんが、厚生労働省の「知的障害児（者）基礎調査」では、「標準化された知能検査（ウェクスラーによるもの、ビネーによるものなど）によって測定された結果、知能指数がおおむね70までのもの」を対象としています。

Column 14

障害者（児）の法律上の規定

◆児童福祉法：第４条「この法律で、児童とは、満18歳に満たない者（後略）。
２　この法律で、障害児とは、身体に障害のある児童、知的障害のある児童、精神に障害のある児童（中略）をいう。」
◆障害者基本法：第２条において障害者の意味を次のように定めています。「身体障害、知的障害、精神障害（発達障害を含む。）その他の心身の機能の障害（以下「障害」と総称する。）がある者であつて、障害及び社会的障壁により継続的に日常生活又は社会生活に相当な制限を受ける状態にあるものをいう。」
◆身体障害者福祉法：第４条「この法律において、「身体障害者」とは、別表（※）に掲げる身体上の障害がある18歳以上の者であつて、都道府県知事から身体障害者手帳の交付を受けたものをいう。」
　※別表の障害の種類：①視覚障害、②聴覚又は平衡機能の障害、③音声機能、言語機能又はそしゃく機能の障害、④肢体不自由、⑤内部障害。
◆知的障害者福祉法：「知的障害者」を定義する規定は含まれていません。
◆障害者総合支援法：第４条「この法律において「障害者」とは、身体障害者福祉法第４条に規定する身体障害者、知的障害者福祉法にいう知的障害者のうち18歳以上である者及び精神保健及び精神障害者福祉に関する法律第５条第１項に規定する精神障害者（中略）のうち18歳以上である者（中略）をいう。
２　この法律において「障害児」とは、児童福祉法第４条第２項に規定する障害児をいう。」
◆精神保健福祉法（精神保健及び精神障害者福祉に関する法律）：第５条「この法律で「精神障害者」とは、統合失調症、精神作用物質による急性中毒又はその依存症、知的障害その他の精神疾患を有する者をいう。」
◆発達障害者支援法：第２条「この法律において「発達障害」とは、自閉症、アスペルガー症候群その他の広汎性発達障害、学習障害、注意欠陥多動性障害その他これに類する脳機能の障害であってその症状が通常低年齢において発現するものとして政令で定めるものをいう。
２　この法律において「発達障害者」とは、発達障害がある者であって発達障害及び社会的障壁により日常生活又は社会生活に制限を受けるものをいい、「発達障害児」とは、発達障害者のうち18歳未満のものをいう。」

精神障害は、**精神保健福祉法**において、統合失調症、精神作用物質による急性中毒またはその依存症、知的障害その他の精神疾患と定義されています。

発達障害は、**発達障害者支援法**において、自閉症、アスペルガー症候群その他の広汎性発達障害、学習障害、注意欠陥多動性障害、その他これに類する脳機能の障害と定義されていますが、これは**DSM-IV**の規定のままで、**DSM-5**には対応していません。また、現在では「注意欠陥」は「注意欠如」に表現が変えられています。発達障害者と発達障害児は、18歳以上か18歳未満かによって区別されます。

障害は、福祉の問題であるとともに教育の問題でもあり、**学校教育法**の**特別支援教育**の章の中で特別支援学校（第72条）と特別支援学級（第81条）が規定されています。

特別支援学校は、2007年３月までの盲学校、聾（ろう）学校、養護学校を翌４月から同一の学校種に再編したもので、視覚障害、聴覚障害、知的障害、肢体不自由、病弱（身体虚弱を含む）の子どもたちに対して、幼稚園から高等学校までの学校に準ずる教育をおこなうものです。なお、病弱の内容は、慢性の呼吸器疾患、腎臓疾患、神経疾患、悪性新生物（がん）などとされます。身体虚弱は、病気ではないけれども身体の不調が長く続く状態です。

特別支援学級は、小学校から高等学校までの学校に置くことができる学級で、その対象は弱視、難聴、知的障害、肢体不自由、身体虚弱、その他の障害のある子どもたちです。

● さまざまな障害の理解

（1）視覚障害、（2）聴覚障害、（3）言語障害、（4）知的障害、（5）肢体不自由の５つについて順に見ていきます。発達障害については、第３章（☞137～139ページ）をご覧ください。

（1）視覚障害：眼の構造は、第２章の図**2.6**の通りです（☞84ページ）。眼の病気と障害はたくさんありますが、眼球の外部から順番に見ていきます。

まず光を通す透明の**角膜**がありますが、濁ったり歪んだりすると、視力が低下します。コンタクトレンズの不適切な使用が悪影響を与える場所です。昔は角膜の病気で失明する場合もありましたが、今は少なくなっています。

虹彩は、角膜と水晶体の間にある薄い膜であり、瞳孔の大きさを調節して網膜に入る光の量を調節します。遺伝により生まれつき虹彩が形成されない無虹彩症は、指定難病の一つとされ、視力が出ない状態です。

水晶体は、虹彩の奥にある直径約９ミリメートル、厚さ約４ミリメートルの凸レンズ状の透明な組織で、網膜に映る像のピントを調整するはたらきがあります。水晶体は、加齢などによって白く濁って視力が低下する**白内障**が生じます。わが国では人工の水晶体（眼内レンズ）と交換する手術が普及していますが、世界全体では白内障がいまだに失明の原因のトップとなっています。

硝子体は眼球の空洞の大部分を満たし、眼球の形を保つ役目を果たす無色透明のゼリー状の球体です。「硝子」はガラスのことですが、もちろん成分はガラスではなく、水分が大部分とタンパク質です。硝子体は、水晶体の後部に接し、眼球の奥では網膜と接しています。蚊が飛んでいるように見えたり、墨を流したように見えたりする現象を**飛蚊症**といいます。それ自体は重大ではなく、治療法も特にありませんが、その原因が眼底出血や網膜剝離である場合は、早急な対応が必要になります。

硝子体の背後にある**網膜**は、カメラのフィルムに相当する薄い膜状の組織で、明暗と色を感じる**視細胞**と神経線維からできていて、情報が視神経を通って脳に達します。網膜の中心部を**黄斑**と呼び、視細胞が密集した最も解像度がよい部分ですが、さらにその真ん中にあるのが**中心窩**です。視細胞には明暗を感じる**桿体**と赤・緑・青の色を感ずる３種類の**錐体**がありますが（☞84ページ）、黄斑には錐体が集まっています。頭部に強い衝撃を受けたり、加齢により硝子体が縮んだりして網膜がさけたりはがれたりするのが**網膜剝離**で、早期にレーザー治療や手術をおこなわないと失明になります。

失明の原因で一番多いのは緑内障、次いで糖尿病網膜症、黄斑変性症などです。**緑内障**は眼圧が高くなって視神経が圧迫される病気です。

生まれつき目が見えない**先天盲**には、先天性白内障、先天性緑内障などの原因があり、乳幼児期の早期失明には未熟児網膜症、事故による損傷などがあります。

視覚障害者に対して、視覚に障害のない者を**晴眼者**と呼ぶことがあります。生まれてから一定以上の期間にわたり晴眼者として生きた後に失明した場合は、中途失明者といいます。

学校教育分野では、**視覚障害者**は「両眼の視力がおおむね0.3未満のもの又は視力以外の視機能障害が高度のもののうち、拡大鏡等の使用によっても通常の文字、図形等の視覚による認識が不可能又は著しく困難な程度のもの」（学校教育法施行令第22条の３）と定められています。

なお、「視力の測定は、万国式試視力表によるものとし、屈折異常があるものについては、矯正視力によつて測定する」という注釈が付いていますが、**万国式試視力表**とは、「**C**」のような形の**ランドルト環**のあいている方向を５メートルの距離から見分ける方法であり、広く使用されているものです。

産業分野では、**労働災害**による「失明」について、障害等級認定基準で「眼球を亡失（摘出）したもの、明暗を弁じ得ないもの及びようやく明暗を弁ずることができる程度のものをいい、光覚弁（こうかくべん）（明暗弁）又は手動弁（しゅどうべん）が含まれる」と規定しています。

光覚弁は暗室で被検者の眼前で照明を点滅させ、明暗が弁別できる視力、**手動弁**は検査者の手掌（しゅしょう）を被検者の眼前で上下左右に動かし、動きの方向を弁別できる視力と規定しています。そのほか、**指数弁**（しすうべん）は、検者の指の数を答えさせ、それを正答できる最長距離により視力をあらわす検査法ですが、失明の基準には含まれません。

視覚障害者が文字情報を得るための方法として**点字**がよく知られています。点字は、フランスの盲人で盲学校教師の**ルイ・ブライユ**（1809–1852）が考案したもので、３行２列の点（突起）の有無で文字を区別します。全盲でなく弱視の場合は、文字の拡大の方が重要な場合があります。

盲人は、道路交通法第14条と道路交通法施行令第８条により、歩行時に保護される規定がありますが、白色か黄色のつえをたずさえるか、所定の訓練を受けた盲導犬を連れて歩くことが求められます。

ここまでの視覚障害は、主に**視力障害**のことでしたが、その他の視覚障害として、見える範囲が狭い**視野障害**、色の見え方の制約に関する**色覚障害**、明暗の変化に対応が困難な**光覚障害**もあります。

色覚障害は、視細胞中の**錐体**に赤受容、緑受容、青受容の３種類の視物質がありますが、遺伝的変異により視物質を欠く**全色盲**、視物質のどれかの働きが弱い**色弱**があります。たとえば、黒板に書くときの赤色のチョークや、赤色のレーザーポインターなどが見えにくい人への配慮が必要です。

（2）聴覚障害：外耳、中耳、内耳、聴神経のどこかに異常があるために、音の情報が耳を介して大脳に伝わりにくい状態を**聴覚障害**といいます。以前は、音がまったく聞こえないかそれに近い状態を**聾**（ろう）、音の聞こえが不自由な状態を**難聴**と呼んでいましたが、医学的には前者は重度難聴と呼ぶようになっています。他方、聾学校やろう学校の名称は全国的に残っています。

聴力の検査には**オージオメータ**が使用され、防音室内でヘッドホンを着用した被検者がさまざまな大きさの音をどの範囲で聞き取れるかを調べます。

オージオメータのように外耳から入れる空気の振動音で調べるのを**気導検査**、耳の後ろの骨に振動音を与えて調べるのを**骨導検査**といいます。骨導検査は内耳の**蝸牛**（かぎゅう）に直接音刺激を与えますので、蝸牛より後ろの聴神経の障害の有無がわかります。

難聴には次のような種類があります。

外耳から中耳の間に異常があるものを**伝音性難聴**といいます。空気の振動音が十分に伝わらない状態で、小さな音が聞こえにくい状態です。気導検査による聴力は低下しますが、骨導検査による聴力はあまり低下しない場合が多いとされます。

内耳から聴神経を経て脳に至る部分のどこかの異常によるものを**感音性難聴**といいます。感音性難聴の特徴は、高音域の音や言葉がはっきり聞き取れなくなったり、一度に複数の音を聞いたときに聞き分けることが難しくなったりします。気導検査による聴力だけでなく、骨導検査による聴力も低下を示すことが多いとされます。

加齢に伴い聞き取りにくくなるのは**老人性難聴**です。老人性難聴は、両耳が同程度に起こり、高音域から生じやすいのが特徴で、補聴器適用の対象になります。

人間の耳が聞き取れる範囲は、20～20,000ヘルツ（Hz）とされます。**ヘルツ**は１秒当たりのサイクル（サイクル／秒）であり、ヘルツ数が多いほど高い音になります（☞87ページ）。会話の音声は250～2,000ヘルツ程度です。

突発性難聴は、ある日突然片方の耳が聞こえなくなるもので、原因は不明のことが多いようです。治療にはステロイド剤投与や高圧酸素療法などがありますが、治療はできるだけ早く、遅くとも１週間以内に開始すべきであり、開始時期が２週間を超えると、治癒率が急速に悪化します。

特別支援学校の対象となる聴覚障害は、「両耳の聴力レベルがおおむね60デシベル以上のもののうち、補聴器等の使用によつても通常の話声を解することが不可能又は著しく困難な程度のもの」（学校教育法施行令第22条の３）と定義されます。

ここで**デシベル（dB）**は、

$1\mathrm{dB} = 20 \times \log_{10}$（難聴者が聞こえる音圧／健聴者が聞こえる音圧）

と定義されます。聴力レベルが60デシベルとは、健聴者がようやく聞こえる音圧を１とした場合、難聴者はその1,000倍（10^3倍）の音圧でないと聞こえないという意味になります。

デシベル（dB）は、ベル（B）の10分の１という意味です。では、ベルとは何でしょうか。基準となる物理量に対するある物理量の比を底が10の常用対数であらわした量がベルですが、これは電話の原理を発明し普及に尽力したイギリス・スコットランド生まれのアメリカの科学者**アレグサンダー・ベル**（1847-1922）にちなむものです。

ベルは、実は聴覚障害の問題に深く関わった人です。ベルの母親は中途失聴者であり、父親は大学教授でしたが聴覚障害者のための表現法を研究し普及させた人です。そして、ベルの妻のメイベルは５歳の時に病気で完全に聴力を失った人です。電話の原理の発明以前に、ベルは聴覚障害者の学校を開き、その縁で視覚と聴覚と言語発達の重複障害児**ヘレン・ケラー**の家庭教師となる**アン・サリヴァン**をケラー家に推薦しました（☞Column15）。

聴覚障害者がコミュニケーションの重要な方法として**手話**を使うことはよく知られていますが、中途失聴者や中途難聴者にとって、手話は簡単に習得できるものではなく、むしろ紙に文字を書いて示す**筆談**や、健聴者が聞いた話の内容をまとめて記す**要約筆記**などが重要です。

話し手の唇の動きや表情から話された言葉を理解する読唇（どくしん）法または読話法（**口話法**）もコミュニケーションの重要な方法です。聴覚障害者は手話を使うべきか口話を使うべきかという論争があり、口話法推進派が手話を否定した時期もありました。

ベルの妻のメイベルは、高度な読唇法が使えたようですが、知的な女性であることに加えて、失聴の時期がすでに言葉を話せるようになった５歳であったことも重要な点と思われます。

Column

15

映画に描かれた障害者たち

障害を持つ人とそのまわりの人びとが登場人物の映画作品を紹介します。

視覚・聴覚障害:『奇跡の人』(1962年、アメリカ映画)は、目が見えず耳も聞こえず言葉も話せない状態だった**ヘレン・ケラー**(1880–1968)を家庭教育で育てた**ガヴァネス**の**アン・サリヴァン**(1866–1936)の物語の戯曲を映画化したものです。ヘレン役のパティ・デュークはアカデミー助演女優賞、サリヴァン先生役のアン・バンクロフトは同主演女優賞を受賞しました。

実際に**聴覚障害**の女優が主役の聴覚障害者を演じたのは『愛は静けさの中に』(1986年、アメリカ映画)でアカデミー主演女優賞を得たマーリー・マトリンが最初ですが、彼女も出演した『Coda　コーダ　あいのうた』(2021年、アメリカ映画)は、「両親が聴覚障害の子ども(children of deaf adults; CODA)」のルビー(エミリア・ジョーンズ)が声楽の道に進む物語です。

吃音症(きつおん):『英国王のスピーチ』(2010年、イギリス・オーストラリア・アメリカ映画)は、故エリザベス女王の父のジョージ6世(コリン・ファース)が吃音に悩む中、王である兄の突然の退位で自身が英国王に就任することになり、**言語聴覚士**のローグ(ジェフリー・ラッシュ)の厳しい訓練を受け、第二次世界大戦で苦しむ国民に力強く語りかけるまでになる実話に基づく作品です。

『志乃ちゃんは自分の名前が言えない』(2018年、日本映画)は、吃音に苦しむ高校1年生の志乃(南沙良)を同級生の加代(蒔田彩珠)が気にかけて支えてやり、一緒にバンド演奏をおこなうことで乗り越える物語です。

知的障害:『ギルバート・グレイプ』(1993年、アメリカ映画)は、中西部の田舎町に暮らすタイトル・ロールのギルバート・グレイプ(ジョニー・デップ)が、**過食症**で身動きが取れない超肥満の母親の日常生活の世話をし、**知的障害**がありすぐに高いところに登りたがる弟のアーニー(レオナルド・ディカプリオ)の面倒を見つつ、変化を求める日々を過ごす物語です。

肢体不自由:『こんな夜更け(よふ)にバナナかよ　愛しき実話』(2018年、日本映画)では、幼少期からの**筋ジストロフィー**のため、首と手以外は動かせず車椅子で生きる男性(大泉洋)が真夜中にバナナを買ってこいなどわがままを言い放題で、世話をするまわりの人間(高畑充希、三浦春馬)をあきれさせ怒らせる展開の中で、障害者と介助者の関係を深く考えさせる作品です。

（3）言語障害：言語障害は、言語学のあらゆる分野で生じうるものですが（☞80ページ）、発声や発音など**音声学**及び**音韻論**が関わるスピーチ（発話）の障害と、言語の表記、理解、産出など**文字論**、**統語論**、**語彙論**、**意味論**、**語用論**が関わるランゲージの障害に大別されます。

わが国の**言語聴覚士**（speech-language-hearing therapist; **ST**）は、その英語名称が示すように、「スピーチ、ランゲージ、聞こえ」の障害に対して、検査と評価を実施し、訓練・指導・支援などをおこなう専門職であり、1997年に国家資格に定められました。

スピーチの障害には、声が正常に出ない発声障害、発音が正しくできない構音障害、発音の流暢さや円滑さの障害である吃音症、場面限定的に言葉を話さない場面緘黙症などがあります。聴覚障害は、その状態によってスピーチの障害の原因となります。

発声障害は、声帯の異常によって声が出しづらくなったり声の質が悪くなったりする状態で、日常的に声を使う職業などでは生じやすいですが、耳鼻咽喉科での治療対象でない心因性のものがあります。**神経症**の**ヒステリー**症状の一つとして報告されたこともあります。

構音障害では、言葉を発音するときに、のど、口、舌、唇などの器官を動かしますが、そのどこかが病的に異常であり発音が正しくできない場合を**器質性構音障害**、正しい発音のしかたがまだ学習できていない場合を**機能性構音障害**と呼びます。なお、７歳頃までは、「ライオン」が「ダイオン」、「ツメ」が「チュメ」になるような幼児発音が残っても、それだけでは言語障害とはみなしません（☞109ページ）。

吃音症は、小児期発症流暢障害という専門用語もあるように、「あ、あ、あ、ありがとう」など、言葉が流暢（なめらか）に出ない状態であり、子どもに多く見られますが、大人に持ち越す場合も少なくありません。対人場面の不安が強い場合に吃音の症状が出やすくなる傾向があります。

なお、吃音者を指して「どもり」という表現は、現在では使用しないようになっています。

場面緘黙症は、言語をきちんと習得し、脳の器質的障害などは認められないのに、学校の授業中など特定の場面で言葉を発しない状態であり、対人不安や過度の緊張など多くは心因性であるとされます。

ランゲージの障害には、言語獲得の遅れである言語発達障害と、いったん獲得した言語の使用が困難になる失語症があります。語用論では社会的（語用論的）コミュニケーション障害があり、文字の読み書きの障害については、ディスレクシアがあります。

言語発達障害は、幼児期あるいは児童期までに年齢相当の言語能力が発達していない状態です。知的障害や自閉症スペクトラム症でも言語発達の遅れが見られますが、狭義にはそれ以外の言語発達の遅れを指します。

言葉の理解が発達していないために話すことも遅れるタイプを受容性言語障害、言葉の理解は年齢相応にできるのに言葉を話す方が遅れるタイプを表出性言語障害といいます。言語発達の遅れの診断は、乳幼児期には**発達検査**、児童期以後は**知能検査**の言語に関する下位検査でおこないます。

失語症は、いったん正常に獲得した言語能力が脳損傷や脳腫瘍などにより損なわれ、言語理解や言語産出がうまくできなくなる状態です。診断には、**脳画像検査**により原因部位の状態の特定が不可欠です。他方、知能検査や認知症検査は、言語応答を前提にしていますので、残存能力を低く見つもる傾向に注意する必要があります。

社会的（語用論的）コミュニケーション障害は、言葉を発することはできますが、話し相手や状況に応じたコミュニケーションをおこなうことが困難であるものです。相手の意図を察することや、会話の流れを理解することや、比喩・冗談・皮肉のような文字通りでない表現を理解することが特に不得意です。以前は自閉スペクトラム症やアスペルガー症候群とともに広汎性発達障害に分類されていましたが、DSM-5から独立した分類名になりました。

ディスレクシアは、文字の読み書きの障害のことですが、第３章で詳しく説明しましたので、ここでは省略します（☞137ページ）。

（4）知的障害：かつて「精神薄弱」「精神遅滞」「知恵遅れ」などいくつかの表現がありましたが、教育分野などでは「知的障害」が用いられています。

学校教育法施行令第22条の３では「①知的発達の遅滞があり、他人との意思疎通が困難で日常生活を営むのに頻繁に援助を必要とする程度のもの、②知的発達の遅滞の程度が前号に掲げる程度に達しないもののうち、社会生活への適応が著しく困難なもの」と規定されています。

知的障害は、成人に達するまでの発達期において能力の遅滞が生じること、その遅滞の程度が明らかであること、能力遅滞によりさまざまな適応行動が困難であることの３つを判断の要件とします。事故の後遺症や脳血管障害による**高次脳機能障害**や**認知症**など、発達期以後の知能の低下は、知的障害には含まれません。

知的障害の診断は**知能検査**によりおこない、**知能指数**が70未満を一つの基準としますが、知能検査で重要な指標は、全般的な知能を示す知能指数だけではありません。知能検査の種類にもよりますが、複数の**下位検査**から構成される知能検査では、下位検査ごとに言語、記憶、計算、空間認知などの認知機能についての得点が算出され、その得点パターンを表示する**プロフィール**が示されます。プロフィールは、個人ごとに必要な支援を考えるうえで重要な情報になります。

知能障害の程度は、知能検査だけでなく、身のまわりのことが自分でどのくらいできるか、他者との関係をどの程度うまく維持できるかなど、日常生活の適応状況を含めて総合的に判断します。なお、言葉も話せない重度の知的障害の場合には、知能検査を実施すること自体ができません。

知的障害の原因は、**ダウン症**のような染色体異常、**フェニルケトン尿症**のような先天代謝異常、妊娠中の胎児性アルコール症候群や風疹などの感染症、**周産期**には分娩時の脳損傷や新生児仮死、生後の細菌性髄膜炎など多種多様であり、医学的治療もケアのあり方も個別的な対応が重要です。

（5）肢体不自由：上肢（腕と手）、下肢（脚と足）、体幹（頸部と胴体）に一定の基準以上の運動機能障害が持続的にあることを**肢体不自由**といいます。肢体不自由の状態が補装具の使用によっても歩行や筆記など日常生活の基本的動作ができないか困難なもの、そこまでには達しないものの常時医学的観察指導を必要とするものが学校教育法施行令第22条の３に規定された肢体不自由者の就学基準です。

肢体不自由を引き起こす原因疾患は多種多様ですが、脳性麻痺、進行性筋ジストロフィー、重症筋無力症、脊椎と脊髄の疾患、関節リウマチなどがあります。かつて多かった**ポリオ**（急性灰白髄炎）はワクチンと抗生物質の普及によって激減し、現在最も多いのは**脳性麻痺**です。

障害者支援のあり方

児童福祉法では、病気や障害を持ち長期の療養をおこなわなければならない児童（18歳までの子ども）に対して、医療と教育の両面から支援を進める**療育**のための施設と公費給付に関する規定があります。

支援の対象者を明確にする方法として、以下の３種類の**障害者手帳**がありますが、障害者総合支援法の対象となり、さまざまな支援策が受けられます。

身体障害者福祉法に基づく**身体障害者手帳**は、視覚障害、聴覚障害、言語障害、肢体不自由その他の身体障害に対応します。

精神保健福祉法に基づく**精神障害者保健福祉手帳**は、統合失調症、気分障害、てんかん、発達障害などに対応します。

療育手帳は、法律ではなく次官通知に基づくものですが、知的障害のみに対応します。

2004年に成立した**発達障害者支援法**は、「発達」という言葉が初めて法律用語になったものです。この法律において**発達障害**は「自閉症、アスペルガー症候群その他の広汎性発達障害、学習障害、注意欠陥多動性障害その他これに類する脳機能の障害であってその症状が通常低年齢において発現するもの」と定義されています（☞Column14）。

この定義は、法律が成立したときの最新版であった**DSM-IV**によっていますが、この法律以前は「情緒障害」として一緒にされていた自閉スペクトラム症などの発達障害を明確に分離した点に大きな意義があります。

発達障害者支援法の目的は、発達障害の症状があらわれた後、できるだけ早期に発達支援をおこなうとともに、切れ目なく支援をおこなうことであり、発達障害を早期に発見し、国や地方公共団体の責務を明らかにし、学校教育における発達障害者への支援、発達障害者の就労の支援をおこなうことなどが同法に規定されています。

発達障害は、個人差はありますが、早ければ２歳頃からその特徴が見え始めるとされます。**乳幼児健診**での早期発見が望まれます。

学校教育での発達障害者への支援は、2006年の**学校教育法**の改正において、特殊教育が**特別支援教育**に改められ、器質的な障害（視覚障害、聴覚障害、運動機能障害、知的障害など）に加え、学習障害、注意欠如・多動症、高機能自閉症なども特別支援教育の対象に定められました。

Column14に示したように、障害者に関わる法律がたくさんありますが、障害の種別を越えて障害福祉サービスの給付と地域生活支援事業を一元化することを目的とした**障害者総合支援法**（障害者の日常生活及び社会生活を総合的に支援するための法律）が2012年の法改正で成立しました。

障害者の就労支援については、自立訓練（機能訓練、生活訓練）、就労移行支援、就労継続支援、就労定着支援、自立生活援助などをおこなうことを定めています。

訓練プログラム

TEACCH（ティーチ）プログラム：ドイツ出身のアメリカの心理学者**エリック・ショプラー**（1927–2006）とノースカロライナ大学の自閉症研究者たちにより1972年に創設された**TEACCH**は、「自閉症及び関連するコミュニケーション障害児の療育」という意味の英語の略称です。

TEACCHは、自閉症の治療でなく適応を目指すこと、地域社会において自立できるようにすること、療育的介入を生涯にわたっておこなうことなどを目標としています。TEACCHには、次の7原則が定められています。

①最大限の最も適切な適応力を目指す。

②保護者及び専門家との連携をおこなう。

③最も効果的な介入をおこなう。長所を重視し、短所を認めて受容する。

④認知理論と行動理論に基づくことを重視する。

⑤発達の評価と診断をおこなう。

⑥視覚的補助を伴う構造化された教育をおこなう。

⑦学際的なトレーニングをおこなう。

ソーシャルスキル・トレーニング（**SST**）：アメリカの精神医学者**ロバート・リバーマン**（1937–2021）が開発した訓練技法です。**ソーシャルスキル**は、人と仲良くするスキル、正当な要求を主張するスキル、不当な要求に対してやわらかく断るスキル、葛藤を解決するスキルなど、対人的コミュニケーションにおいて適切な行動をとる各種の技能をいいます。

ソーシャルスキル・トレーニングは、対人行動の障害の原因の一つをソーシャルスキルの不足ととらえ、必要なスキルを学習させることによって対人行動の障害を改善しようとするもので、**認知行動療法**と親和性のある治療技法です。

ペアレント・トレーニング：1970年代にアメリカで開始された**ペアレント・トレーニング**は、発達障害や行為障害のある子どもへの対処方法として、その親や保護者に対して、行動理論の学習、ロールプレイ、ホームワークといったプログラムを通して、子どもの発達の促進や不適切な行動の改善を目指し、親自身の心の健康をも改善する効果を期待するものです。なお、**行為障害**は、人や動物に対する暴力、器物の破壊、悪質なうそや盗みなど、反抗的で攻撃的な非行行為を繰り返す状態をいいます。

公認心理師はアセスメント、心理支援、関係者支援、心の健康教育の４行為を業とする者ということを説明しましたが、ペアレント・トレーニングはまさに**関係者支援**に当たります。

図の出典

第1章扉写真：

https://commons.wikimedia.org/wiki/File:Leipzig%27te_içgözlem_denemeleri.jpg

第2章扉写真：

https://commons.wikimedia.org/wiki/File:Skinnerkmjnjikjn.jpg

図2.4：Rensink, R. A. (2007). The modeling and control of visual perception. In W. D. Gray (Ed.), *Integrated models of cognitive systems* (pp. 132–148). Oxford University Press.

第3章扉写真：

https://commons.wikimedia.org/wiki/File:Jean_Piaget_in_Ann_Arbor.png

https://commons.wikimedia.org/wiki/File:Erik_Erikson_Photo2.jpg

図3.2：https://commons.wikimedia.org/wiki/File:NIH_visual_cliff_experiment_(cropped).png

図3.3-b：高橋敏之：「幼児の頭足人的表現形式の本質と脳から見た人体説」,『教育美術』第58巻第8号（第662号），第32回教育美術賞・A部門美術教育に関する研究論文，佳作賞，37-51頁，教育美術振興会，1997年8月1日.

第4章扉写真：

https://archives.yale.edu/repositories/12/archival_objects/2007771

図4.4：Masuda, T. & Nisbett, R. E. (2001). Attending holistically vs. analytically: Comparing the context sensitivity of Japanese and Americans. *Journal of Personality and Social Psychology, 81(5)*, 922-934.

図4.6：並川努・谷伊織・脇田貴文・熊谷龍一・中根愛・野口裕之（2012）Big Five尺度短縮版の開発と信頼性と妥当性の検討．心理学研究，*83(2)*, 91-99.

第5章扉写真：

https://commons.wikimedia.org/wiki/File:Sigmund_Freud,_Stanley_Hall,_Carl_Gustav_Jung,_Abraham_Arden_Wellcome_V0027599.jpg

図5.1：Originally from the collection of Jack and Beverly Wilgus, and now in the Warren Anatomical Museum, Harvard Medical School.

https://commons.wikimedia.org/wiki/File:Phineas_Gage_Cased_Daguerreotype_WilgusPhoto2008-12-19_Unretouched_Color.jpg

事項索引

■け

■こ

■さ

■し

■す

■せ

■そ

■た

■ち

■つ

■て

■と

■な

■に

■ね

■の

■は

■ひ

■ふ

■へ

■ほ

■ま

■み

■む

■め

人名索引

■あ行

■か行

■さ行

■た行

■な行

■は行

■ま行

■や行

■ら行

■わ行

●心理学検定公式ホームページ　https://jupaken.jp/
受検に関する最新情報は、公式X(Twitter)および
ホームページでご確認ください。

X（Twitter）

ホームページ

●本書の内容に関するお問合せについて

本書の内容に誤りと思われるところがありましたら，まずは小社ブックスサイト（books.jitsumu.co.jp）中の本書ページ内にある正誤表・訂正表をご確認ください。正誤表・訂正表がない場合や，正誤表・訂正表に該当箇所が掲載されていない場合は，書名，発行年月日，お客様のお名前・連絡先，該当箇所のページ番号と具体的な誤りの内容･理由等をご記入のうえ，郵便，FAX，メールにてお問合せください。

〒163-8671　東京都新宿区新宿1-1-12　実務教育出版　第二編集部問合せ窓口
FAX：03-5369-2237　　E-mail：jitsumu_2hen@jitsumu.co.jp

【ご注意】
※電話でのお問合せは，一切受け付けておりません。
※内容の正誤以外のお問合せ（詳しい解説･受験指導のご要望等）には対応できません。

基本がわかる　心理学の教科書
高校生からめざそう心理学検定２級

2024年２月10日　初版第１刷発行　〈検印省略〉
2024年６月10日　初版第２刷発行

著　者　子安増生
発行者　淺井　亨

発行所　株式会社　実務教育出版
〒163-8671　東京都新宿区新宿1-1-12
☎編集　03-3355-1812　販売　03-3355-1951
振替　00160-0-78270
組　版　明昌堂
印　刷　文化カラー印刷
製　本　東京美術紙工

ISBN 978-4-7889-6042-8　C3011　Printed in Japan